I0199273

Hans Huerner

Am Sankt Beatenberg da brannte die Regina

Am Sankt Beatenberg da brannte die Regina

Erzaehlungen aus meiner Jugend

von

Hans Huerner

Am Sankt Beatenberg da brannte die Regina -
Erzählungen aus meiner Jugend von Hans Hürner
Herausgegeben und mit einer Einleitungen von Eric Hurner
Lektorat – Stephanie Manz, Berlin

ISBN: 978-0-9933169-5-1

Widmung

Für Jutta Schaefer, deren Freundschaft mit Hans Hürner die letzten zwanzig Jahren seines Lebens begleitet und bereichert haben.

Hans Hürner mit Gamboller, Johannesburg 1994

Inhaltsverzeichnis

Einleitung des Herausgebers

Mein Vater konnte wundervoll unterhaltsam erzählen. Seine Geschichten, mit viel Humor gepfeffert, handelten von Erlebnissen in exotischen Regionen: Berge, vom Dauerschnee bedeckt, Sonnuntergang in der Wüste nach einem Sandsturm, den feucht-warmen Ufern eines afrikanischen Sees. Mal schaukelte er am Ende eines Seils an der Felswand der marokkanischen Küste bei Rabat und sammelte Muscheln, während sein Bruder oben den Strick festhielt. Kam eine der gewaltigen Wogen des Atlantischen Ozeans um sich am Gestein zu zerschmettern, wurde er flugs aus ihrer Reichweite hochgezogen. Oder aber er sass in einem abgenutzten Frachtflugzeug zwischen Teheran und Aden, die Mannschaft hatte eben um einen kleinen Petroleumkocher Kaffee gekocht und sich wieder angeschnallt, als der Flieger beim Landen die Landungsbahn verfehlte, die Räder festfuhren, die Nase im Sand steckte und die drei Passagiere verblüfft erlebten, wie der Pilot beim Hinaufklettern aus seiner Kajüte einen anhaltenden Lachanfall bekam, als er sah, wie sie alle in ihren Sicherheitsgurten hingen. Leider hat er diese Erzählungen niemals schriftlich festgehalten.

Im hohen Alter fing er an zu schreiben. Wir wussten es, aber kannten den Inhalt kaum. 2014, fast zehn Jahre nach seinem Tode, fand ich den Ordner mit diesen Kindheitsgeschichten vom Beatenberg. Auf einer alten Schreibmaschine getippt, enthielten sie ein Vorwort von 1995, das mich bewog, sie für eine Veröffentlichung zu überarbeiten. Froh bin ich darüber, denn ich lernte daran die Person Hans Hürner nicht nur als den Vater, den ich erlebt und geliebt hab, kennen, sondern auch etwas von seiner eigentlichen Wesenheit, die seine Werte bestimmte.

Hans war Emigrant, geboren an einem Ort, den Abertausende als reines Paradies empfanden. Er wurde nicht wie in der Bibel daraus vertrieben, sondern stufenweise zur Emigration gezwungen, um allein durch Abenteuer, Erfolg und Versagen für sich den Sinn im Leben zu finden. Wie schwer es ihm fiel, das schildern die Geschichten. Unaufhaltsam und ständig werden wir geboren, leben und sterben miteinander. Für den Auswanderer wird nämlich bald seine Vergangenheit zur Abstraktion, sie verblasst in der Erinnerung, weil er gezwungen ist, sich sofort mit den neuen Begebenheiten zu befassen, die seine ganze Aufmerksamkeit fordern.

1946 verliess er die Schweiz. Seine Mutter war schon durch ihre Krebserkrankung dem Tode nahe, wie meine eigene Mutter viele Jahre später. Das Schicksal hat es mir vergönnt, die Mutter durch ihre Krankheit und ihren Tod zu begleiten. Das hat in mein Leben viel Bedeutung und Tiefe gebracht. Als Hansens Mutter 1947 starb, wurde sie durch seine junge Verlobte, durch meine Mutter Janine, gepflegt. Als sie dann starb, war Hans in einem Hotel in Stanleyville, heute Kalemie im Nordkongo, mit einer jungen Dame auf der Tanzfläche. Ganz plötzlich fiel es über ihn her: Mami ist Tot. Der Schlag traf ihn tief – der Verlust - und er tanzte weiter. Später verliess er den Raum, um darüber zu reflektieren. Er freute sich dabei auch auf seine Verlobte, nun der Verantwortung frei, die ihm bald in den Kongo folgen und ihn dort heiraten würde.

In ihr hatte er die Gefährtin gefunden, die ihn treu bei seinen Versuchen seine Träume zu realisieren begleitete und die ihm seine beiden Söhne geboren hat. Sie hatten beide am Hotel Beau-Rivage Palace Lausanne gearbeitet, kurz nachdem seine Eltern nach Wald im Appenzell gezogen waren. Später hatte er andere Affären und sie trennten sich, doch sie haben sich niemals zerstritten und seine Bewunderung und sein tiefer Respekt verbanden sie in enger Freundschaft bis ans Ende ihres Lebens.

Einleitung des Herausgebers

Hans Hürner zur Zeit seiner Verlobung 1945

Die folgenden Geschichten stellen eine Welt von Glanz und Vorspiegelung inmitten einer Welt der schlichten Einfalt dar. Ein Hotel, so behauptet er, ist wie ein Theater, wo alles perfekt wie am Schnürchen funktionieren muss, auch wenn hinter den Kulissen lauter Drama, Konflikt und Chaos herrscht. Dies darf der Gast niemals mitkriegen. Doch in der menschlichen Wirklichkeit, hinter dem Verhalten der Leute im sozialen Verkehr und am Arbeitsplatz walten Leidenschaften und seelische Einflüsse, in welche sie Anderen keinen Einblick erlauben. Diese Leidenschaften sind Ursprung der tiefen Tragödie die auch im allereinfachsten Dorfleben stattfinden und dort Freude und Schicksal bestimmen. Sie bilden die Substanz dieser Erzählungen.

Die Erzählungen enthalten Gefühle und Einsichten, die eine ungeahnte Tiefe angesichts der oft oberflächlichen und abstrakten Werte meines Vaters in seinem Kampf durchs Leben aufzeigen. Im Hotelfach und als Kaufmann ausgebildet, hat er bei vielem Hand angelegt. Zuerst als Fotograf, Hotelier und Verkäufer im Kongo, fing seine Karriere im eigenen Hotelgeschäft erst in Südafrika 1955 richtig an. Bis 1969 hat er dort drei Hotel- und Restaurantgeschäfte aufgebaut. Danach handelte er im eigenen Import-Exportgeschäft, das sich darauf spezialisierte, die wirtschaftlichen Sanktionen gegen Südafrika zu umgehen. Dies wurde zunehmend schwierig als sich der Boykott langsam über die meisten Länder der Welt erstreckte, bis er es Ende der '70er aufgeben musste.

Im fünfundsechzigsten Lebensjahr, hat er sich dem anthroposophisch-heilpädagogischen Camphill-Heim Cresset House angeschlossen. Dort traf er Jutta Schaeffer, die bis an sein Lebensende freundschaftlich mit ihm verbunden war.

1996 verliess er Cresset House und zog bei meiner Familie mit ein, um sich dann endlich ab 2001 ins Burgerheim Steffisburg bei Thun in unmittelbarer Nähe seines Geburtsortes zurückzuziehen. Er lebte aktiv weiter, mit fünf-und-achtzig das älteste Mitglied im Fitness-Klub gegenüber, schwerhörig und fast erblindet. So kam es, dass er noch vor Tageslicht im Januar 2005 in dunklem Mantel beim Überqueren der Strasse zur Turnhalle von einem Lastwagen angefahren wurde. Er war auf der Stelle Tot.

Sein Verhältnis zum Geistigen war unverbindlich. Er sah den Geist als Tatsache des Lebens, worüber er jedoch wenig zu wissen vermochte. Eine kleine Geschichte folgte seinem Hinscheiden, die zu den vielen Vorkommnissen spiritueller Begegnungen aus seinen Geschichten geheimnisvoll passt.

In Durban, wo er die letzten Jahre in Südafrika verbrachte, pflegte er eine Freundschaft mit einer jungen Frau, die eine Art von Yoga und Selbstentwicklungsprogramm unterrichtete. Am Tag nach seinem Tod suchte sie meinen Bruder auf. Bernard hatte soeben vom Tode des Vaters erfahren. Sie erzählte ihm, dass sie und Hans ein Abkommen hatten. Wer auch von ihnen beiden zuerst sterben sollte, würde den Anderen aufsuchen und informieren. Am Tage vorher sei Hans zu ihr gekommen und hätte erzählt, dass er gestorben sei und es ihm gut gehe. Er erschien dabei jung und stark.

Da er sich zunehmend vor einem langen Altern und möglicher Gebrechlichkeit fürchtete, kann man annehmen, dass der plötzliche Hingang ihm recht willkommen war.

Seine Geschichten, auch wenn sie sich an einem bestimmten Ort vor bald hundert Jahren ereigneten, sprechen dennoch zeitlose, allgemein-menschliche Themen an. Langsam entpuppt seine Mutter Hulda sich als die standhafte Heldin der Ereignisse, eine unabhängig denkende Frau, die es vermochte, in einer von Männern dominierten Welt doch wirksam zu agieren und für alle die Verantwortung zu tragen. Ausser-eheliche Schwangerschaft, einen Schuhfetischisten, einen weltfremden, in seinen Hoffnungen enttäuschten Ehemann behandelte sie allesamt sachlich-menschlich und ohne moralische Entrüstung.

Im Anhang sind drei kurze Texte von ihr und einige Erläuterungen zur Sprache zu finden.

Vorwort

Wann immer ich an meinen Vater zurückdenke, wird mir warm ums Herz. Er war ein Denker und auf seine Art ein weiser Mann. Seine treffenden Bemerkungen begleiteten mich durch die Jahrzehnte. „Und was wirst denn du deinen Söhnen hinterlassen?" Die Antwort auf meine eigene Frage traf mich hart: „Nichts. Nichts von bleibendem Wert." Was dem Leben meiner beiden Söhne Inhalt und Ziel gibt, haben sie weitgehend ihrer Mutter zu verdanken. Frau Johanna Maria Hürner[1] starb am 7. August 1994. Die kraftvolle Ausstrahlung ihres ganzen Wesens entsprang gelebter Anthroposophie,[2] angespornt auch durch ihre persönliche Bekanntschaft mit Dr. Willem Zeylmans van Emmichoven.[3] Über viele Jahre war sie Generalsekretärin der Anthroposophischen Gesellschaft Südafrikas, Waldorflehrerin, Schulgründerin und noch vieles mehr.

Meinen Buben war es vergönnt, im Schatten dieser alles gebenden Persönlichkeit aufzuwachsen. Vor dem Lehrerseminar in Witten hat

---

1 Allgemein war Johanna Hürner, geb. Johanna Maria Brunner in Zürich, als Janine Hurner bekannt. Den Umlaut hat man im Englischen weggelassen.

2 Die durch Rudolf Steiner vertretene Menschenerkenntnis und Kosmologie durch welche der Mensch Gesetzmässigkeiten einer übersinnlichen Welt zu denken lernt.

3 Willem Zeylmans van Emmichoven war der von Rudolf Steiner ernannte erste Generalsekretär der niederländischen anthroposophischen Landesgesellschaft, Arzt und Schriftsteller. Sein erster Besuch 1954 in Südafrika hat vieles angeregt, was zum Aufbau der anthroposophischen Arbeit dort führte. 1961 ist er bei seinem zweiten Besuch in Kapstadt gestorben.

Eric etliche Jahre neben Walter Roggenkamp[1] an den Bühnenbildern für Goethes Faust am Goetheanum mitgearbeitet, während Bernard in Wien Musik studierte. Seit vielen Jahren sind sie beide Waldorflehrer. Jetzt ist Eric in Soweto[2] und Bernard hat seiner Mutter Platz an der von ihr gegründeten Waldorfschule in Durban[3] eingenommen.

Ich selbst wurde am Rande von der Strömung mitgenommen, dort wo man empfängt, nicht gibt. Muss ich nun mit ganz leeren Händen der Schwelle meiner Erdenzeit entgegengehen?

Vielleicht nicht ganz. Den grössten Teil dieses Jahrhunderts habe ich miterlebt. Besonders der Zweite Weltkrieg hat viele geistige Werte unwiederbringlich zerstört. Eine sich veramerikanisierende Menschheit wollte auf einmal Computer und Ferien auf dem Mond. Was in den Städten unmerklich der Vergessenheit anheimfiel, das lebte noch als Tradition, als subtiles Fühlen im einfachen Leben der Bevölkerung unserer Bergdörfer.

Aus Erinnerungen haben sich die Geschichten langsam geformt. Das Leben von Menschen mit Menschen fernab dem verstörenden Einfluss der Städte hat geistige Werte in mir konserviert. Sie wiederzufinden und mit dem Gedankengut des modernen Menschen zu vereinen, ist mein bescheidener Versuch, etwas zurückzulassen, wenn meine Stunde schlägt.

H.H.

Johannesburg Mai 1995

---

1 Walter Roggenkamp war Künstler und Bühnenbildner in Deutschland und in der Schweiz. Die durch Michel Blume (Regisseur) und ihn geleitete Inszenierung von Goethes gesamtem Faust 1 und 2, eine Aufführung, die fast 24 Stunden dauerte, ist während mehr als 20 Jahren von vielen Tausend Menschen gesehen worden.

2 In der Zeit als Hans Hürner diese Geschichten verfasste, arbeitete der Herausgeber als Dozent am Baobab Community College in Alexandra Township, Johannesburg und als Schulberater der neuen, 2007 wieder geschlossenen, Waldorfschule in Soweto.

3 Bernard Hurner ist 1994 an die Roseway Waldorf School in Hillcrest, Durban umgesiedelt, kurz bevor die Mutter an Krebs verstarb. Die Schule war damals gerade neun Jahre alt.

Die Wurzel am Sonnenhang

Es gibt wohl nichts in unserer durcheinander geratenen Welt, worüber sich alle Menschen einig sind. Ein jeder denkt anders (von nichts bis zu viel), fühlt anders und es allen recht zu machen, ist unmöglich.

Doch eines gibt es, und alle, die dort gewesen sind, stimmen freudig und begeistert zu: Der St. Beatenberg[1] ist der schönste Flecken, den die Götter auf diesem Planeten erschaffen haben. Hoch über dem blauen Thunersee sonnt sich das alte, langgezogene Bergdorf am Steilhang. Rund herum ist es von Tannenwäldern eingerahmt und hoch darüber erheben sich wie zum Schutze des Dorfes die grauen Felsen des Niederhorngrats. Auch das gegenüberliegende, südliche Seeufer schmücken uralte, schwarzgrüne Tannenwälder. Aus ihren Hängen wächst das Vorgebirge empor und dahinter die schneebedeckten Giganten der Hochalpen. Und über alledem die heilige Stille der Bergwelt. Diese tiefe Überzeugung entspringt aus intimer Kenntnis der Dinge, denn auf dem Beatenberg oben wurde ich geboren, in der Waldegg hinten.

Wer in einer grösseren Stadt zur Welt kam, hat wahrscheinlich keine enge Beziehung zu ihr. Nun frage ich mich, ob all jene, deren Wiege in einem kleinen Dorf oder Weiler stand, nicht auch fühlen, dass ein

---

1 Der Beatenberg liegt nördlich am Thunersee entlang bei Interlaken mit Blick auf die Hochalpen-Kette.

kleines Teilchen ihres Selbst dort geblieben ist, wo sie einst in der Wiege gelegen haben. Diese Bindung an Haus und Dorf habe ich „meine Wurzeln“ genannt, denn besser wusste ich dieses Gefühl des Hingehörens nicht auszudrücken. Über Kontinente und Meere hinweg, über die Spanne eines Lebens hat mich dieses Gefühl begleitet.

Je älter ich werde, desto öfter denke ich an meine glücklichen, sonnendurchtränkten Bubenjahre zurück. Mein riesiger Spielplatz war der weite Umkreis vom Hotel National bis weit hinter die Susegg, hinauf zum Amisbühl[1] und Hohwald, höher bis zur Gemmenalp, über Burgfeldstand zum Niederhorn und hinunter zum Waldbrand, dann durchs Dorf zurück.

Das Hotel National, davor der Tennisplatz des Hotels Regina Palace

Meine stets wechselnden Freunde, das waren die Kinder unserer Hotelgäste. Wir kannten weder Nachbarzäune noch Grenzen. Hinten im Ryscherntäli versuchten wir, den Wildbach zum kleinen Stausee umzugestalten, wenn wir nicht an der Birrenfluh herumturnten.

Dann kam das jähe Ende. Fräulein Dietrich mit dem runden Gesicht und den vielen Sommersprossen wurde zum Tee eingeladen. „Der Junge muss im Frühling in Thun zur Schule gehen“, eröffnete meine Mutter der Lehrerin. „Haha“, lachte diese vergnügt, „der kommt doch nicht

[1] Der Amisbühl war ein benachbartes Hotel. Siehe dazu das Buch von Katharina Zimmermann.

mit. Der muss die Vierte wiederholen.“ So schlimm kam es aber nicht. Von den vier Schülern der vierten Klasse war ich immerhin der drittbeste[1]. Sie soll sich mächtig gefreut haben, als sie recht behielt.

Die Stadt, das riesige Schulhaus – Ende der Kinderjahre im Alter von zehn. Dafür Sehnsucht nach dem verlorenen Paradies und bitteres Heimweh nach den Bergen, jahrelang.

Natürlich sind das Sentimentalitäten des Alters. In diesem meinem Leben werde ich nun zum ersten Mal alt, und das ganz ohne jegliche Erfahrung. Altwerden ist nicht so leicht, wie es den Anschein hat. Als eitler Mensch habe ich es sehr ungern, wenn man mich beiseiteschiebt, möge es noch so höflich geschehen. Loslassen, das tut zuweilen weh. Von allen Seiten treten die Jungen heran. Denen will ich zeigen, dass ... keuchend halte ich inne. Ich schaffe es halt doch nicht mehr.

Wie in ruhigen Stunden die Erinnerungen vordrängen! Die eine, längst vergessen geglaubte, zieht andere nach sich, möchte das Erlebte noch einmal in hingeschriebenen Sätzen bewusst erfahren.

Ich fühle, dass ein feiner, roter Faden sich in tausend kleinen Windungen durch meine Jahre und Tage schlängelt. Es ist der Schicksalsfaden, der alle wichtigen und scheinbar unwichtigen Erlebnisse meines Lebens berührt; Erlebnisse, die mich zu dem Menschen geformt haben, der ich heute, jetzt, bin.

Vielleicht ist es mir vergönnt, in den zahlreichen Berg- und Talfahrten dieser Lebensspanne ein bestimmtes Muster und damit einen Sinn und ein Ziel zu erkennen.

[1] Die Familie gehörte zur Burgergemeinde Thun seit 1483. Dies brachte mit sich, dass die Kinder unentgeltlich die Schule besuchen und im Heim wohnen konnten.

Das Manuskript des Herrn Doktors

1918. Basel am Ende des ersten Weltkrieges: Was frischer Kuhmist für den Rosenstock, das waren die gewinnträchtigen Kriegsjahre für die Stadt. Sie prangte in prächtiger Blüte. Das neutrale Dreiländereck war als Bühne für grosse Ereignisse wie geschaffen. Dort, hinter dem Vorhang der Neutralität gut versteckt, trafen sich die Drahtzieher des Krieges, der Politik, der Wirtschaft und der Hochfinanz. In kleinen, luxuriös eingerichteten Konferenzzimmern wurde ausgeknobelt, was die Aussenwelt, das Publikum, wissen durfte und was nicht. Die sorgfältig zurechtgestutzten Kommuniqués wurden den wartenden Journalisten in die Hände gedrückt und mit Datumsstempel der Weltpresse, Paris, Berlin, London und New York übergeben.

Längst wurde im ruhigen, neutralen Schweizerländchen gemunkelt, dass sich in Basel geheimnisvolle Dinge abspielten. Besonders die jungen Leute fühlten sich durch die gesperrten Grenzen von den grossen Ereignissen im weiten Europa abgeschnitten und übergangen. Das Geheimnisvolle, das über Basel schwebte, zog die reifere Jugend an wie Honig die Fliegen. Im Kielwasser des Geschehens zu schwimmen, war besser, als daheim zu verdorren. So dachten auch mein Vater Moritz und sein jüngerer Bruder Emil.

Moritz studierte in Basel Theologie und stand bereits wenige Monate vor der Ordination, als Emil eines Tages mit dem Zug um 10.25 Uhr eintraf. Emil war ein mittelgrosser Jüngling von vielleicht 18 Jahren mit einem runden, angenehmen Gesicht und dunklen Haaren. Er war gut, aber nicht nach neuester Mode, gekleidet. Durch das heruntergelassene Fenster reichte er dem wartenden Dienstmann zwei recht grosse Koffer und verschwand, um gleich darauf auf dem obersten Trittbrett des Waggons nach seinem Bruder Ausschau zu halten, der weiter vorne auf dem Bahnsteig wartete. Sie eilten aufeinander zu und reichten sich die Hände.

Emil mit der Mutter, der Schwester Hanni und den Brüdern Moritz, Hans und Paul.

„Gut gereist?“, fragte Moritz. „Ja, danke. Grüsse von der Mutter und allen.“ „Danke. Geht alles gut daheim?“ „Ja, alles“, antwortete Emil. „Hanni hat sich erkältet und liegt im Bett.“„Du, ich bringe dich auf meine Bude, dann muss ich zur Vorlesung“, schlug Moritz vor. „Schon recht, lass dich nicht stören. Wie geht's mit der Theologie? Wirst's schaffen am Examen?“ „Ich denke schon, allerdings muss ich noch sehr viel arbeiten in den nächsten zwei Monaten.“

Das Manuskript des Herrn Doktors

Der Dienstmann in seiner blau-roten Mütze folgte den beiden mit einem kleinen Leiterwägelchen. Das Zimmer im zweiten Stock eines Hauses in der Mövengasse war spärlich möbliert, weder freundlich noch unfreundlich – ein richtiges Studentenzimmer: Bücher und Papiere überall, auf dem Nachttisch, am Boden, auf der einen Seite des Tischchens; dabei war doch Bruder Moritz ein Muster an Ordnungsliebe! „Ich schlafe hier nur. Sonst verbringe ich meine ganze Zeit in den Hörsälen", sagte er entschuldigend. „Das Zimmer, das ich dir vorschlagen werde, ist viel freundlicher. Es wird erst heut' frei. Heute Nachmittag zeige ich's dir." „Schon gut, ich sehe mir inzwischen ein bisschen die Stadt an."

Etwa zwei Stunden später schlenderte Emil am Spalentor vorbei. Auf dem Trottoir vor der kleinen Milchhandlung stand ein kleines, schwarzes Täfelchen, auf dem mit Kreide geschrieben stand: Zimmer zu vermieten, bitte im 1. Stock melden. Zum ersten Mal in seinem Leben war Emil ein selbstständiger Mensch, fern seiner Mutter. Nun hiess es, sich im Leben ohne ihre Hilfe zurechtzufinden. „Weshalb muss mir mein Bruder ein Zimmer suchen? Kann ich doch selbst tun!", dachte er und trat kurz entschlossen auf die messingbeschlagene Tür zu, die sich gleich neben der Ladentüre befand.

Frau Beate St. sass, wie seit Jahren, am Fenster ihres Wohnzimmers im ersten Stock und strickte. Als es an der Wohnungstür läutete, erhob sie sich augenblicklich, legte ihre Strickarbeit hinter sich auf den Lehnstuhl, strich ihr dunkles Kleid hastig zurecht und trippelte durch den Vorraum, um den Besucher zu empfangen. Ihr schien der Atem zu stocken, starr vor Schrecken und mit weit geöffneten Augen blickte sie dem jungen Mann ins Gesicht. Sekunden nur, dann schien sie sich zu besinnen, fiel gleichsam in sich zusammen und lächelte nun viel zu freundlich den unbekannten Besucher an. Sie war sichtlich aufgeregt und tat, was sie sonst wahrscheinlich unter keinen Umständen getan hätte: Sie trat zur Seite und bat den Fremdling einzutreten. Am zweiten Fenster des Wohnzimmers stand ein kleines, rundes Tischchen zwischen zwei Armsesseln. Dorthin führte sie Emil. „Setzen Sie sich, bitte, ich werde uns eine Tasse Kaffee machen." Dann eilte sie in die Küche hinaus. Nach geraumer Zeit kehrte Frau Beate zurück und stellte ein Tablett auf den Kaffeetisch. „Ich muss Sie wirklich um Verzeihung bitten, Herr ... wie war doch der Name?" „Hürner, Emil Hürner." „Hürner? Das ist ein ungewöhnlicher Name! Also, Herr Hürner, ich muss Sie um Verzeihung bitten. Sie haben mich ganz aus der Fassung gebracht", erklärte sie lächelnd. „Seit 25 Jahren ist mein einziger Sohn verschollen. Er war Missionar im Urwald des Amazonas. Sehen Sie, Sie sehen ihm täuschend ähnlich; ich meinte, ihn vor mir zu haben. Jahrelang habe ich felsenfest an seine Rückkehr geglaubt."

Über eine Stunde sass Emil der weisshaarigen Frau Beate gegenüber, blickte in ihr liebes, mütterliches Gesicht mit den tausend kleinen Fältchen und hörte sich die Lebensgeschichte der einsamen Frau an. Ihr Mann war längst gestorben und hatte ihr dieses Haus hinterlassen, dessen Zimmer im zweiten und dritten Stock sie vermietete. Die Stube ihres Sohnes jedoch, die stand seit 25 Jahren bezugsbereit, auf seine Rückkehr wartend. Und weil sie in ihm, in Emil, ihren Sohn sehe und weil sie sonst niemanden auf der Welt habe ...

Hier bricht Onkel Emils Erzählung ab. Zeit seines Lebens hat er gefühlt, wenn er einer für ihn guten Sache auf der Spur war. Lange Jahre hat er dort gewohnt. Und wer weiss? Vielleicht hat er als einziges Entgelt das Geschirr abgetrocknet.

* * *

So wurde der Emil Hürner ebenfalls zum neuen Basler Beppi.[1] Schon im Hotel seiner Mutter musste er Basler Studenten getroffen haben, denn nicht lange nach seiner Ankunft traf man ihn in den Kaffeestuben und Beizen rings um die Universität in Gesellschaft junger Kunst- und sonstiger Studenten. Studiert hat er allerdings nicht. So war er eben, der Emil.

Moritz hatte – so kurz vor der Ordination – keine Zeit für seinen Bruder. Doch Emil gehörte zu den Menschen, die leicht Anschluss finden. So erfuhr er bald, dass in Dornach, einem kleinen Dorf ausserhalb der Stadt, irgendein Österreicher oder Deutscher einem neuen Gott einen seltsamen Tempel baue und das schon seit einigen Jahren.

Es war erstaunlich, dass die Basler sich über den Tempelbau belustigten, waren sie doch selbst des Tempelbauens sehr kundig. Während der segensreichen Kriegsjahre wurden zahlreiche Tempel gebaut und zwar gleich im Kern der Stadt, dort, wo ihre Seele lebte. Die Basler Tempel, das waren die prunkvollen, imponierenden Bankgebäude. Unten in den Hallen, da standen die Altäre. Viele, viele Menschen opferten dort ihr letztes Geld. Oben in den zweiten und dritten Etagen fand man

---

[1] Der Beppi ist die stellvertretende Figur Basels, eng mit der Fasnacht verbunden. Angeblich stammt der Name von der schweizerischen Abkürzung für den Namen Johann Jakob. (Joseph – Seppi; Jakob – Joggeli; Johann Jakob – Beppi)

das Allerheiligste, denn dort hatten die Verwaltungsräte der chemischen Industrien ihre Sitzungsräume.

Auf kleinen Sonntagsausflügen mit seinen neuen Kumpanen lernte Emil bald die weitere Umgebung von Basel kennen. Natürlich führte sie ihr Weg nach einigen Wochen auch nach Dornach. Dort sah Emil diesen Tempel, von dem man ihm erzählt hatte. Tief beeindruckt erblickte er oben auf dem Hügel, was heute weltweit als Goetheanum bekannt ist: Zwei ineinander gewachsene Kuppeln, gedeckt mit norwegischem Schiefer, leuchteten in die wellende Landschaft hinaus, umgeben von blühenden Kirschbäumen. Jede Linie dieses prachtvollen Tempels schien aus der Umgebung heraus geboren und doch beherrschte er sie im meilenweiten Umkreis. Als zwei junge Arbeiter einen Verschalungsladen vorbeitrugen, rief einer aus der Gruppe: „Jetzt lueg det de Sarasin! Tag Sarasin. Wi ghunnsch denn du do uffä?“[1] „Heh sälü Merian! Ghunnsch äis gho bsueche?“[2] „Musst du jetzt dein Taschengeld selbst verdienen?“, fragte Merian spöttisch. „Nein, hier gibt's nichts zu verdienen. Wir alle helfen einfach mit, um dabei gewesen zu sein. Mithelfen tun wir hier, am Bau des Goetheanums.“ „Was bedeutet denn das alles?“, fragte Emil. „Das kann ich dir in zwei, drei Worten nicht erklären. Lies eines von Dr. Steiners Büchern, dann weisst du besser Bescheid, als ich's sagen kann.“

„Wir alle“ hatte der Freund gesagt. Die kleine Gruppe junger Burschen sah sich um und bemerkte erstaunt, dass die Arbeiter in ihren blauen Überzügen alle Studenten und Studentinnen waren. Lachend und sich neckend schwirrten sie auf dem grossen Platz vor dem Gebäude herum, auf dem so ziemlich alles ordnungslos herumlag, was auf einem Baugelände herumliegen konnte. Sie alle hatten ihre zugeteilte Arbeit.

Emil kehrte nach diesem ersten Besuch tief in Gedanken nach Hause zurück. Es ist schwer zu verstehen, weshalb er in der nächsten Zeit viele Wochenenden am Goetheanum verbrachte. Weder war er Künstler, noch an Anthroposophie interessiert, auch in späteren Jahren nicht. Er war ein Mensch, der sehr wenig über sein eigenes Leben gesprochen hat.

Dieses ganze Geschichtchen wäre nicht weiter erzählenswert, wäre nicht Emil eines Sonntagabends von Dornach mit einem Manuskript in

---

[1] Schau dort den Sarasin. Wie kommst du denn hier hinauf?

[2] Hallo Merian! Kommst du uns besuchen?

der Jackentasche heimgekehrt. Der Autor dieses Manuskriptes war – Doktor Rudolf Steiner. Doch: Wie hat ein freiwilliger Bauarbeiter Zugang zu Manuskripten? Wie konnte er das Dokument ungesehen von seinen Kollegen und Kolleginnen in die Tasche stecken? Weshalb hatte er das getan? Bestimmt nicht aus materiellen Gründen, denn damals hatten Steiners Manuskripte noch keinen Geldwert.

Das erste Goetheanum in Dornach bei Basel

Vielleicht hatte sich Emil das Manuskript nur „ausgeliehen“, um es seinem Bruder zu zeigen? Moritz, der mittlerweile sein Studium erfolgreich abgeschlossen hatte und Pfarrer war, weilte mit seiner jungen Frau Huldi gerade bei seiner Mutter im Hotel National.

Emil jedenfalls fuhr am darauffolgenden Wochenende nach Beatenberg, um seinen Bruder zu besuchen – sehr zum Verdruss von Huldi. Die Huldi und der Emil, das war so eine Geschichte. Die Huldi wurde immer halb krank, wenn sie den Emil nur sah. Sie hatte ein zutiefst ehrliches, aufrichtiges Wesen, schuftete von früh bis spät im Hotel der Schwiegermutter – nur um in allen entscheidenden Dingen dann doch nichts zu sagen zu haben. Trotzdem war sie hilfsbereit und hatte immer ein offenes Ohr für die Sorgen und Nöte der Gäste oder der Leute im Dorf. Menschen mit so hohen moralischen Grundsätzen sind so Gestalten wie der Emil naturgemäß ein Gräuel. Dem Emil war das alles nur ein

Anlass, ein möglichst regelmäßiger Besucher im Hotel zu sein und gelegentlich sogar in die Kasse zu greifen.

Zumindest an diesem Freitagabend aber, fuhr er nicht hin, um die Huldi zu ärgern. Obwohl sie ganz schön Galle gespuckt hat, weil sie ihm so spät noch etwas zu essen geben musste. Denn Emil hatte den langen Weg von der Seilbahnstation bis zur Waldegg im Regen zurückgelegt, sodass er ganz durchnässt im Hotel National ankam.

Am nächsten Morgen schneite es und es war sehr kalt, „Emil-Wetter“ hatte Huldi gehässig am Frühstückstisch gemurmelt. Gleich nach dem Frühstück klopfte Emil, der Spaßvogel, respektvoll an Moritzens Zimmertür, wie man das bei Pfarrherren tun muss. Sein Bruder sass, wie es seine Art war, den Kopf in beide Hände gestützt, vor sich die offene Bibel und alle anderen Bücher im Halbkreis um sich herum.

Der Raum war schön warm, ein Feuer brummte im Kachelofen. Wortlos trat Emil neben seinen Bruder und legte ihm Steiners Manuskript unter das Gesicht. Moritz nahm es in die Hand, überprüfte kurz die vier handgeschriebenen Seiten, las die Überschrift und dann hier und dort Ausschnitte des Textes. Zuweilen schüttelte er missbilligend den Kopf. Mäuschenstill stand Emil an seiner rechten Seite und wagte die Stille nicht zu durchbrechen. Jetzt erhob sich der Bruder, das Manuskript mit beiden Händen hochhaltend. Dann, als spräche er zu einem Publikum sagte er mit lauter, klarer Stimme: „Alles, was den Christus nicht in die Mitte von allem setzt, ist von Satan.“

Das Dokument immer noch mit beiden Händen vor sich haltend, drehte er sich nach links und schritt würdevoll zum Kachelofen. Dort bückte er sich und öffnete das kleine, gusseiserne Türchen. Laut loderten die Flammen und züngelten heraus. Jetzt faltete er das Manuskript der Länge nach und schob es tief in die Luke. Seine Hand augenblicklich zurückziehend, sah er zu, wie das weisse Papier schwarz wurde, sich in Fetzen auflöste und nicht mehr war.

Er schloss die Luke, erhob sich und schritt mit derselben feierlichen Würde zu seinem Stuhl zurück, mit einem Gesicht wie der Papst, wenn er durch Sankt Peter getragen wird. Kein Zweifel, Emil hatte einer Protestkundgebung beigewohnt, gehalten von seinem Bruder, dem Herrn Pfarrer Moritz Hürner. Er zerplatzte fast vor verhaltenem Lachen und als Moritz sich wortlos wieder hinsetzte, war er schon an der Tür und gleich draussen im Schneegestöber.

Dies alles erzählte Onkel Emil im Jahr 1958 meiner Frau, die später Generalsekretärin der Anthroposophischen Gesellschaft in Südafrika wurde. Was immer seine Absicht gewesen sein mag, als er das Manuskript einsteckte, eine ruhmreiche Geschichte ist es jedenfalls nicht. Trotz allem, wenn auch ungewöhnlich, war es doch eine erste Fühlungnahme mit der Anthroposophie. Emil ist vor wenigen Jahren im Alter von 91 in Thun verstorben. Niemand wird je wissen, was das Manuskript enthielt und wie es einst in seine Hände kam. Dieses Geheimnis hat er auf seine lange Reise mitgenommen.

Rudolf und Marie Steiner dagegen wurden regelmäßige Feriengäste auf dem Beatenberg. Oft waren sie zusammen mit Paul Bay und, meines Wissens, auch Christian Morgenstern. Sie alle gehörten zu den Prominenten des Kurortes. Wer weiss, vielleicht hat Rudolf Steiner das Verschwinden seines Manuskriptes gefühlt, ist ihm nachgereist und hat dabei den Beatenberg entdeckt? Ist das nicht ein netter Gedanke?

Balalaikas zum Abschied

Es gab eine Zeit, so um die Jahrhundertwende herum, da wurde St. Beatenberg einer der weltbekannten Kurorte der Schweiz. Damals, als der erste Eisenbahnzug im Bahnhof von Interlaken einfuhr, entstiegen den Luxuscoupés eine Anzahl Russen. Sie alle hatten bisher ihre Ferienaufenthalte in Nizza, Menton und Monte Carlo zugebracht. Aristokraten – Fürsten und Grafen der näheren Umgebung des Zarenhofes waren es – alles steinreiche Besitzer gewaltiger Ländereien mit prächtigen Schlössern, in denen sie einen Teil des Jahres verlebten. Dazu kamen die Paläste in Moskau und St. Petersburg, die sie im Winter bewohnten. Um die eiskalte Jahreszeit fanden die Empfänge und Bälle der Zarenfamilie statt; und um diese herum spielte sich ein äusserst reges gesellschaftliches Leben ab. Im Februar buchte man dann einige Coupés im Pullmann und fuhr zuerst nach Berlin ins Hotel Adlon. Dort gab man einige Empfänge für die Freunde, Bekannten und Verwandten am preussischen Kaiserhof. In Paris, der nächsten Etappe, bereiteten sich die Theater, Cabarets und Nachtklubs schon auf die russische Invasion vor. Dort empfingen die Gemahlinnen tagsüber die ersten Couturiers Frankreichs und somit Europas in ihren Privatsalons im Hotel Meurice. Dann blühten die Magnolien an der Riviera und der Fürst von Monaco, Rainiers Grossvater, der alte Seeräuber, freute sich auf seine Freunde aus dem hohen Norden und auf ihr Geld, das sie in seinem Kasino, dem berühmtesten der Welt, in Unsummen verloren.

Am Sankt Beatenberg da brannte die Regina

Nun aber hiess es auf einmal, dass es in gewissen Bergdörfern oben in den Schweizer Alpen Hotels gäbe, in denen man standesgemäss wohnen könnte. Weil das Dorf St. Beatenberg nicht nur prächtig gelegen war, sondern auch ein Regina Palace Hotel hatte, fuhr man dorthin, war angenehm überrascht und kam im nächsten Jahr wieder. So wurde der Name Beatenbergs in die grosse Welt hinausgetragen.

Wohl kraxelten damals viele junge Engländer in unseren Alpen herum, tranken Ziegenmilch und übernachteten in Sennhütten, um am folgenden Morgen gleich wieder zur Stelle zu sein. Wohl waren die Engländer die Pioniere des allgemeinen Tourismus, besonders in der Schweiz. Wer aber die grosse Nachfrage nach Luxushotels von Weltklasse schürte und forderte, das waren die steinreichen, prunkliebenden Russen. Sie waren es, die das Beste aus der Küche, dem Keller und bei der Bedienung verlangten und auch bereit waren, dafür zu bezahlen. Den Engländern lag das nicht so. Diese Hotels suchten und fanden die besten Küchenchefs Europas, Escoffier, Schindler, Courois oder Rinalti und bezahlten sie dementsprechend: Auguste Escoffier, erzählt man sich, soll jeden Morgen in seinem Rolls Royce zur Arbeit im Savoy in London vorgefahren sein.

So waren die Verhältnisse, als die ersten russischen Gäste vierspännig im Landauer mit nachfolgendem Gepäckwagen die steile, schmale Strasse von Interlaken heraufkamen. In grosser Eile liess Grossmutter im „alten Haus" gegenüber dem Hotel umbauen. Bald wusste man in Interlaken unten, dass das Hotel National den Kutschern Stallungen für die Pferde und Unterkunft für Mensch und Wagen bot. So stiegen die Reichsten der Reichen im Regina Palace ab und die etwas weniger reichen, rangmässig wohl auch niedrigeren Aristokraten, wohnten bei uns.

Das Geschäft florierte wie nie zuvor. Beweise dafür lieferten die dauernden Nachbestellungen für Champagner und Kaviar. Das war eine Gesellschaft, für die Feste feiern beinahe zum Alltag gehörte; ein Geniessen, ohne an die Zukunft zu denken.

Die junge Fürstin Maria Katherina Rogosova war von ihrem Aufenthalt im Regina Palace und von den schneebedeckten Bergen so begeistert, dass sie ihren Gemahl zuhause im Palast von Vyshniy-Volochek telegrafisch beauftragte, sofort sein Hausorchester und vor allem die Balalaikaspieler nachzusenden, als sie bemerkte, dass diese Instrumente im Hotelorchester fehlten. Sehr zum Missfallen der unternehmungslustigen zweiten Gemahlin des alternden Fürsten kam dieser gleich selbst und brachte nicht nur sein Hausorchester, sondern auch eine ganze Ladung Wodkakisten mit.

Blick auf den Tennisplatz (im Winter Eisbahn) und den linken Flügel der Regina Palace, davor die runde Terrasse.

Es soll eine Reihe bemerkenswerter Maskenbälle gegeben haben. Die schöne Fürstin beherrschte den grossen Ballsaal unter dem Dutzend neunarmiger Kristallleuchter, während sich ihr Gemahl in der Hotelbar eingenistet hatte. Die vielen Gäste pendelten nächtelang von Ball zu Ball. Glorreicher Abschluss waren die Rechnungen: Diese sollen astronomische Zahlen erreicht haben, nicht zuletzt wegen der Reparatur- und Ersatzkosten für Möbel, Teppiche, Gläser, Geschirr und Fensterscheiben. „So viel hat doch das ganze Hotel nicht gekostet“, bemerkte angeblich des Fürsten Sekretär zum Kassier des Regina Palace Hotels, machte dabei ein angewidertes Gesicht und stellte einen Cheque auf St. Petersburg aus, ohne auch nur einen einzigen Posten nachzusehen. Der Besitzer Direktor Brunner soll noch wochenlang einen verträumten Blick in seinem runden Gesicht gehabt haben, wenn der Name St. Petersburg erwähnt wurde.

Doch dann kam der Sommer 1914; er traf mitten in eine Welt voll berauschender, tanzender Fröhlichkeit. Diese versank zu den schmelzenden Klängen der Balalaikas. Leere Berghotels im Juli und August! Die Kurorte in den Alpen sahen aus wie gigantische Friedhöfe. Gegen Ende des Krieges wurden französische Internierte bei uns einquartiert, als trauriger Ersatz für fehlende Feriengäste. Grossmutter sprach ungerne von den Kriegsjahren. „Unsere Aussprache wurde wohl besser, dafür lernten wir eine ganze Menge vulgäres Französisch“, sagte sie ärgerlich. Dagegen wurde sie nie müde, Geschichten von den Russen zu erzählen. Sehr lebendig in Geste und Stimme schilderte sie die Begeisterung, mit welcher diese Menschen aus Russlands endlosen Weiten die Alpen und ganz besonders die Schneeberge erlebten. Hatte sie zwei oder drei Zuhörer, dann liebte sie es, den harten Akzent, das dunkel rollende r, mit dem vor allem die Männer Deutsch und Französisch sprachen, täuschend echt nachzuahmen. „Nein“, unterbrach Grossmutter dann die Lachsalven, die in die sommerliche Stille tönten, „keine französischen Internierten mehr. Dafür aber russische Fürsten – jede Menge!

Die Geburtswehen meines Vaters

Das Ende des Krieges brachte nicht nur den ersehnten Frieden, sondern auch eine Zahl an kommunistisch orientierten Gräueltaten in Russland. Grossmutter litt unter dem Wissen, dass Freunde und Bekannte auf ihren Gütern ermordet oder in Viehwaggons nach Sibirien verschleppt wurden, um dort unter möglicherweise unsäglichen Qualen zu sterben. Das schwere Schicksal dieser feinfühligen und kultivierten Menschen ging ihr persönlich nahe.

Es war halt eine ganz andere Zeit. „Ich bin verantwortlich für das Wohlbefinden der Menschen, die unter meinem Dach wohnen", pflegte sie zu sagen. Das war keine leere Propagandafloskel. Die paar Worte drückten klar aus, was die leitenden Hotelleute fühlten. Für das Wohlbefinden der Gäste konnte nur gesorgt werden, wenn man ihnen persönlich nahe kam. Der Massentourismus hat diese Mentalität gründlich abgeschafft. Der Kunde ist nur noch geldbringendes Objekt und wird auch so behandelt. Heute denkt niemand mehr daran, wie viele menschliche Werte dadurch verloren gegangen sind.

Eines Tages, kurz nach Friedensschluss, brachte Grossmutters ältester Sohn eine Frau nach Hause. Das hatte weitgreifende Folgen. Zum einen bedeutete es den Anfang meines Lebens; zum andern den Rücktritt meiner Grossmutter als Leiterin des Hotels. Sie bestimmte meinen Vater als Nachfolger. Dieser aber weigerte sich: „Geld? Geschäft? Nein danke!", sagte er verächtlich. „Da gibt es viel wichtigere Dinge, für die ich leben will." Dabei blieb er und meine Mutter hatte keine andere Wahl, als die Lücke zu füllen.

Sie war die älteste Tochter der Müller-Gisigers aus dem Tuchgeschäft an der Kreuzgasse in Thun. Sanft, gefühlvoll, musikliebend, wie die jungen Mädchen und Frauen damals vielfach waren, war sie sieben Jahre lang verlobt mit jenem, der mein Vater werden sollte; sieben Jahre hatte sie gewartet, um mit ihm unglücklich zu werden. Da hatte die Bestimmung zwei Menschen zusammengekettet, die durch Leiden aneinander schweigend zu unerkannter menschlicher Grösse wachsen sollten.

Das Chalet Eiger, in dem Hans geboren wurde

Kaum von der Hochzeitsreise zurückgekehrt, türmten sich die Probleme vor meiner Mutter. Nicht nur zog sich Grossmutter vom Geschäft zurück, sondern sie liess die junge Schwiegertochter auch in klaren Worten wissen, dass diese kein Recht hätte, ihr die Liebe ihres Sohnes vorwegzustehlen. Sie war eine fromme, strenggläubige Frau, jedoch machte ihre Christenliebe jedes Mal eine Pause, wenn sie der Frau ihres Sohnes ansichtig wurde. Viel schlimmer noch war, dass mein künftiger Vater seine Mutterbindung eingestand.

Als gänzlich Unerfahrene ein Hotel zu leiten, und das bei denkbar schlechtem Geschäftsgang und dazu den eigenen Mann und seine Mutter in allem, was sie anordnete und tat, gegen sich zu haben – da erscheint die Hölle wie ein verlockender Ferienaufenthalt. Hotelangestellte sind eine Gesellschaft, die weitgehend nach ihren eigenen Gesetzen lebt. Gesetzen, deren Stützpfeiler nicht unbedingt die Moral ist. Wer da nicht mitunter mit harter Faust dazwischenhauen kann, wird leicht zum Opfer. Meine Mutter hat's geschafft.

Lange ging's nicht, bis das junge Paar feststellte, dass ich schon in den ersten Tagen dieser Ehe auf die Reise geschickt worden war. Für meine Mutter musste es ein Schock gewesen sein, unter den denkbar schlechtesten inneren und äusseren Umständen schwanger zu werden, ja vielleicht mag es ihr ganz am Anfang als ein Fluch erschienen sein. Doch auch das hat sie geschafft, möglicherweise gerade deshalb.

Jahrzehnte danach hat sie mit meiner Frau über diese Zeit gesprochen, wenn auch nur andeutungsweise. Immer und immer wieder kommt es vor, dass das Leben Frauen zu stillen Heldinnen formt. Meine Mutter hat zu ihnen gehört.

Werdende Menschen sind wohl die grössten Egoisten, die es gibt. Deshalb kostet es später so viel erfolglose Mühe, es ihnen wieder abzugewöhnen. Fast scheint es so, als ob mir bekannt gewesen wäre, dass meine Mutter vor ihrer Ehe als Säuglingsschwester gearbeitet hat. Sie wusste also ganz genau, wie eine Frau Kinder tragen muss und ich sah streng darauf, dass die Regeln beachtet wurden. Da gibt es eine Anzahl Dinge, die dem werdenden Wesen schaden könnten. Nichts liess ich durch und sorgte sofort dafür, dass ihr übel wurde und sie sich hinlegen musste. Ärger, zum Beispiel, Gereiztheit oder Ungeduld waren zu vermeiden. Nun aber versuche einer, Hotelangestellte zu lenken, ohne sich etliche Male am Tag ärgern zu müssen. War mir aber ganz gleichgültig, prompt wurde ihr schlecht. Sorgen und Ängste sollen werdende Mütter umgehen. Ich fühlte den schlechten Einfluss jeweils sofort. Es war eine schwere Zeit, die ersten Jahre nach dem Krieg. Die ganze Last des Hotels lag auf ihren unerfahrenen Schultern. Täglich brachte der Briefträger neue Lieferantenrechnungen. Sorgen, Ängste zuhauf. Auch das war mir egal. Zur Strafe musste sie sich hinlegen, jedes Mal.

Ich wuchs und wuchs den ganzen Sommer hindurch, streng und unerbittlich mein Werden überwachend. Es wurde Herbst; der letzte Gast verreiste und etwas später der letzte Angestellte. Von nun an hatte ich nichts mehr an meiner Mutter auszusetzen. Ruhig geworden, trug sie mich zu meiner vollen Zufriedenheit. Jetzt hatten meine Eltern Zeit, sich über mich zu unterhalten und sich auf mich vorzubereiten. Wie freute ich mich über ihre Gespräche, wie wohl tat mir das Wissen, in sorgender Liebe erwartet zu werden. Die Sicherheit um diese Liebe durchdrang mein ganzes, winziges Sein mit einem für Menschen unsichtbaren Licht.

Ende November brachten die Herbststürme Schnee, Eis und Kälte; auch die grosse Stille brachten sie, und Ruhe. Eintönig gingen die Tage dahin. Vater schrieb, umgeben von seinen Büchern, Mutter sass im Lehnstuhl am Fenster und strickte. Von Zeit zu Zeit strampelte ich wild, dann hörten die Nadeln kurzzeitig zu klappern auf.

Es war an einem Dienstag, zwei Wochen vor Weihnachten. Eine graue, schwere Wolkendecke hing über den obersten Häusern des Dorfes. „Das gibt Schnee", sagte Vater, „noch heute Morgen." Eine Stunde später tanzten die ersten Flocken aus der Nebeldecke und nach kurzer Zeit fielen sie in dichten Mengen. Es schneite den ganzen Tag, auch die ganze Nacht, es schneite ununterbrochen auch den ganzen folgenden Morgen. Als die Hausglocke schellte, war es beinahe Mittag. Vater ging hinaus. Mit einem kleinen Handbesen wischte er den Schnee von der Gestalt, um zu sehen, wer darunter versteckt sein mochte. Es war die Hebamme. „Bisses nachtet chumme-n-i den eppa nit mee dürr dä Schnee dürrhi!", meinte sie, ihre frühzeitige Ankunft erklärend. Nach dem Mittagessen wurde Mutter untersucht. „Nicht vor Mitternacht", war der kurze, klare Bescheid.

Eintönig schlichen die Nachmittagsstunden dahin. Die Hebamme sass am Tisch und blätterte in alten „Schweizer Illustrierten", das Klappern von Mutters Stricknadeln wurde nur hin und wieder kurz durch ihr sorgfältiges Zählen der Maschen unterbrochen. Vater schrieb, Zeile um Zeile. Zuweilen legte er seine Füllfeder hin, nahm eines der Bücher, suchte etwas, legte es wieder hin und schrieb weiter. Draussen fiel der Schnee lautlos in die Totenstille. Da stöhnte Mutter einmal auf, Schmerz in ihren Zügen. Vater schnellte von seinem Stuhl hoch und eilte zu ihr. Da lächelte sie schon wieder. „Die Wehen", erklärte sie und machte dabei ein glückliches Gesicht. Die Hebamme hatte nicht einmal den Kopf gedreht. Als alles wieder still war, sagte sie nur: „Ihr habt Glück, dass sie so spät beginnen."

Vaters schwere Stunde begann bereits kurz vor dem Abendbrot. Er erklärte, nichts essen zu wollen, weil er keinen Hunger habe. Während die beiden Frauen eine einfache Mahlzeit verzehrten, stand er am Fenster und blickte in die stockfinstere Nacht hinaus. Nach dem Abendbrot ging meine Mutter zu Bett. Die Hebamme prüfte ein letztes Mal und erklärte: „Etwa um zwei Uhr." Vater wurde gebeten, bis dahin viel heisses Wasser bereit zu halten und im Schlafzimmer gut zu heizen. Danach ging auch die Hebamme in eines der Zimmer im ersten Stock.

Mit Vaters Seelenruhe war es längst vorbei. Er setzte sich wohl an seinen gewohnten Platz, ein Buch geöffnet vor sich, doch lesen tat er nicht. Er stierte lange vor sich hin ins Leere. Dann erhob er sich, ging im Zimmer auf und ab, immer auf und ab, vom Fenster zur Türe, von der Türe zum Schlafzimmer, steckte seinen Kopf durch die Öffnung, drehte das Gesicht zum Bett. Aber Mutter schlief. Wahrscheinlicher ist, dass sie nur mit geschlossenen Augen dalag, um allein zu sein. Wer wollte denn schon die Gesellschaft eines nervösen Mannes, der ohnehin nur dumme Fragen stellen würde! Einmal, nur um der Enge des Wohnzimmers zu entrinnen, öffnete Vater lautlos die Haustüre, dann die Türe des Vorbaus. Es schneite nicht mehr. Eisige Luft wehte ihm entgegen. Die seit Tagen niedrig hängende Wolkendecke wurde vom Wind zerrissen und in Ballen hochgetrieben. Morgen würde wohl die Sonne scheinen, die Sonne, am ersten Tag seines Kindes, und er, ein Vater! Glückliche Sekunden nur, dann war er wieder ein Opfer seiner Verzweiflung. Er malte sich aus, was alles schief gehen konnte, ging in die Küche und begann, heisses Wasser zu kochen, obwohl es erst kurz nach zehn war. „Nein, nie wieder ein Kind, das halte ich nicht ein zweites Mal aus. Ob es wohl ein Mädchen oder ein Bube wird? Nur jetzt nicht daran denken."

Kurz nach Mitternacht erschien sein Kopf wieder zwischen der Türspalte. Mutter lag mit offenen Augen da. „Jetzt werden die Wehen schon regelmässiger und kommen öfter."

„Wo ist denn die Hebamme? Ich werde sie sogleich rufen." „Nein, nein. Bleib hier, es ist noch nicht soweit. Sie weiss schon, wann sie kommen muss. Wecke sie nicht!"

Aber Vater wusste es besser. Er klopfte an die Zimmertür der Hebamme, trat ein und weckte die fest schlafende Frau. Sogleich hellwach, griff sie nach ihrer Uhr, die auf dem Nachtisch lag, und, ohne meinen Vater auch nur eines einzigen Blickes zu würdigen, liess sie ihn stehen, wo er war, drehte sich zur Wand und schlief weiter.

Wütend, gereizt, nervös, ratlos und sehr einsam ging er in die Küche hinunter, um dort festzustellen, dass die Pötte nur noch lauwarmes Wasser enthielten. Beinahe froh, etwas zu tun zu haben, machte er sich sogleich wieder an die Arbeit. „Nein, kein zweites Mal. So was hält ein Mensch nicht aus."

Mit seinen Eltern – 1-jährig

Bei alledem wurde es zehn nach zwei Uhr. Plötzlich war es Zeit, meine wohlige, warme, behütete kleine Welt zu verlassen. Alles ging drunter und drüber, meine Mutter stiess mich von sich und ich atmete zum ersten Mal die eisige Luft der Erde. Vaters Leiden waren zu Ende gelitten. Mutter hatte nur einmal geschrien und nun lag sie mit verklärtem Lächeln in ihrem Bett.

Jetzt war ich an der Reihe zu leiden. Die Hebamme hielt mich lieblos wie eine grosse Kartoffel, das Badewasser war nicht warm genug, meine zarte Haut nur an weiches Wasser gewöhnt.

Da kratzen Windeln und Leibchen wie grobes Schmirgelpapier.

Z'GROSSMUETI

Unser Grossmueti wäre nie geworden, was sie gewesen ist, ohne den Grossvater. Dieser gehörte zu der Kategorie Männern, von denen gut aussehende junge Mädchen und Frauen alles haben können und mit denen sie alles tun dürfen, nur eines dürfen sie nicht – sie heiraten. Das sagen ihnen ihre Eltern, ihre Freundinnen, besonders jene, die eifersüchtig sind, das sagt ihnen ihr eigener Verstand und dann geh'n sie hin und tun's doch. Warum gerade dieser Typus Mann bei den Frauen so viel Erfolg hat, nicht nur damals, sondern auch heute, ist eines der grossen Rätsel der Liebe oder was man dafür hält.

Grossvater war ein grosser Lebemann in einem kleinen Städtchen – in Thun, sei's verraten. Was kann, oder besser, was konnte ein Lebemann im kleinen Thun denn schon tun? Nichts! Deshalb fuhr er bei jeder Gelegenheit nach Bern, mit oder ohne Begleitung. Zurück blieb das Gemunkel und das prickelnde Geheimnis, das ihn umwob – zumindest in der Fantasie des schönen Geschlechts. Ob Grossmueti ihn nun trotzdem oder vielleicht gerade deshalb geheiratet hat, ist ihr bestgehütetes Geheimnis geblieben.

Kurz nach ihrer Heirat beantragte Großvater die Lizenz für die Restaurants auf allen Dampfschiffen, die auf dem Thunersee verkehrten. Um die Jahrhundertwende war das ein blühendes Unternehmen. Daneben blieb viel Zeit zum geselligen, lustigen Leben und sehr wenig für die langsam wachsende Familie zu Hause.

Seine gefühlvolle, liebende und unterwürfige junge Frau wachte mit jedem neuen Kind mehr auf, bis sie beim fünften hellwach geworden war. Müde von des Tages Lasten kam der Ehemann selten vor zwölf Uhr nach Hause, obwohl das letzte Schiff bereits um sieben Uhr an der Thuner Ländte[1] beim Bahnhof festgebunden wurde. Der exquisite Duft französischen Parfums – konzentriert auf Vaters gestern getragenem Hemd – entstieg dem Korb für schmutzige Wäsche. Da waren Spuren von Lippenstift, wo keiner hingehörte, und dann eben immer das viele Geld. Warum nicht? Jedermann wusste, dass Rudolf Hürner steinreich war. Er hielt Reitpferde für seine kleinen Söhne und liebte es sehr, mit ihnen durch das Städtchen zu reiten. Kurz, er führte das farbenfrohe Leben, das man von ihm erwartete.

Lebemänner und solche, die es werden wollen, haben etwas gemeinsam: Sie benützen weder Portemonnaies noch Brieftaschen für ihr Geld. Das liegt griffbereit in kleinen oder grösseren Bündeln lose in einer Hosentasche oder wie bei Grossvater gleich in mehreren.

Die kleine, unscheinbare Frau zu Hause hütete ein Geheimnis, gewarnt von einigen untrüglichen Vorkommnissen. Von nun an fand das Geld, das jeden Morgen gewissenhaft in den frisch gebügelten Anzug hinüberwechselte, zum Grossteil seine Weg in eine kleine Schublade, zu der nur sie den Schlüssel besass. Da Großvater nie ein Wort darüber verlor, ist anzunehmen, dass er den Schwindel überhaupt nicht bemerkt hatte. Jahrelang genoss er sein Leben, bis er eines Tages sein Pferd bestieg und auf dessen anderer Seite tot hinunterfiel. Was seine Frau längst gefühlt oder gewusst hatte, wurde zum grossen Skandal im ganzen Oberland: Der steinreiche Hürner hinterliess nichts als einen Berg von Schulden und als die ganze Herrlichkeit aufgelöst wurde, blieb kaum noch etwas übrig. Die Witwe „in den allerbesten Jahren" aber ging hin und öffnete die kleine Schublade, begann mit dem Zählen und nach dieser angenehmen Beschäftigung kaufte sie das Hotel National in St. Beatenberg.

Grossmutter war von eher kleiner Gestalt. Noch im Alter von einundsechzig Jahren hatte sie kohlrabenschwarzes Haar. Nach damaliger Sitte trug sie ein schmales, eng anliegendes Samtband um den Hals, an dem ein in Gold gefasster, dunkler Amethyst befestigt war. Mit Vorliebe trug sie violette, reich bestickte Blusen, ebenfalls ganz dunkel, dazu lange, schwarze Röcke. An langer Goldkette baumelte eine kleine

---

[1] Landesteg für die Thunersee Schifffahrt

goldene Uhr mit reich verziertem Deckel, am Ringfinger der linken Hand steckte ihr Ehering und der ihres verstorbenen Mannes.

Eingang vom Hotel National

Z'Grossmueti und z'Grossmuetibänkli unten im Garten zwischen den beiden Lindenbäumen sind in meiner Erinnerung ein einziges Bild. Nicht etwa nur wegen der schönen Aussicht war es ihr Lieblingsplätzchen: Zwei Meter von der kleinen Holzbank entfernt begann der Rosenweg, die Rosenallee. Auf beiden Seiten standen die blühenden Bäumchen, darunter die beiden langen, breiten Beete voller Rosensträucher, die sich bis hinunter zu den Johannisbeeren zogen. Von Ende Juni bis spät in den Herbst hinein war der Anblick ein einziges, unbeschreibliches Durcheinander feuriger Farben von Rosenstöcken, die alle ihre fünfzehn Knospen trugen. Alle wussten, dass Grossmutter eine Rosennärrin war. Man lächelte ein ganz kleines Bisschen über diese Leidenschaft. Es war Vater, dem diese Pracht zu verdanken war. Nirgends habe ich seither Rosen gesehen, wie Vater sie gezogen hat. Einbildung sonniger Kindertage? Vielleicht. Jedoch das Farbenfeuer, das aus Vaters Rosen gelodert hat, die mächtigen Knospen, an denen die Tautropfen des frühen Morgens hafteten – nein, das ist keine Fantasie, keine Erinnerung an längst vergangene Zeiten, das war viel, viel frischer Kuhmist, wohl aber vor allem die liebevolle Pflege seiner Hände und – vielleicht mehr noch – seiner Gedanken.

Wenn Grossmueti vom Bänkli aus rief, liessen wir alles liegen und rannten zu ihr. „Buben, jetzt setzt euch auf's Bänkli und haltet euch schön still, bis ich zurückkomme. Ich will meine Rosen grüssen gehen." Den Kopf immer nach rechts gewandt, blieb ihr Blick auf jedem einzelnen Rosenstock haften. Unten bei den Johannisbeeren drehte sie um und schritt langsam zurück.

„Buben, jetzt erzähle ich euch die Geschichte von der dummen Henne, die ihre Küken ausbrüten wollte und vergessen hatte, wohin sie die Eier gelegt." Dabei setzte sie sich zwischen uns, legte ihre Arme um unsere beiden Schultern und begann die Geschichte. Wie gebannt blickten wir in ihr Gesicht, hingen an einem jeden ihrer Worte und warteten, dass sie bald meinen Bruder, bald mich ansah. Oft wurde sie unterbrochen, denn wohl täglich schritt ein Besucher von der Strasse über die kleine, mit Rasen bedeckte Böschung hinunter und durch die schattige Lindenallee zu unserem Bänkli. Nie verliess jemand die Grossmutter, ohne zwei oder drei Rosen mitzunehmen. „Buben, Rosen sind zum Verschenken da. Je mehr Rosen man verschenkt, je zahlreicher blühen sie." Und tatsächlich, in kleinen Vasen standen Rosen auf jedem Tisch im Speisesaal, im Salon und in den Gästezimmern; selbst abreisende weibliche Gäste hielten sie als Abschiedsgruß in der Hand. Ging man hinunter zur Rosenallee, sah man erstaunt, dass trotzdem jeder Stock eine Vielzahl erblühender Knospen trug.

* * *

In diesem Herbst folgten meine Eltern einer Einladung von Freunden in England. Kaum waren die grünen Fensterläden alle geschlossen und unten sämtliche Türen verriegelt, als der Muurehämmi sie zur Seilbahn fuhr. Froh winkten wir zum Abschied. Grossmutters Obhut war etwas Neues und Aufregendes. Wie aufregend, sollte sich schon am nächsten Tag zeigen.

Mein Bruder Martin, damals etwas über drei Jahre alt, war ein ausgesprochen schönes Kind. Lange, gewellte, goldblonde Haare mit dunkelbraunen Augen im runden Gesichtchen. „Oh seht mal, welch süsses Kind, welch eine Engelchen!" rief zum Beispiel eine Dame aus, als sie meinen Bruder zum ersten Mal sah. Sie kramte in ihrer Handtasche herum und fand einige Bonbons, die sie ihm in die Hand drückte. Der Kleine wusste schon damals ganz genau, wie man lächeln musste, damit sich dieser Vorgang baldmöglichst wiederholte.

Ich stand sehr oft daneben, gewöhnlich schmutzig, mit leicht abstehenden Ohren, kurzen, in alle Richtungen wachsenden Haaren, die ein richtiges Lausbubengesicht umrahmten. Weil ich sehr oft beim Muurehämmi nebenan im Stall war, stank ich zu allem Überfluss noch. Dass man solch zweifelhaften Erscheinungen keine Schokolade und keine Bonbons schenkt, versteht sich von selbst. All das wusste ich damals natürlich nicht und die Eifersucht wuchs zu schönster Blüte.

Grossmutter Hürner mit Hans und Martin

Mutter und Vater verreist, da gab es hie und da Gelegenheiten, dem kleinen Engelchen diese oder jene Beleidigung und Demütigung zurückzuzahlen, denn er war ja schuld an meiner misslichen Situation!

Das süsse Martinchen hatte seinen Baukasten auf den Rasen hinunter geschleppt. Jetzt baute er einen Turm. Der wurde höher und höher und bei den letzten Klötzen kreischte er vor lauter Freude. Da spürte ich deutlich, wie sich der Teufel – oder einer von seiner Kinderabteilung – mir in den Nacken setzte. Nun schob sich mein Absatz weiter und weiter vor und als das letzte Bausteinchen sicher ganz oben lag, fasste dieser Kobold den Absatz meines Schuhs und stiess ihn nach vorne. Das war richtig lustig, wie all diese Klötzchen nach unten auf's Brett polterten. Martinchen war nicht meiner Meinung und fing aus Leibeskräften zu brüllen an. Oben auf der Treppe im Eingang zum Chalet erschien meine Grossmutter. „Was ist denn das für ein Geschrei? Was hast du ihm getan?" Ich tat, als wüsste ich von nichts und beobachtete eingehend eine Ameise, die sich auf meine Hand verirrt hatte. Nun kam Grossmutter durch den Alpengarten herunter, sah sofort, was geschehen war, und zog mich unsanft auf die Beine. „Es ist höchste Zeit, dich etwas strenger in die Hand zu nehmen." Mit eisernem Griff umklammerte sie meinen Oberarm und zog mich den ganzen Weg hinauf bis ins Wohnzimmer.

„Hier, setz dich auf diesen Stuhl!" Jetzt breitete sie eine Zeitung vor mir aus. Darauf legte sie ein Schreibheft, holte Tinte und Federhalter und zuletzt die Bibel.

Nun wusste z'Grossmueti ganz genau, dass ich von den vier Schülern der zweiten Klasse nicht der beste war, schon gar nicht im Schreiben. Als Linkshänder hatte ich ohnehin meine Probleme, aber das kümmerte damals keinen Menschen. Im vierten Kapitel des Matthäusevangeliums fand sie, was sie suchte. „So, Hansi, jetzt schreibst du schön sauber und ohne Fehler den zehnten Vers dreimal ab."

Leise zog sie die Wohnzimmertüre hinter sich zu. Erst sass ich wie gelähmt. Die ungeahnte Strenge der Grossmutter und dazu eine Strafe, wie sie nicht peinsamer hätte sein können, denn ich hasste das Schreiben! Nach geraumer Weile zog ich die Bibel heran, fand diesen zehnten Vers und erschrak über seine Länge. Ich buchstabierte langsam: Da sprack (nein, das ist ein h) Jesus s (nein, ein z) zu ... Mühsam nahm ich die Feder in meine rechte Hand und begann auch gleich in der obersten Ecke links: „Ba" (ach nein, das ist ein grosses D) Ich strich „Ba" dick durch. Dabei entstand ein grosser Tintenfleck. Nach zwei Stunden sah das Blatt zum Erbarmen aus. Grossmutter kam, sah das Chaos in blau und weiss und sagte: „Heute Nachmittag machst du weiter, das sieht ja furchtbar aus! Ich werde dir das Schreiben beibringen!“ Der Ton ihrer Stimme verhiess nichts Gutes.

Nach drei Tagen unsäglicher Not, Mühe und Tränen, sass ich im Bade und Martin stand, mir den Rücken zuwendend. „Der ist doch an allem schuld“, sagte der Kobold, nahm meine Hand und kniff meinem Brüderchen mit aller Kraft in die kleinen Fettwellen seines Hinterns. Grossmutter war bereits im Badezimmer angekommen, als der Kleine den zweiten Schrei um eine Oktave höher ansetzte.

Es waren furchtbare Wochen. Lukas 11.9., Lukas 14.11., Matthäus 7.7. und eine lange Reihe mehr, bis weit in die Apostelgeschichte hinein. Als ich einmal zu spät zum Mittagessen kam, war's gleich das ganze Vaterunser. Bis zum heutigen Tag weiss ich alle Verse auswendig. Meine Handschrift ist schlecht geblieben und meine Liebe zur Grossmutter hatte für kurze Zeit tiefe Löcher.

Während meiner Eltern Abwesenheit kam es immer öfter vor, dass die Haushaltshilfe uns Buben das Essen gab, weil Grossmutter unpässlich war. Sie klagte über Kopfschmerzen. Wenn sie mit uns zu Tisch sass, ass sie nur ganz wenig. Kaum waren unsere Eltern zurück, als Grossmutter ihr Zimmer nicht mehr verliess. Es gab Tage, da wachte sie ohne diese ewigen Kopfschmerzen auf und hatte dann Appetit auf ein gutes Frühstück. Da durften wir auf zwei Stühlen neben dem Nachttisch sitzen und ihr zusehen. Zuletzt erhielt jeder von uns einen Mundvoll warmes Brötchen mit Butter und viel Schabziger[1] darauf. Das war jedes Mal ein kleines Festchen für uns; kleine Überraschungen, die immer seltener wurden.

Ernste Herren in dunklen Anzügen und mit Krawatte unter den schwarzen Wintermänteln kamen von Thun, legten Hut und Mantel auf die kleine Garderobe neben dem Eingang und verschwanden in Grossmuetis Zimmer. Ungutes ahnend, hielten wir uns in einer Ecke ganz in der Nähe auf, um nichts zu versäumen. Als sie wieder erschienen, machten sie ernste Gesichter, sprachen kein Wort und verschwanden im Wohnzimmer. Eine schmerzliche Enttäuschung an diesem Tag war mir, dass wir Mittagessen in der Küche erhielten und nicht mit den Grossen essen durften. Nach dem Mittagessen brachte Vater die beiden Herren wieder zur Seilbahn. Erst als er zum Gutenachtkuss kam, sagte

---

[1] Schabziger – ein schweizerischer Kräuterkäse, hart und grün gefärbt, den man nicht schneidet, sondern mit einem Messer abschabt oder raspelt.

er: „Z'Grossmueti isch schwär, schwär chrank. Lang wird's nümmee binis syy."

Einige Tage später brachte Vater Kissen und Wolldecken ins Auto und legte alles so hin, dass aus dem Hintersitz fast ein Bett wurde. Am Arm von Mutter kam Grossmueti ganz langsam einher getrippelt, zuerst die Treppe hinunter, dann Schrittchen für Schrittchen zum Auto, das auf dem Strässchen vorne wartete. Über Decken und Duvets kletterten[1] wir zum letzten Kuss, dann fuhr das Auto an. Es musste eine Schleife zur Regina hinüber fahren. Da rannten wir Buben gerade durch die Wiese hinunter zur Interlakenerstrasse. Jetzt kam das Auto. Wir winkten und lachten und schrien vor Freude, z'Grossmueti noch einmal überrascht zu haben. Noch sehe ich die Hand vor mir, die sich matt und müde erhob und sich ganz langsam hin- und herbewegte.

Unterleibskrebs zu einer Zeit, in der man über die Krankheit noch sehr wenig wusste. All die schmerzlindernden Medikamente, die man heute hat, ja, die uns selbstverständlich sind, gab es damals nicht. Ich meine, das Wort „Morphiumspritzen" sehr oft gehört zu haben und dass sie immer weniger wirkten. Ich glaube, dass ihr in den letzten drei Monaten kein Mittel mehr Linderung bringen konnte. Sie muss unsäglich gelitten haben. Zum Skelett abgemagert, konnte sie zuletzt nur noch flüstern. Tägliche Telefonanrufe von Freunden und Bekannten: „Wie geht es ihr? Ach, das ist ja furchtbar! Wenn sie doch sterben könnte!"

Es war an einem kalten, grauen Novembertag. Vater schnitt Rosen zurück und wir Buben versuchten, die abgeschnittenen Zweige zu sammeln, ohne uns an den Dornen zu verletzen. Wir schrien lauter, als es nötig war und lachten übermütig dazu. Mutter kam, der Kälte halber eine Pelerine lose übergeworfen. In unser Gebrüll hinein sagte sie zu Vater: „Sie ist vor einer halben Stunde gestorben."

Ich blickte zu ihm hinüber. Langsam erhob er sich aus seiner gebückten Stellung, sah Mutter ganz kurz mit seinen wie gewöhnlich traurigen Augen an, doch dann verwandelte sich sein liebes Gesicht. Die Falten der Stirne glätteten sich, um seine stets verschlossenen Lippen spielte auf einmal ein ganz kleines Lächeln. Plötzlich leuchteten seine Augen, wie ich sie noch nie hatte leuchten sehen. Mit glücklichem Gesicht sah er meine Mutter eine kurze Weile an, dann sagte er halblaut, wie zu sich selbst, ganz langsam: „Gott sei Dank."

---

[1] Ein Daunenfederbett.

Z'Grossmueti

Früh am folgenden Morgen kam der Muurehämmi mit Pferd und zweirädrigem Brückenwagen. Der Muurehämmi, gekleidet in seinen dunkelbraunen Trilch,[1] mein Vater im schwarzen Anzug, Wolldecken über die Knie gepackt, so setzten sie sich nebeneinander und fuhren ins Tal.

Vom Balkonfenster im Wohnzimmer konnte man bis hinunter zu der Stelle sehen, wo die Interlakenerstrasse aus dem Wald kam. Vater hatte telefoniert, um welche Zeit sie unten wegfahren würden. Von halb drei an traten wir alle Augenblicke ans Fenster. Kurz nach drei Uhr dann, kamen sie aus dem Wald. Der Muurehämmi hatte ein schwarzes Tuch über sein Pferd gehängt. Er führte es am Zügel. Den Sarg auf dem Brückenwagen konnte man wegen der Seitenwände nicht sehen. Dicht dahinter folgte die schwarze Gestalt meines Vaters. Kopf gesenkt, Hut in der Hand, schritt er in nächster Nähe seiner nun toten Mutter.

Der Sturm brach los, als die Todesanzeigen versandt wurden und in den paar Zeitungen erschienen. Nicht ein einziges Wort der üblichen Floskeln, keine Trauer, nichts als Freude, dass sie endlich erlöst worden war. So hatte es Vater gefühlt, so wurde es uns Buben gesagt, so hatte es aus hunderten Telefongesprächen getönt. Anders hätte Vater es nie bekannt gegeben. Ich glaube nicht, dass je eine Lüge aus seinem Munde kam.

Um den einsamen, schweigsamen Mann tobte der erzürnte Protest von Bekannten und Unbekannten – und von denselben Freunden, die einmal sagten: Wenn sie nur sterben könnte!

Im Salon des Hotels wurde sie aufgebahrt. Viele Menschen kamen, der Raum war bald zu klein.

„Öffnet den Sarg, damit wir sie ein letztes Mal sehen", verlangten die Leute, „und wie es der Brauch ist." Vater schüttelte den Kopf. „Denkt an sie so, wie ihr sie zuletzt gesehen habt." Unwilliges Gemurmel aus allen Richtungen. „S'isch immerso gsyy, das eena ä Tote het rächt chönne'n aagugge!", rief eine Männerstimme aus der Menge. Aller Augen richteten sich auf Vater. Dieser hob die Augen, blickte ruhig in die Runde und schüttelte wortlos den Kopf. Er selbst hielt eine kurze Grabrede, in der er Gott für die Erlösung seiner Mutter dankte.

Doch ein noch weit grösserer Sturm brach aus, als das von ihm entworfene Grabmal an Ort und Stelle war. Rechteckige Granitblöcke bil-

---

[1] Eine reissfeste Jacke aus Drillich oder Zwillich mit einem Gewebe mit Köperbindung.

deten den äußeren Rahmen. Darauf kamen drei unregelmässige Platten zu liegen, die, sich nicht berührend, einen Zwischenraum von etwa fünf Zentimeter bildeten. Kein Name, kein Datum, nichts. Für Vater waren die gebrochenen Granitplatten das Symbol der Seele, die den Körper verlassen hatte. Die Namenlosigkeit bezeugte: Staub bist du, zu Staub sollst du werden. Staub war Erde und hatte keinen besonderen Namen.

Monate später führte mich mein Weg am Friedhof vorbei. Gedankenlos schritt ich weiter, bis ich plötzlich stehen blieb und dann die hundert Meter zurück ging. Das Gittertürchen knarrte laut in seinen Angeln. Einige Schritte, dann hatte ich Großmutters Grab erreicht.

Eine rostige Konservenbüchse stand auf einer der Steinplatten, darin einige längst verblühte Rosen. Trotz meiner kaum acht Jahre fühlte ich mich ob dieser Geschmacklosigkeit gekränkt. Die über und über rostige Büchse samt der dürren Rosen warf ich auf den Kehrrichthaufen. Tagelang dachte ich an das hässliche Bild. Dann erzählte ich's beim Abendessen.

„Oh“, rief Vater aus, „das hat dem Grossmueti jemand aus Liebe getan. Jemand hat ihm die Rosen zurückgebracht, die es einmal verschenkt. Ist das nicht wunder-wunderschön?“

Nun freute ich mich über Vaters Freude.

Erst nach vielen Jahren besuchte ich das Grab wieder. Es sah so gepflegt aus, als hätte erst gestern jemand nach dem Rechten gesehen. Der einst hellgraue Granit war dunkler geworden, alt. Grashalme wuchsen in den engen Zwischenräumen der Granitplatten. Wie siegendes Leben, sprossen die schlanken Halme aus der Totengrube. An's Grossmueti dachte ich nicht. Tief ergriffen starrte ich auf dieses einfachste, schlichteste und bedeutungsvollste aller Grabmäler: Drei namenlose Steinplatten schützten, was der Erde wiedergegeben war, aufgebrochen durch den auferstanden Geist. War das nicht, neben der Liebe, der Grundgedanke der Lehre Christi?

Dieser plötzliche Gedanke erschütterte mich. Wie? War dieses schlichte, in Stein gelegte Symbol nicht sichtbarer Ausdruck des Bewusstseins eines grossen Künstlers? Lange stand ich versonnen am Grabmal. Wer war mein Vater?

Der Heilige der Waldegg

Mein Vater, Moritz Hürner, war das älteste von fünf Geschwistern und dazu bestimmt, das Familienhotel zu übernehmen und weiterzuführen. Damals war es noch üblich, dass die Söhne der Hotelbesitzer einige Monate in grossen, international bekannten Hotels arbeiteten. So hatte auch mein Vater bereits einige Monate im Hotel Viktoria-Jungfrau in Interlaken und im Hotel Meurice in Paris verbracht und wurde schon im Carlton Hotel in London erwartet, während er noch im Hôtel de Paris in Nizza arbeitete.

Von eher kleiner Statur, sehr gut aussehend mit einem unternehmungslustigen, schwarzen Schurrbärtchen, weltgewandt und noch keine zwanzig Jahre alt, war er jederzeit zu allem Tun entflammt. Äusserst gewissenhaft, pünktlich und zuverlässig, hätte er sicher auf jedem Gebiet seinen Mann gestanden. Niemand, der ihn kannte, hätte voraussehen können, dass die höchst abwechslungsreichen Tage in Hotels mit klangvollen Namen plötzlich beendet waren. „Ich hatte eine deutliche, geistige Erfahrung." Unmissverständlich wurde meinem Vater durch diese nicht näher benannte Erfahrung aufgetragen, sein Leben dem Christus zu weihen. Er zauderte keinen Moment und reiste, sobald es die Situation erlaubte, nach Basel. Dort fand man ihn im Büro des Rektors der bekannten Basler Missionsgesellschaft bei einer ersten, umfangreichen Aussprache. Die Mutter daheim war über die Entwicklung der Dinge nicht sehr erbaut, konnte sich aber als fromme, strenggläubige und gottesfürchtige Frau dem Willen einer geistigen Welt nicht entgegensetzen.

Im Frühling des Jahres 1912 begann Moritz ein sechsjähriges Studium der Theologie. Sich als Auserkorener Gottes fühlend, nahm er seine Arbeit äusserst ernst und erlaubte sich kaum eine Pause. Bald zeigte sich eine Begabung für Sprachen: Schon nach einem Jahr forschte er in Dokumenten, die auf Altgriechisch, Latein, Hebräisch oder Aramäisch verfasst waren. Mit seiner Umgebung verkehrte er täglich auf Französisch, Deutsch und Englisch.

Moritz Hürner 1908

Ab dem Zeitpunkt, ab dem er sich der alten Sprachen praktisch zu bedienen lernte, kannte sein Eifer keine Grenzen. Wenn seine Kollegen nach getaner Arbeit gesellschaftlich beisammen waren, fehlte der Moritz immer. Dann fand man die einsame Gestalt sei's in einem der

Hörsäle, sei's in seinem Zimmer bei konzentrierter Arbeit, stets im Bewusstsein, dass er sich auf die Erfüllung seiner ihm noch unbekannten Bestimmung vorbereitete.

„Endlich wieder einmal einer, der zum Pfarrer geboren ist", sagten die Professoren unter sich und nickten ihm väterlich wohlwollend zu, wenn sich ihre Wege kreuzten. Dass er bei so viel Fleiss und Hingabe die Kommilitonen überflügelte, war nicht weiter verwunderlich. Dass er darüber zum Aussenseiter wurde, nahm er um seiner Bestimmung willen freudig auf sich.

Eines Tages sass Moritz seinem Rektor gegenüber, um ihm voller Stolz zu erklären, was die bisherige Entwicklung seiner Forschungsarbeit zutage gebracht hatte. „Hier ist, was ich Ihnen zeigen wollte, Herr Professor. Diese Stelle hier ist im Griechischen mit ‚als' übersetzt und mit ‚als' ist sie in die lateinische Übersetzung hinübergegangen. Der Originaltext jedoch ist Aramäisch. Im Aramäischen heisst dieses Wort ‚vor', und nicht ‚als'. Es wird auch anderswo richtig als ‚vor' übersetzt, nur eben hier nicht. ‚Vor' an dieser Stelle verleiht dem ganzen Vers erst Sinn."

Professor W., langjähriger Vorsitzender der Kirchensynode und anerkannte Kapazität der Theologie, lehnte sich in seinem Sessel weit zurück, legte die Fingerspitzen zusammen und sann eine Weile vor sich hin. Moritz sass dem Allgewaltigen mäuschenstill gegenüber, in heimlicher Erwartung einer kommenden Lobrede. Das anhaltende Schweigen deutete zweifellos darauf hin, dass der Professor von seinem Studenten beeindruckt war. „Ja, mein lieber Herr Hürner, ich freue mich sehr über Ihr Interesse. Eines muss ich Ihnen jetzt schon sagen: Je mehr Sie sich mit der Bibel befassen werden, desto schneller wird Ihnen klar werden, dass verschiedene Auslegungen und Erklärungen der Texte möglich sind. Allzu viele Faktoren haben bei den verschiedenen Übersetzungen mitgespielt."

„Ich zweifle nicht an der Richtigkeit dessen, was Sie sagen, Herr Professor, aber in diesem Falle hat es ja mit Übersetzung nichts zu tun, sondern es ist ganz einfach ein falsches Wort, das wohl aus Versehen verwendet worden ist."

„Sehen Sie, mein Lieber, die Erfahrung wird Sie lehren, dass in diesen alten Texten das einzelne Wort zuweilen unterschiedliche Bedeutungen haben kann, je nach dem Dorf oder der Siedlung, in der es angewendet worden ist. Wir Wissenschaftler haben Jahre gebraucht, um diese Abweichungen im Interesse der Bibel zu studieren und schliesslich anzuwenden."

„Sicher, Herr Professor, ich verstehe das. Aber um auf meine Angelegenheit zurückzukommen, handelt es sich ja nicht um Abweichungen im Sprachgebrauch, sondern, wie erwähnt, um einen ganz einfachen Irrtum! Wenn Sie das Wort ‚vor' gebrauchen, erhält diese Bibelstelle Sinn, mit ‚als' ist sie unverständlich, wie Sie gestern in der Diskussion selbst zugegeben haben."

„Nein, nein, nein", unterbrach der Rektor seinen aufgeregten Studenten, „wir haben das Wort ‚unverständlich' nie ausgesprochen. Wir sagten deutlich: ‚ein Geheimnis in sich birgt'."

Jetzt erhob sich der Rektor von seinem Sessel. „Jedenfalls freue ich mich über Ihren Eifer, Herr Hürner."

Und auf einmal stand Moritz draussen im Korridor, ohne recht zu wissen, wie er dahin gekommen war. Nicht länger über den Disput nachdenkend, arbeitete er unbeirrt weiter. Trotz allem konnte er nicht verstehen, warum der Professor nicht einmal hingesehen hatte, als er ihm den Irrtum meldete.

Drei Wochen später sass er erneut dem Vorsteher der Kirchensynode gegenüber. „Nett, dass Sie zu mir kommen, Herr Hürner. Ich bin sicher, Sie wollen mir mitteilen, dass Sie sich geirrt haben und etwas rasch vorgegangen sind?"

„Oh nein, Herr Professor, ganz im Gegenteil! Ich stiess diesmal auf einen Übersetzungsfehler, der drei Versen einen anderen Sinn gibt."

„Sehen Sie, Herr Hürner", begann der Professor nun in sehr rektorenhaftem, offiziellem Ton, „Jedes Wort der Übersetzung von Martin Luther ist von allen Seiten geprüft und beleuchtet worden. Alles, was die Landeskirche als richtig anerkennt, soll keinem Zweifel mehr unterworfen werden. Hier und dort eine unwichtige Abweichung der Interpretation kann das Ganze nicht in Frage stellen."

„Herr Professor, ich muss trotzdem darauf bestehen, dass es sich diesmal nicht um einen Irrtum handelt, sondern um einen richtigen Übersetzungsfehler!"

„Kommen Sie zu mir, wenn Sie mehr Erfahrung im Übersetzen alter Texte haben. Ich habe Ihnen das letzte Mal zu erklären versucht, dass es nicht einfach eine Frage irgendeines Wörterbuches ist."

„Aber Herr Professor, Sie sprechen von Erfahrung! Wie ist es möglich, dass ein unerfahrener Student, wie ich es immer noch bin, auf offensichtliche Irrtümer stösst, wenn erfahrene Geistliche dieselben Stellen von allen Seiten beleuchtet haben?“

„Das ist es ja gerade. Ihre Unerfahrenheit, wie ich schon erwähnt habe. Mit der nötigen Erfahrung werden Sie ruhiger werden und nicht gleich bei jeder kleinen Abweichung meinen, die ganze Bibel sei falsch übersetzt.“

„Das meine ich auch gar nicht! Ich bin nur der Auffassung, dass Übersetzungsfehler nicht immer auf fehlende Erfahrung hindeuten. Ich habe das sehr gründlich geprüft, bevor ich zu ihnen gekommen bin. Jetzt kann ich sozusagen beweisen ...“

„Nein, nein, nein! Entweder man kann etwas beweisen oder man kann es nicht. Sozusagen beweisen, das gibt es nicht.“

„Aber Herr Professor, hier handelt es sich doch um Wahrheit oder Unwahrheit im allerwichtigsten Buch des Christentums!“

„Herr Hürner, muss ich bei Ihnen Zweifel an der Wahrheit unserer Bibel entdecken?“

„Aber natürlich nicht! Wie können Sie mir eine solche Ungeheuerlichkeit unterstellen?“

„Möglicherweise eben doch! Wörterbücher alleine machen noch lange keine Bibelübersetzung. Wie bereits gesagt, muss man den Sinn eines Wortes kennen, den Sinn, den es in der damaligen Zeit gehabt hat.“

„Aber wir haben doch bereits eine Anzahl Bibelübersetzungen. Ich habe da nicht nachgeforscht, höre aber, dass sie sich hier und dort widersprechen.“

„Hier machen sich doch deutliche Zweifel an der Wahrheit der Bibel bemerkbar. Das ist doch genau, was ich vorhin gemeint habe.“

„Herr Professor, was ich hier vorgebracht habe, hat mit Zweifel an der Wahrheit überhaupt nichts zu tun. Wenn ich Sie recht verstehe, dann schliessen Sie jede Möglichkeit aus, dass sich in der jetzigen Lutherübersetzung hier und dort Fehler eingeschlichen haben könnten?“

„Höchstens unwichtige Kleinigkeiten. Schliesslich ist der Geist der Sache das Entscheidende und darüber haben wir uns als Hüter gesetzt.“

Sie klangen sehr selbstgerecht, diese letzten Worte.

Niedergeschlagen und voller Zweifel verbrachte Moritz die letzten Tage vor den langen Sommerferien. Auf der Durchreise besuchte er seine Verlobte in Thun. Sie vermochte ihn aber auch nicht aufzuheitern und nach wenigen Stunden fuhr er weiter. Nur seiner Mutter gestand er, was ihn vor allen Dingen beschäftigte: „Weshalb fühle ich den Ruf zur Kirche, wenn ich doch mehr und mehr an ihr irre werde? Die Kirche ist festgefahren, in ihrer Form gänzlich erstarrt. Wie kann ich mich an einem solchen verkrampften Gebilde begeistern?“ Die Mutter wusste da wohl zu raten: „Du musst einfach zu schweigen lernen. Professoren, die gegen dich sind, nützen dir nichts. Sie können dir nur schaden. Lass dich ordinieren und dann kannst du entscheiden, was du tun willst.“

Ausgedehnte Spaziergänge, kleine Touren hinauf zu den Graten des Niederhorns, Einsamkeit und die grosse, allwaltende Stille der Bergwelt brachten ihm neue Kraft. Wieder nach Basel zurückgekehrt, arbeitete er mit altem Eifer neuen Problemen entgegen. Die liessen dann auch – so kurz vor der Ordination – nicht lange auf sich warten: „Wie ist das? Höre ich richtig? Freie Wahl der Bücher, aus denen die Predigten vorgelesen werden müssen? Vorgelesen, mit den dazu passenden Handbewegungen und Betonungen?“

Sollte er wirklich und wahrhaftig sechs Jahre studiert haben, um einem gutgläubigen Publikum etwas vorzulesen? War er Pfarrer oder Schauspieler? Gebete, salbungsvoll an bestimmten Stellen, den Schöpfer um Hilfe anflehend an anderen, die Hände krampfhaft, gut sichtbar für alle gefaltet, die Augen gerade noch offen genug um von Seite 453 abzulesen? Welcher Betrug, welche Gotteslästerung!

„Ich mache das einfach nicht mehr mit!“, schrieb er seiner Mutter. Die packte sofort einen kleinen Koffer und fuhr nach Basel, um Hilfe zu leisten. „So kurz vor der Ordination macht ein intelligenter Mensch keine solchen Dummheiten“, murmelte sie vor sich hin. Sie wohnte bei Freunden im Hotel Rheinhof und hatte den Sohn zum Frühstück gebeten. Nun sassen sie zusammen, die warmen, knusprigen Semmeln brechend. Umgeben vom köstlichen Duft des frischen Milchkaffees stellte sie den Sohn zur Rede: „Weißt du, was für einen Blödsinn du zu tun im Begriffe bist?“ „Mutter, ich bin am Ende“, erwiderte Moritz. „Ich kann in diesem Durcheinander von Wahrheit und Lügen nicht weiterleben.“ „Warum nicht?“ „Warum nicht? Du fragst mich noch, warum nicht? Ganz einfach, weil ich es nicht mehr kann!“

„Ich weiss, dass du ein ehrlicher, moralisch starker Mensch bist. Du denkst, dass du das weitere Studium nicht mit deinem Charakter vereinbaren kannst. Du denkst ...“

„Mutter, es handelt ...“ „Nein, nein, nein, jetzt lass mich ausreden! Wenn du meinst, es schadet dir, die hässliche Seite des Lebens kennenzulernen, dann flüchtest du vor dem wichtigsten Teil deiner Mission und deines Studiums. Du kannst nur dann gegen alles Hässliche im Menschen kämpfen, wenn du es aus eigener Erfahrung kennst. Du und nicht mehr können? Dass ich nicht lache! Natürlich kannst du es, wenn du willst. Du bist willensstark genug. In zwei Semestern wirst du ordiniert. Bis dahin weißt du aus eigener Erfahrung, wie die landläufigen Pfarrer sind und wie du es demnach nicht sein sollst!“ Sie hielt Moritz die leere Kaffeetasse hin. Wortlos füllte er sie auf, halb und halb, wie sie es liebte. Sonst sagte er nicht mehr viel.

Moritz erkannte die Weisheit der Worte seiner Mutter wohl, ebenso wie die Tatsache, dass es nicht leicht sein würde, gegen ihren Willen zu handeln.

In einer Diskussion, etwa zwei Monate vor der Abschlussprüfung, meldete er sich zu Wort und beanstandete, dass Predigten und Gebete abgelesen wurden. Er nannte es eine „Täuschung der Kirchgänger“ und erhielt ein: „Ja was meinen Sie denn, was das für ein Chaos gäbe, wenn jeder Pfarrer von der Kanzel herab sagen würde, was er denkt?“, zur Antwort. Was sollte er da noch sagen? Bei sich dachte er: „Erstens wäre das verfassungsbedingte, freie Meinungsäusserung in einem demokratischen Staat, zweitens würden zumindest ein paar der Kirchgänger zu selbstständigem Denken eingeladen und drittens würden dann eine ganz Reihe von ihnen in der Messe nicht mehr schlafen.“

Die ganze Zeremonie der Ordination war ihm peinlich und zuwider. Er hatte halbherzig darauf gehofft, die Professoren fänden einen Grund, sie ihm zu verweigern. Um seinem Abschluss dennoch einen Sinn zu geben, bat er einen der Professoren, den er sehr achtete, um einen Weiheakt und wählte dazu das Wort des Paulus im 2. Timotheus Brief 1.7.: „Denn Gott hat uns nicht gegeben den Geist der Furcht, sondern der Kraft, der Liebe und der Besonnenheit.“

Frisch ordiniert, kehrte er nach Beatenberg zu seiner Braut zurück und heiratete sie zu ihrer grossen Freude und Erleichterung und der wohl grösseren ihrer Eltern. Sieben Jahre hatte sie auf ihn gewartet, liebend, geduldig, treu und keusch. Sieben Jahre lang! So etwas gab es damals noch ... Gleich nach der Hochzeitsreise richtete Moritz seine Studierecke im Wohnzimmer des Chalet Eigers ein. Vor ihm lagen die Kirchenväter, Wörterbücher, Konzilberichte und Konkordanzen, eine Kirchengeschichte und natürlich Bibeln in verschiedenen Übersetzungen – Menge, Elberfelder, Wiese neben Martin

Luther. Alles in allem ein Bild, wie es nicht deutlicher auf seine Zukunft hätte hinweisen können.

Hulda Hürner-Müller

Befreit vom inneren und äusseren Zwang, den ihm das Studium auferlegt hatte, kehrte der einstige Feuereifer zurück. Er begann ein Tagebuch, in dem er seine täglichen Studien, Erkenntnisse, Leiden und Freuden ausführlich niederschrieb. Daneben entstanden Aufsätze, immer dann, wenn ein neuer oder origineller Gedanke erforderte, festgehalten zu werden.

Der Heilige der Waldegg

Es ist schwer zu verstehen, warum die Mitgliedschaft in der Landeskirche meinen Vater zunehmend belastete. Nichts hinderte ihn daran, ein Freidenker zu sein. Jedenfalls kam der Tag, an dem er unter Bekanntgabe seiner Gründe die Mitgliedschaft in der Landeskirche kündigte. Es hätte sein können, dass er als Pfarrer von der Kanzel herab über die Jahre Wesentliches zur Erneuerung der Kirche hätte beitragen können. Dazu hätte er aber ein Kämpfer sein müssen, ein besonnener dazu. Er war jedoch eher ein Rebell.

Seinen Austritt aus der Kirche mit den veröffentlichten Gründen mochte er sich als Fanfarenstoss, als Auftakt zu einem neuen Kirchenbewusstsein gedacht haben. Die Nachricht erregte wohl Aufsehen, aber eher wie eine grosse Stinkbombe – nach ein paar Windstössen war fast nichts mehr davon übrig.

Eines blieb jedoch, und das war das Misstrauen, das ihm die Bergbevölkerung entgegenbrachte. Für diese einfachen Menschen war der Herr Pfarrer nun einmal der Vertreter Gottes. Was er verkündete, kam von Gott und wehe dem, der an dieser Gewissheit zu rütteln wagte. Im Café Fédérale waren sich alle einig – für Gotteslästerer und Ketzer hatte das Dorf keinen Platz. Wohl zum ersten Mal in ihrem Leben stimmten die Frauen ihren Männern zu.

Als sehr ordnungsliebender, methodisch veranlagter Mensch musste Vater einen Stundenplan seiner Tagesarbeit aufstellen. Dem Hotelbetrieb wollte er fernbleiben. Das hatte er deutlich bekannt gegeben. Seiner übrigen Aufgaben dagegen war er sich voll bewusst. Mit allem Nachdruck widersetzte ich mich den bösen Mäulern von Verwandten und Bekannten, die ihn den missglückten Pfarrer nannten, der sich faul in eine Ecke zurückzog und von seiner Frau erhalten wurde. Pünktlich um sechs Uhr stand er auf, rasierte sich sorgfältig, las dann ein Wort in der Bibel, bis er um sieben Uhr seine Gartenarbeit begann. Als eifriger Botaniker lag ihm diese Arbeit wohl am nächsten. Unter seinen Händen wuchs und blühte einfach alles, das irgendwie gedeihen und blühen konnte. Mehr aus Instinkt und Naturliebe denn aus Wissen, war er ein Feind der chemischen Düngungsmittel. Seine Komposthaufen standen wie Altäre im grünenden, blühenden, im Winde wehenden Mittelschiff seines „Gartengebäudes." Die Blumen, hauptsächlich Schnittblumen, wuchsen überall. Zwischen Gemüsebeeten, hinter den Himbeersträuchern, eine von Leben strotzende Symphonie an Farben. Wenn zuweilen der Bergwind darüber strich, dann war es, als entglitten helle Töne aus den bunten Wellen.

„Viel frischer Kuhmist gehört in den Kompost“, sagte er jedem, der seine Rhabarberstangen bestaunte, die so stark wie ein Männerarm waren. So dick und rot habe ich sie niemals und nirgends mehr gesehen. Noch heute sehe ich die Köchin, die zu ihm in den Garten gerannt kam: „Ach, Herr Hürner, heute soll's Rhabarberkuchen als Süssspeise geben und ich vergass, die Rhabarber zu bestellen!“ „Wie viele Kuchen braucht ihr?“, fragte er. „Sechs.“ Die Hälfte seiner Gestalt verschwand unter den riesigen Blättern, dann brachte er der Köchin vier Stangen. Die sah ihn fassungslos an, blickte auf die Monster, die sie in den Händen hielt, und wieder zurück zu ihm. „Vier für sechs Kuchen?“, fragte sie, nur um etwas sagen zu können. „Ja, da wird noch etwas übrig bleiben“, antwortete er lachend.

Seine Himbeeren waren so gross wie das Nagelglied einer ausgewachsenen Männerhand und an die Erdbeeren darf ich gar nicht denken, ohne gleich Heimweh zu kriegen. „Viel frischer Kuhmist“ hat sicher geholfen. Trotzdem bin ich überzeugt, dass seine Hingabe und Liebe zur Arbeit der beste Dünger war.

Wenn Wetter und Jahreszeit es erlaubten, arbeitete Vater zwölf Stunden am Tag, nur von den Mahlzeiten unterbrochen. Sofort nach dem Abendmahl zog er sich in seine Studierstube zurück, arbeitete und schreib, um sich Punkt zehn Uhr zu verabschieden.

Er liess sich ein grosses, wunderschönes Bienenhaus bauen mit Fenster und Türe, damit er bei regnerischem Wetter dort arbeiten konnte. In diesem kleinen Treibhaus zog er all seine eigenen Setzlinge und bei alledem freute er sich auf die kalten Herbst- und Wintertage, in denen er sich ununterbrochen seinen Studien und der Schreiberei widmen konnte.

Diese Tage waren eine Zeit richtigen Familienlebens. Wenn die Stürme von den Graten herunter fegten und pfeifend und tobend an den Fenstern rüttelten und das Feuer im Kachelofen prasselte, da fühlte man sich so geborgen und von der kalten Aussenwelt geschützt, als sei das Wohnzimmer eine Gebärmutter.

Unser Grammophon hatte noch einen dieser riesigen Trichter als Lautsprecher. An solchen intimen Tagen schrieb Vater emsig, Mutter sass strickend im Lehnstuhl am Fenster und ich lag irgendwo auf dem Teppich und lauschte dem Forellenquintett. Wenn auch fürchterlich falsch, konnte ich doch Schuberts „Liebesfreud“ und „Liebesleid“ mitsingen, und das schon in einem Alter, als sie alle froh sein konnten, wenn meine Hose trocken blieb.

Da setzte sich Mutter ans Klavier und spielte all die Stücke und Lieder, die sie in ihren langen Verlobungsjahren eingeübt hatte. An Schlechtwettertagen, gerne am Sonntag vor dem Frühstück, spielte Mutter Klavier und Vater stand an ihrer linken Seite. Dann sangen sie zweistimmig Kirchenlieder. Anfangs lag seine rechte Hand auf ihrem Nacken unter den aufgebundenen Haaren, dem „Pürzi", wie die Frisur in bestimmten Kreisen heisst. Diese Hand bewegte sich dann kosend hin und her, wenn er das Blatt umwendete. Ich musste dann auf einem kleinen Schemel an Mutters rechter Seite sitzen und zuhören. Später lag die Hand nur noch kurz dort, wenn Vater sich vorbeugte, um das Blatt zu wenden. Noch später lag keine Hand mehr dort und noch später hörte das Singen auf. Das war mir ganz recht so. Meiner Ansicht nach hatte es keinen Sinn, Loblieder zu singen, während nebenan auf dem gedeckten Frühstückstisch die herrlich warmen Brötchen langsam kalt wurden.

In diese Tage ruhiger Familienidylle platzte plötzlich Vaters Erkenntnis der Allversöhnung.[1] Was er früher oberflächlich verneint hatte, weil es die Kirche als Irrlehre hinstellte, offenbarte sich ihm zuerst durch eine, dann durch eine weitere und schließlich durch eine ganze Reihe an Bibelstellen. Jahwe, Jehova, der Gott des Alten Testamentes, war nicht der Vatergott des Christus und damit verschwanden alle vermeintlichen Widersprüche. Die Ewigkeit war nicht zeitlos für immer und ewig, sondern zeitlich begrenzt und damit erhielt der Aeon[2] einen

---

[1] 1. Allversöhnung: Versöhnung Gottes mit dem Weltall, mit der ganzen sündigen Menschheit.

[2] Notiz von Hans Hürner: Bis weit in unser Jahrhundert hinein hat die protestantische Kirche die Lehre von der Rache Gottes, die ewige Verdammnis verbreitet. Unter Anderem übersetzte sie „Äon" als Ewigkeit, als niemals endender Zeitenlauf.

Die Sprachforschung erkannte jedoch den Äon als zeitlich bedingt. Die Heimsuchung des strafenden Gottes ist also zeitlich bedingt. Dies gibt dem Gott der Liebe des neuen Testamentes eine ganz neue Bedeutung (so mein Vater). Die Bibelstelle, die nach eingehendem Studium die entscheidende Erkenntnis hervorrief, war Kolosser 1.20: ... und durch ihn alle Dinge mit sich zu versöhnen, indem er Frieden gemacht hat durch das Blut seines Kreuzes, durch ihn, es seien die Dinge auf der Erde oder die Dinge in den Himmeln.

21 Und euch, die ihr einst entfremdet und Feinde waret nach der Gesinnung in den bösen Werken, hat er aber nun versöhnt,

22 in dem Leibe seines Fleisches durch den Tod, um euch heilig und tadellos und unsträflich vor sich hinzustellen,

Anfang und ein Ende. Klar und deutlich stand vor ihm der Gott der verzeihenden Liebe nach einer langen Zeit der Prüfung. Für den sündigen Menschen, als den er sich fühlte, für den Theologen, der die Lehre der Strafe, der Verfluchung, der ewigen Verdammnis als unumstössliches Wissen in sich trug, war diese Erkenntnis eine unbeschreiblich befreiende, lichtgetränkte Erfahrung. Tagelang lief er wie ein Träumender umher, wie er später gestand, „beinahe wie einer, der plötzlich schwerelos dahinschwebt".

Die Allversöhnung sollte fortan sein Schicksal prägen.

Alles, was an Studium hinter ihm lag, war nur eine Vorstufe. Jetzt erst erhielt sein einstiger „Ruf zur Kirche" einen Sinn. Ich übertreibe sicher, wenn ich sage, dass dieses Erlebnis für ihn wie eine Auferstehung von den Toten gewesen ist und doch finde ich keine besseren Worte für das, was in ihm gelebt haben muss, in diesen ersten Tagen und Wochen.

Mit einem nie gekannten Schaffensgeist stürzte er sich auf die neue Richtung seiner Forschungsarbeit. Beinahe alles Bisherige hatte seinen Wert verloren. Heft um Heft füllte er mit seiner kleinen, regelmässigen Gelehrtenschrift. Hier begann, was sich über die Jahre hinweg zu einem schier unermesslichen Leiden entwickeln sollte: sein innerer Drang, den Menschen nahezubringen, was er als himmlische Gabe empfand.

Es begann damit, dass er den Pfarrern der umliegenden Gemeinden diesseits und jenseits des Sees schrieb und ihnen seine Dienste als Stellvertreter anbot, denn richtige Pfarrstellen waren ihm durch seine Kündigung versagt.

Anfänglich erhielt er Gesuche um seine Dienste, doch nie ein zweites Mal von derselben Gemeinde und zuletzt blieben die Anfragen gänzlich aus. Es zeigte sich immer deutlicher, dass mein Vater durch und durch Wissenschaftler, Gelehrter war, jedoch keine Rednergabe für die Predigt von der Kanzel herunter besass. Für seine einfachen Zuhörer waren seine Sätze zu lang und kompliziert und seine Heilsbotschaft vom liebenden, alles verzeihenden Gott traf auf widerspenstige Ohren. Sünde ohne Strafe? Was erzählt der kleine, junge Mann dort oben? Man

---

[23] wenn ihr anders in dem Glauben gegründet und fest bleibet und nicht abbewegt werdet von der Hoffnung des Evangeliums, welches ihr gehört habt, das gepredigt worden in der ganzen Schöpfung, die unter dem Himmel ist, dessen Diener ich, Paulus, geworden bin.

darf sündigen, ohne dafür bestraft zu werden? Ja was denn sonst noch für einen Blödsinn?

Ob ihm das jemals jemand gesagt hat? Ich weiss es nicht. Mit der Zeit fiel ihm aber auf, dass sein Weg, seine Botschaft zu verkündigen, nicht über die Kanzel ging. Und so wurde ein erster Packen seiner Schriften an einen Verleger geschickt. Das Manuskript kam jedoch bald wieder zurück in Gesellschaft eines höflichen Briefes, das Thema sei viel zu wenig aktuell und die Art der Behandlung eher für die Fachliteratur geeignet. Neues Packpapier, neue Marken, neue Verlagsadressen, aber immer derselbe Erfolg. Die langsam heraufdämmernde Erkenntnis, dass niemand seine Heilsbotschaft hören wollte, musste furchtbar gewesen sein. Hell loderte die erkannte Wahrheit in ihm. Beinahe täglich gesellte sich diese oder jene Bestätigung dazu und keinem Menschen konnte er seine überbordende Seele öffnen.

Er wurde stiller, in sich gekehrter, lächelte immer seltener und um seine warmen, dunklen Augen legte sich ein feiner Schleier der Trauer. „Wenn das Gottes Weg ist, dann werde ich ihn eben gehen“, hörte ich ihn einmal zu meiner Mutter sagen, als wieder ein Paket zurückkam. „Du rennst mit dem Kopf gegen eine Mauer, das siehst du doch selbst.“ Hilflos hob er die Schultern und ging schweigend davon. Ich blickte zu meiner Mutter hinüber. Sie sah ihm nach und schüttelte den Kopf.

Wochen später im Büro meiner Mutter: „Weshalb willst du diese Manuskripte ein zweites Mal einsenden? Der Verlag hat sie dir doch vor zwei Jahren zurückgeschickt und zwar mit einem sehr netten Brief, wenn ich mich richtig erinnere.“ „Ich habe einiges geändert, vielerorts die Satzstellung vereinfacht, wie sie es wollten. Man muss versuchen, man muss alles versuchen. Auch ein Verlag kann seine Meinung ändern.“ „Warum lässt du nicht alles ruhen, keine Studien für eine Zeit lang?“„Warum sollte ich das tun?“ „Um einen Abstand zu gewinnen. Manchmal sieht man die Dinge klarer aus einer bestimmter Distanz.“ „Ich habe den Menschen so viel zu geben, so ungeheuer viel. Ich muss einen Weg finden, an sie zu gelangen.“ „Alles für eine Weile ruhen zu lassen, verbaut dir den Weg nicht.“ „Du weißt nicht, was du mir da rätst. Das zeigt mir ganz deutlich, dass du keine Ahnung hast, was in mir vorgeht. Das ist der Sinn meines Lebens, sein ganzer Inhalt und du meinst, das kann man einfach ausschalten.“

Ich merkte, dass es oft harte Worte gab, die verstummten, wenn ich dazukam. Dann hatte Mutter geschwollene, rot umränderte Augen und Vater nahm seinen Hut und machte einen langen Spaziergang, ohne mich mitzunehmen. Solche Szenen gab es immer häufiger und ich erinnere mich an einen sonnigen Frühlingstag, an dem ich einige laute Worte aus ihrem Schlafzimmer hörte. Vater ging schon vor sieben Uhr in den Garten, kam nicht zum Frühstück, nicht zum Mittagessen und arbeitete bis in die Dunkelheit hinein, ohne Unterbrechung und Nahrung bis zum kommenden Tag.

Nie habe ich darüber ein Wort gewagt, aber oft ergriff ich Vaters Partei in meinem kleinen, nichtverstehenden Herzen, denn Mutter war streng mit ihm. Mittlerweile habe ich bei ihr unzählige Male stille Abbitte geleistet. Jahre später, als ich längst alles verstand, schwieg ich dennoch, wahrscheinlich aus Gleichgültigkeit oder um nicht an Vergangenem zu rühren. Dabei hatte mein Vater doch noch ganz andere Begabungen.

Unsere Feriengäste hatten alle etwas gemeinsam: Sie langweilten sich nach ein paar Tagen des Nichtstuns. Dann liess Vater sie am Vorabend wissen, dass er für den kommenden Tag zur Bergtour einlud. Das war immer ein grosser Erfolg und wurde über die Jahre zu einer Art Tradition. Etliche der Gäste kehrten nur deshalb immer wieder zu uns zurück. Wenn er dann hoch oben auf den sonnengetränkten Alpweiden den Leuten von all den Kräutern und Heilpflanzen erzählte, die auf dem Niederhorngrat im Überfluss wuchsen, da horchten sie alle aufmerksam auf das, was er zu sagen hatte. Wenn der scharfe Bergwind hie und da ein Wort zerfetzte, schloss sich der enge Kreis um ihn noch enger. Viel wusste er von diesen Pflanzen zu erzählen und von den Krankheiten, die sie heilen konnten. Er hatte es wohl von meiner Mutter gelernt. Wenn er dann zu pflücken begann, halfen alle freudig mit. Als Weihnachtsgeschenk erhielten sie dann ihren Beitrag in gedörrter Form in kleinen Briefchen.

Waren es die Bergtouren oder die Menschen, die sich um ihn scharten, um ihm zuzuhören, jedenfalls gaben solche Tage ihm neuen Ansporn und Mut zur Fortführung dessen, was er ohnehin nicht lassen konnte. Ob er wohl tief in seinem Innern fühlte, dass er ihnen von der Christusliebe erzählte, wenn er von Heilpflanzen sprach?

Es war in den frühen dreissiger Jahren, als er in Marburg Anschluss an eine kleine Gruppe Gleichgesinnter fand. Der Name, der in dieser Gruppe hervorstach, war Heinrich Hahn.[1] Auch er hatte sich eingehend

[1] Heinrich Hahn leitete in Marburg einen biblischen Studienkreis, der sich ab und an in Marburg oder auf dem Beatenberg traf. Die Treffen setzten sich auch nach dem zweiten

mit dem Gedanken der Allversöhnung befasst und hielt regelmässige Studienabende mit Interessenten. Dort nun fand Vater Anerkennung, dort wurden seine durchgreifenden Bibelkenntnisse geschätzt, dort hörte man auf all das, was er zu sagen hatte. Zwei-, dreimal im Jahr fuhr er für wenige Tage nach Marburg, um unter verwandten Seelen Erholung von seiner körperlichen und vor allem geistigen Einsamkeit zu finden. Um keinen Weg unerforscht zu lassen, kündete Vater darauf regelmässige Bibelabende an und lud die Bevölkerung unserer Umgebung ein. Die Beteiligung war von Anfang an sehr mager. Drei, vier Hotelgäste, zwei, drei Bauersfrauen. Hier und da fand einer der Gäste den Weg zu ihm in den Garten, setzte sich auf die Erde im Gartenbeet und wollte mehr wissen. Aber es hielt nicht an. Am Ende fuhren sie alle wieder ins Tal zurück und vergassen den Mann in den Bergen oben, der ihnen eine neue Welt hatte schenken wollen, von der zuletzt aber nur ein Briefchen gedörrter Wurzeln übrig blieb.

Doch das stimmt nicht ganz. Im Café Fédérale drüben hatten schöpferische Zungen ihn längst „Doktor Chrüütliapposchtelli“[1] getauft. Doch jetzt, da sie ihre Frauen an der Teilnahme an den Bibelstunden hindern wollten, wurde er ihnen zum „Stündeler“[2].

Dann kamen wieder die Wintertage, an denen er ununterbrochen weiterforschen und schreiben konnte. Immer häufiger stand er am Fenster; die Hände in den Hosentaschen blickte er mit tiefliegenden, traurigen Augen in die Ferne, viel, viel weiter als bis zu den Zacken und Graten der Hochalpen auf der anderen Seite des Sees. Er blickte so weit, bis er seine eigene Seele sah, mit dem grossen Fragezeichen: Warum?

Eine weitere, bittere Enttäuschung waren seine beiden heranwachsenden Söhne. Wohl liebten wir den Vater, gingen ihm aber oft aus dem Weg. In seinem weltabgewandten Eifer machte er halt alles falsch. Schon als acht- oder neunjähriger dummer Bengel wusste ich besser Bescheid über die Allversöhnung, als die meisten Pfarrer nach der Pensionierung. Meine Kenntnisse vieler Bibelstellen sind, ich möchte sagen, aufgezwungenes Wissen. Mein Bruder und ich kannten die Anzei-

---

Weltkrieg fort. Dort ist Moritz Hürner, einige Jahre nach dem Tode seiner ersten Frau Hulda, Elisabeth Wölm (1924 – 2016) begegnet, die von der Familie Hahn als Flüchtling aus Ostdeutschland aufgenommen worden war.

[1] Kräuterapostel

[2] Stündeler ist ein „süddeutscher“ Ausdruck für einen, der Bibelstunden oder Studiengrüppchen führt, meist in abgelegenen Dörfern oder Tälern. Im berndeutschen Sinn gleichbedeutend wie Sektenanhänger, Sektierer oder Pseudoheiliger.

chen, wenn Vater im Sinne hatte, aus der Bibel zu erzählen und wir verschwanden ins Nichts, wenn uns die Gefahr nahe genug kam. Hin und wieder überraschte er uns beim Spielen und dann gab es kein Entrinnen. So war mein früher religiöser Unterricht Resultat meiner Unvorsichtigkeit.

Später kam unsere Schulzeit unten in der Stadt. Wir wurden gezwungen, regelmässig an die Eltern zu schreiben. Gewöhnlich war es Vater, der auf jeden Brief antwortete. Jahrelang glichen sich die Briefe in ihrer äusseren Form. Drei, vier Sätze der Einleitung, dann mindestens zwei engbeschriebene Seiten der biblischen Erkenntnisse der vergangenen zwei Wochen mit Angabe von Kapitel und Vers. Zuletzt zwei konventionelle Sätze als Schluss. Anfangs hatte ich Gewissensbisse. Im Geiste sah ich den lieben Vater, sein warmes Herz, seine traurigen Augen, liebend an mich denkend, und ich fühlte Mitleid mit ihm, wenn ich den religiösen Teil des Briefes ungelesen in den Papierkorb warf. Die Gewissensbisse verschwanden zwar schnell, doch ein bisschen Mitleid blieb immer. Von den nahezu vierhundert Briefen, die ich über acht Jahre Schulzeit in Thun erhielt, habe ich den Mittelteil keines Einzigen gelesen. Da ich diesen Mittelteil in meinen Antworten nie erwähnt habe, vermute ich, er musste es gewusst oder geahnt haben. Auf seine stets milde Art schien er uns Buben geradezu zu zwingen, uns mit der Bibel zu beschäftigen. Deshalb taten wir es nicht. Dazu eine kleine Episode aus den Jahren nach meiner Schulzeit: Mir waren Friedrich Nietzsches Gesammelte Werke in die Hände gefallen. Weniger aus Interesse als zum Zeichen meiner Unabhängigkeit, schrieb ich ihm von meiner neuesten Lektüre, heimlich auf eine ärgerliche Reaktion hoffend. Doch was kam umgehend als Antwort zurück? „Ich freue mich sehr darüber, dass du Nietzsche liest. Der Mann ist dem Christus viel näher gewesen, als er je gewusst hat." Noch heute fühle ich die Enttäuschung, wie er mir damals den Wind aus den Segeln genommen hat.

Ich weiss nicht, wie er es anstellte, eine weitere Anzahl Bauersfrauen zum Studieren der Bibel, wie er es nannte, zu überreden. Als ich das erste Mal aus der Stadt in die Ferien nach Hause kam, begleitete ich ihn an den Waldrand, an den Anfang des Ryscherntälchens. Dort sass eine Anzahl Frauen in ihrem Sonntagsstaat: dunkelbraune, sehr lange Röcke, saubere, helle Schürzen und dazu passende Kopftücher. Vater sprach über Christus und die Allversöhnung und zitierte einmal mehr Kapitel und Vers. Er forderte die Frauen auf, die Stellen daheim nachzuschlagen, als Vorbereitung für die Versammlung in der nächsten Woche. In Windeseile reiste diese Neuigkeit ins Kulturzentrum der Waldegg, ins Café Fédérale. „Dää Herrgottstonner dää!“, rief der alte Hochwaldbauer. „Myyner Alte vertätscheni, my Tüüri z'blutta Fiddla wenn diä nones eenzigs Mal zun däm verfluechta Stündler geeiht!“ Zwischen den Rauchschwaden hindurch vernahm man den Beifall der Bauern.

Niemand konnte sagen, wer den Namen gebar, aber plötzlich war er da: Der Heilige der Waldegg.

Spät, eigentlich viel zu spät, zeigte sich, dass Vater eine künstlerische Begabung hatte. Vorerst übte er sich in der Fotografie. Lange bevor man das fotografische Bild als Ausdruck einer Kunstrichtung anerkannte, schuf er mit seinem Stereoapparat kleine Wunderwerke aus Licht und Schatten in der Berglandschaft. Alle seine Spaziergänge verlegte er in die Zeit der späten Nachmittagssonne, in diese Stunde des goldgeschwängerten Lichtes und der langen, dunklen Schatten. Fast immer begleitete ich ihn auf diesen Gängen in der Abendsonne. Durch die hundert Windungen eines Feldweges dem Hügel entlang, zwischen den dunklen Tannen im Wald, von wo das helle Licht am Rande draussen seine eigene, matt schillernde Farbsymphonie schuf, oder an einem Heuschober vorbei, immer und überall fand er etwas ganz besonders Schönes, auf das er mich aufmerksam machte. Auf diesen Spaziergängen wurde Vater ein ganz anderer Mensch. Ganz gleich, wie oft wir an ein und demselben Bauernhaus vorbeigehen mochten, jedes Mal zeigte er mir, wie sich das Licht wandelte oder wie die Schneeberge im Hintergrund das ganze Bild veränderten, wenn die allmählich sinkende Sonne die Firnen alle paar Minuten anders beleuchtete. „Schau, wie das Licht durch die verkrümmten Äste des Ahorns dort dem ganzen Baum gleichsam ein inneres Leben gibt. Morgen kommen wir einen Viertelstunde früher, dann ist der störende Schatten des Felsblocks daneben noch nicht auf dem Stamm.“ Entschied er sich, von einem Objekt oder Standpunkt aus ein Bild zu machen, dann kamen wir drei-, viermal zu leicht unterschiedlichen Zeiten, um festzustellen, wann das Licht so war, wie er es haben wollte. So stark lebte der Künstler in ihm, so ausschliesslich lebte er im Bilde des Augenblickes, dass nichts anderes daneben Platz hatte. Nie, nicht ein einziges Mal, sprach er von seiner Arbeit oder versuchte, mir aus der Bibel zu erzählen. Ich glaube, ich war der einzige Mensch, der diese, seine zweite Natur hatte kennenlernen dürfen. Bewusst oder unbewusst, aus diesen Stunden muss er die Kraft geholt haben, das ganze Leid, die Enttäuschungen und zerstörten Hoffnungen seiner Tage zu ertragen.

Es war unvermeidlich an solchen Spätnachmittagen dem heimkehrenden Bauernvolk zu begegnen. Mit der Zeit fiel mir immer mehr auf, dass Vater stets laut und höflich grüsste und seinen Hut lüftete, während die Entgegenkommenden bestenfalls ein Grunzen von sich gaben und meistens zur Seite sahen. „Warum sind die Bauern so unhöflich?“, wollte ich wissen. „Ach, das ist eine lange Geschichte und hat mit Grossmueti’s Beerdigung zu tun. Lass’ gut sein, wie es gekommen ist, wird es verschwinden.“ „Ich jedenfalls würde schweigend an ihnen vorbeigehen, wenn die nicht zurückgrüssen können“, meinte ich energisch.

„Eben nicht. Weil ich damals meinen eigenen Weg gegangen bin und damit gegen das Hergebrachte verstiess, habe ich ihre Gefühle beleidigt.“ „Weshalb hast du es getan?“ „Weil das, was ich getan habe, richtig war. Wenn einer nicht Massenmensch sein will, dann muss er den Mut haben, gegen den Strom zu schwimmen.“ „Auch wenn man die anderen Menschen beleidigt?“ „Damals habe ich eine gedankenlose, oberflächliche Tradition beleidigt. Das war mir viel lieber, als mich ein Leben lang vor mir selber schämen zu müssen. Wenn du nicht ein Massenmensch werden willst, dann musst du mit viel Leid für dein Anderssein bezahlen.“

Wie recht er gehabt hat!

* * *

Die Jahre vergingen. Grosse Aufregung brachten sie nicht. Hier und da eine kurze Reise nach Thun, dann eine grössere nach Marburg. Ich glaube, das Versenden von Manuskripten wurde bald zur Gewohnheit, denn sie alle kamen mit regelmässiger Eintönigkeit zurück. Vater mag sich an die Enttäuschung gewöhnt haben, froh wurde er trotzdem nicht. Im Gegenteil, seine Augen schienen sich tiefer zu senken, je grauer die Schläfen wurden. Das leere Hotel in den immer schlechter werdenden Jahren beunruhigte ihn wenig, die Möglichkeit eines neuen Weltkrieges brachte ihn auch nicht in Aufregung. „Mein Weg ist vorgezeichnet“, pflegte er zuweilen zu sagen, wenn man ihn drängte, seine Meinung zu äussern.

Eines Tages in die Sommerferien heimkehrend, fand ich ihn in grüner Schürze, ein Schnitzmesser in der Hand im Atelier des Bildhauers und Architekten Paul Bay. Die Bearbeitung des Holzes, die er dort lernte, gab ihm viele Jahre eine befriedigende Beschäftigung und ein Einkommen, das die ausbleibenden Einkünfte des Hotels ersetzte.

Viel zu früh starb Mutter, im Tod den Frieden findend, den ihr das Leben versagt hatte. Von einer Stunde zur anderen stand der alternde Mann ziemlich hilflos in einer Welt, die Mutter ihm während so vieler Jahre vorgeebnet hatte. Zu dieser Zeit waren wir beiden Söhne bereits ausgeflogen und befanden uns in Afrika. Nach einer ausgedehnten Reise durch den ganzen Tropengürtel des Kontinents, lebten wir auf einer Farm am Ufer des Tanganjikasees. Ich erinnere mich an einen der freudigsten Tage dieser Zeit. Mein Bruder, meine Frau und ich stehen am kleinen Landungssteg des Hafenbeckens von Albertville.[1] Der See ist zu breit, als dass man das kleine Städtchen Kigoma am gegenüberliegenden Ufer sehen könnte, aber dort, wo es liegt, taucht allmählich sichtbar ein weiser Punkt ins dunkle Blau des Sees. Der weiße Punkt ist die Fähre, die die Menschen um das Seeufer herum miteinander verbindet.

Vater war durch den Suezkanal und das Rote Meer gereist, hatte den Dampfer in Dar-es-Salam verlassen und dort die Eisenbahn bestiegen, um mit ihr die ganze Breite der Kolonie zu durchqueren. Nun warten wir auf ihn, darauf hoffend, dass er einen Teil des winzigen Pünktchens bildet, das am Horizont immer grösser wird.

Lange bevor die Fähre ankommt, drängen sämtliche Passagiere zu der kleinen Stelle, an der die Landungsbrücke anlegen wird. Die Fähre liegt mit einem besorgniserregenden Winkel im Wasser, so tief auf Steuerbord, dass das Wasser die nackten Füsse der Afrikaner umspült, während ein Eimer, der an der Reling der Bordseite befestigt ist, frei herumschwankt. Alles, was die Bewohner Afrikas mit sich schleppen, tragen sie auf dem Kopf. Körbe und Ballen, Brennholz und Koffer, Kisten und Taschen, alles kommt auf den Kopf, damit die Arme frei blieben für Hühner und Ziegen, Ferkel und Kinder. Es wird geschrien und geschimpft, gelacht und gekreischt, geschwitzt und geflucht, ein einziges, unbeschreibliches Chaos für Auge, Nase und Ohr, ein Durcheinander, wie nur Afrika es zustande bringen kann. Aus diesem schweisstriefenden, klebrigen Ballen Menschheit soll unser Vater noch lebend an Land gespült werden? Unmöglich!

Näher und näher kommt die Fähre, Einzelheiten werden sichtbar, Säuglinge, auf den Mutterrücken gebunden, wimmern, weil die nachdrängenden Passagiere sie erdrücken, doch kein einziges weisses Ge-

[1] Albertville – heute Kalemie im Ostkongo am Tanganjikasee

sicht. Oder doch? „Da! Gleich neben dem gelben Koffer!“, rufe ich. „Nein, das ist doch ein weisses Huhn. Spinnst du?“ „Nein, ich spinne nicht. Das ist kein weisses Huhn, mein Lieber. Das ist das Gesicht deines Vaters!“

Johanna Maria Brunner (Janine Hürner) 1945

Bei uns sollte der nun ganz vereinsamte Mann ein neues Zuhause finden. Zumindest war das unsere Absicht. Dass man alte Bäume nicht verpflanzen kann, lernten wir erst hinterher. Staunend und mit grossem Interesse nahm er wahr, was Afrika von Europa unterschied. Die unzähligen Gegensätze nahmen ihn gefangen. Fasziniert von seinen frühmorgigen Entdeckungsgängen, konnte er nicht genug davon erzählen. Später, als sich die glänzende Lackschicht des Neuen etwas abgeschabt hatte, begann er, seine Tage einzuteilen. Das Licht Afrikas ist tagsüber von unbarmherziger, geradezu stechender Helligkeit. Er liebte es nicht, dieses grelle Licht, und verbrachte die längste Zeit des Tages in seinem Zimmer. Dort studierte und schrieb er wie eh und je. Dazu kam nun noch eine ausgedehnte Korrespondenz mit Freunden und Bekannten in Europa.

Kam der spätere Nachmittag mit seinem mildernden Licht, hielt es ihn nicht mehr im engen Raum. Das kleine Dörfchen unserer schwarzen Arbeiter stand auf der Kuppe einer nahen Anhöhe. Malerisch hoben sich die runden Hütten aus rotem Lehm mit ihren gelben Strohdächern vom tiefblauen Himmel ab. Unten am Ufer des Sees waren ebenfalls ein paar Hütten im Schilf versteckt, davor einige Einbäume, gegen die das ruhige Wasser leise plätscherte.

Vaters Künstlerauge nahm die Idylle in sich auf. Bald entdeckten wir etwas uns gänzlich Unbekanntes: Vater konnte malen! Er brachte entzückende kleine Aquarelle nach Hause, ergreifend in ihrer Schlichtheit. Ohne Erfahrung, ohne lange Studien hatte er das Licht Afrikas erfasst und zauberte es auf die kleinen Gemälde. Wir waren sprachlos. „Wo hast du denn das gelernt? Wer hat dir das beigebracht? Etwa Paul Bay?“ Fragen, auf die er mit einem Schulterzucken antwortete: „Das ist doch nichts, nicht der Rede wert.“

Ein Bildchen nach dem anderen entstand. Die Einbäume im Schilf oder auf den Sand des Ufers gezogen, die runden Häuschen oben auf der Anhöhe, der wogende, dunkelgrüne, subtropische Urwald, der weit, weit weg von der Ferne aufgesogen wurde, schwarze Frauen mit ihren grossen Wasserkrügen auf dem Kopf im hohen, gelben Gras – das typische Afrika, wie es sich ihm gleich vor der Haustür erschloss. „Ich fühle eine beinahe schmerzende Liebe für die schwarzen Menschen in mir“, hatte er schon am Tag seiner Ankunft erklärt. Wir wussten, was das in Vaters Sprache hiess und nahmen die Mitteilung mit sehr gemischten Gefühlen entgegen. Wir dankten dem Himmel, dass sein Französisch über die Jahrzehnte etliche Löcher bekommen hatte und die Schwarzen ihn nicht verstanden. So blieb es bei nur einem missglückten Versuch, Afrika von der Allversöhnung zu überzeugen.

Dann hielt eine leichte Malaria ihn einige Tage im Bett. Als er wieder am Familientisch erschien, erklärte er, nach Europa zurückkehren zu wollen. Es mochte hundert Gründe gegen diesen Entschluss gegeben habe, stichhaltig genug war ihm keiner. „Mein Leben ist vorgezeichnet.“ Gegen dieses Argument kam keiner an. Hätten wir die Franzosen gefragt, sie hätten gleich die richtige Antwort geben können: „Cherchez la femme!"

Auf dem Tanganjikasee. Links Martin, Vati, 2 Freunde und Janine

Denn tatsächlich, kurze Zeit später kam die Nachricht, dass Vater sich mit einer jungen Frau aus dem Marburger Kreis verheiraten werde. Der frisch aufgewärmte Ehemann zeugte uns gleich einen Halbbruder und während mehr als zwei Jahrzehnten umhegte und pflegte ihn eine junge Mutter. Mit grosser Geduld ertrug sie einen Menschen, der als Einzelgänger so seine Schrullen hatte. Er war von peinlichster Ordnungsliebe, immer sehr pünktlich und erwartete selbstverständlich dasselbe von seiner Umgebung. Dazu kam ein ganz besonderer Segen für jede Hausfrau: Vater war der grösste Feinschmecker diesseits der Datumsgrenze! Sei ihr hier ein Kränzchen gewunden.

Eines Abends schrieb Moritz Hürner seine letzte Seite, setzte den letzten Punkt darunter, um am nächsten Morgen in der anderen Welt zu erwachen. In seinem einundneunzigsten Lebensjahr starb er in Thun. Er hinterliess Berge von Heften mit Aufsätzen und Abhandlungen, Bündel von Manuskripten, die zuletzt nicht mehr weggesandt wurden. Der ganze Werdegang seiner geistigen Erkenntnisse der Bibel, alles in verkürzter Form einem Tagebuch anvertraut, das über fünftausend eng beschriebene Seiten umfasst. Ein Koloss des Geistes, doch für die Menschen – ein Narr.

Was mein Vater über die Jahrzehnte hinweg gelitten hat, kann nur nachfühlen, wer eben so viel zu geben hätte, das niemand annehmen will. Gibt es heute noch irgendwo jemanden, der so viel verschenken möchte?

Tagebuch-Eintrag von Moritz Hürner über das Chalet Eiger

1918. Die Sonntag Nachmittage bei Frl. Oe. hatten im Laufe der Jahre unbemerkt ein warmes Vertrauensverhältnis zwischen uns geschaffen.

In jenen Märztagen war in den Baslerstrassen gelegentlich eine Frau zu schauen die in exzentrischer Aufmachung mit einem Kranz von Holzperlen auf dem Kopf, die nackten Füsse in Sandalen auch meine Aufmerksamkeit auf sich zog. Ich erzählte dies Frl. Oe. und sie war gleich begierig die Frau, die der Sekte der Mazdaznan angehörte, kennen zu lernen. Entschlossen, der Frau und ihren Kindern zur Sesshaftigkeit eines Heimes zu verhelfen, trug sie mir auf, ein Haus auf dem Beatenberg ausfindig zu machen, das zu einem Vernünftigen Preis zu kaufen wäre. Die Möglichkeit war jedenfalls durch den Krieg vorhanden. Ich erkundigte mich nach dem an unser Grundstück anstossenden Chalet Eiger. Der Verwalter der Besitzerin, die in Amerika war, hatte den Auftrag, es zu verkaufen. Das Angebot gelangte an Frau Gräser (Vermutlich die oben genannte Mazdaznanin). Sie wies es ab. Die Überraschung und Enttäuschung scheinen für Frl. Oe. so gross gewesen zu sein, dass sich in der darauffolgenden Woche der noch überraschendere Wechsel vollzogen haben muss: Da sie wusste, dass unser Haus als christliches Hospiz dem Reiche Gottes zu dienen „bestimmt sei, möge ich das „Chalet Eiger“ zu dem sonstigen Kaufen und sie übergab mir einen Check auf 20,000 Franken; der Kaufpreis betrug 30,000. Diese Transaktion muss in jenen Tagen den Geist der lieben, alten Dame auch so noch beschäftigt haben, denn anschliessend an diese Verfügung weihte sie mich ein in ihre testamentarischen Pläne und wünschte u.a. mein Urteil betreffend eines Legates von 100.00 Frs an die B.M. Das Wissen um diese Vergabung hat mir hernach zur Zerstreuung meiner Bedenken gestimmt, 6 Jahre lang dem Studium der Theologie abgelegen zu haben, unentgeltlich und selbst bei freier Kost, Wohnung und Bekleidung, was ich freilich nur teilweise zu benutzen den Mut hatte.

Am Sankt Beatenberg da brannte die Regina

Mein Austritt und ... war mir, wenn auch in andrerweise, ebenso deutlich an die Seite meiner Mutter u.a. ... gewiesen, dass ihr mit diesem weiteren Objekt die Last zu gross geworden wäre. Während das Chalet den regulären Garten reserviert würde, nahm das Hotel nun mehr internierte Franzosen und Belgier auf.

Im Herbst verheiratete ich mich mit meiner nur drei Monate jüngeren Jugendfreundin Hulda Müller.

Hansi der Sportlehrer

Es schneite und schneite, tagelang, ohne Unterlass. Wie immer, wenn mein Vater nicht draussen arbeiten konnte, sass er hinter seinem Berg von Büchern und schrieb. Das leise Schleifen seiner Füllfeder war das einzige Geräusch in unserer Bergwelt. Aus lauter Langeweile drückte ich meine Nase gegen die eiskalte Fensterscheibe und beobachtete die immer höher werdende Schneeschicht auf dem breiten Vogelbrett vor dem Fenster.

Doch eines Tages stieg Nebel in die Höhe und verschwand in geheimnisvollen Weiten. Über allem lag eine dicke Schneedecke. In die ehrfurchtgebietende Stille stahl sich der erste, scheue Sonnenstrahl und erhellte die unbeschreibliche Schönheit des neugeborenen Winters. Für einen kleinen Buben war es tatsächlich eine ganz andere Welt. Die Steintreppe vor dem Eingang hatte nur noch drei Stufen. Der Gartenzaun mit den Eisenstangen war verschwunden und das Strässchen gab es nicht mehr. Kein Mensch wusste, wo all die Vögel waren, die sonst so zahlreich in unserem Garten herumflogen und die Äste der Tannen hingen nach unten, als wären es Trauerweiden. Vater nahm die grosse Holzschaufel und ging hinaus in die beissende Kälte.

Lautlos glitt die Schaufel in den lockeren Schnee, den mein Vater bald links, bald rechts zur Seite warf. Wie ein Maulwurf bohrte er sich einen Gang zu dem zugeschneiten Strässchen. Längst waren die Schneewälle zu seinen beiden Seiten höher als ich.

So gegen den zehnten Dezember erwachte das tief verschneite Bergdorf aus seinem Winterschlaf. Die seit Wochen beinahe leere Drahtseilbahn war auf einmal voll, denn nun kamen all die Angestellten der verschiedenen Hotels angereist, um deren Eröffnung vorzubereiten. Trotz der Kälte standen alle Fenster weit offen, Schlitten mit Kisten, Körben, Säcken und Paketen kamen zweispännig von Interlaken herauf, ein geschäftiges Treiben überall. Alles, was nicht am Ende der vergangenen Saison geliefert worden war, musste nun noch in letzter Minute unter Dach und Fach. Die Eisbahn des Regina Palace Hotels glitzerte und glänzte wie ein nasser Spiegel in der Wintersonne und der Tennisplatz des Sommers hatte sich in einen Curling Rink verwandelt.

Für jede ankommende Seilbahn standen ein Dutzend Troikas[1] in Reih und Glied, samt kleinen Gepäckschlitten, die sie nach sich zogen. Über dem Rücken der Pferde hingen Ledergurten, an denen runde Schellen verschiedener Grösse befestigt waren. Im Rhythmus der trabenden Tiere erklangen die fröhlichen Harmonien hell und klar weit in die winterstille Landschaft hinaus.

In der Waldegg, unserem Teil des Dorfes, wurde die Wintersaison mit einem grossen Dîner Dansant im Ballsaal des Regina Palace eingeleitet. Auch unsere Gäste waren dazu eingeladen. Kellner in geschneiderten weissen Jacketts und schwarzen Binden eilten herbei, um die eintretenden Gäste mit einer Auswahl bekannter Cocktails zu bedienen. Die Herren im Frack oder Smoking, die Damen in auserlesensten Abendtoiletten begrüssten sich: Hier ein alter Bekannter, dort ein Freund und wer sich nicht kannte, stellte sich vor.

Auf einem langen Tisch zwischen zwei Säulen standen eine grosse Anzahl Platten, Schüsseln und Kristallschalen. Hohe, silberne Kerzenleuchter und grosse Rosensträusse aus Bulgarien schmückten ein Buffet, wie es sich nur die Elite der europäischen Gesellschaft hatte leisten können. Später standen die Gäste plaudernd davor, musterten gemächlich, was es enthielt und stellten ihr Menü zusammen. Kellner legten das Ausgewählte auf Teller und brachten es den Gästen, die mit ihren neuen Bekannten an den Tischen Platz genommen hatten.

Die betonte Formlosigkeit des Abends sollte den Auftakt zu einer geselligen Ferienzeit bilden. Während die Gäste speisten, spielte das

[1] Dreigespann für Schlitten oder Pferdefuhrwerk.

Orchester bekannte Weisen von Mozart, Beethoven und Brahms, denn getanzt wurde erst nach dem Kaffee.

Am nächsten Morgen spielte das Orchester im grossen Pavillon an der Eisbahn. In der Stille tönten die Klänge bis zu den entfernten Skihängen. Wer bergan stieg, schob plötzlich seine Skier im Takte der Musik und wer den Hügel hinab fuhr, der summte laut oder leise „An der schönen blauen Donau."

Während unser Portier im kleinen Schuppen die Skibindungen nachsah und die Laufflächen mit Wachs behandelte, hatte der alte Walz, der im Sommer Förster war, alle Hände voll zu tun. Im grossen, eigens dafür verwendeten Raum gleich gegenüber dem Hoteleingang des Regina Palace lehnten Dutzende Skier jeder Grösse an der Wand, Berge von kleinen Schlitten und Schlittschuhen waren in Fächern aufgetürmt und in der Ecke standen die Bobsleighs und warteten ungeduldig auf die ersten Benutzer.

Zu meinem vierten Geburtstag im vorigen Jahr hatte ich mein erstes Paar Skier erhalten. „Jetzt musst du viel üben, damit du gut fahren lernst", hatte Vater geraten. Unnötig zu erwähnen, dass ich übte und übte, bis der letzte Schnee am schattigsten Abhang geschmolzen war! Jetzt holte ich die Bretter wieder aus dem Keller und fuhr hinunter zur Regina.

„Guten Tag, Herr Walz", grüsste ich höflich und schaute zu, wie er im Schnee kniend ein Paar Skier an die Schuhe eines kleinen Mädchens anpasste, das mir den Rücken zuwandte. Sich erhebend, drehte er das Mädchen Richtung Strasse: „So, jetz chascht ga-ga schynen."[1]

Noch nie zuvor hatte ich solch glänzend schwarze Haare gesehen, noch nie ein so kreisrundes Gesicht. Ich hatte sofort Mitleid mit dem Mädchen, denn sie hatte keine Augen, nur ganz, ganz schmale Schlitze, durch die man wohl nur einen kleinen Teil der Welt sehen konnte. Sie lächelte mich an und dabei schlossen sich die Schlitze vollkommen.

Jetzt holte Herr Walz zwei kurze Skistöcke und drückte sie dem hilflos dastehenden Kind in die Hand. (Ja, war das nun ein Mädchen oder ein Junge? Obwohl ich von meinen Cousinen in Thun wusste, dass ich etwas hatte und sie nichts, war das im Winter nicht so leicht festzustellen).

---

[1] So, jetzt kannst du Skifahren gehen.

„So, gang jetz, fürhi mit däm Schi“,[1] sagte der Herr Walz, indem er, sich bückend, mit der Hand leicht ihren rechten Fuss nach vorne schob.

Hansi auf Skis

Sie begriff auch sogleich, was von ihr verlangt wurde, und lag am nächsten Augenblick vor mir auf dem Vorplatz des Skischuppens. Das hatte ich vorausgesehen und war darauf vorbereitet. Dem Lauenen-Adolf sein Christian war letztes Jahr vom Palace Hotel als Skilehrer angestellt worden. Ihm hatte ich oft zugesehen, wie er seinen Schülern jeweils wieder auf die Beine half. Allerdings nur den weiblichen. Die Männer, die konnten selbst sehen, wie sie wieder hochkamen. Aber bei den Frauen war das anders. Das schien ihnen solchen Spass zu machen, dass sie – wie mir schien – auch ohne ersichtlichen Grund hinfielen, einfach nur, um von Christian aufgehoben zu werden.

---

[1] So, geh jetzt vorwärts mit diesem Ski.

Nun versuchte ich, es ihm gleich zu tun. Von hinten legte ich meine Hände unter die Arme des Mädchens und zog sie nach oben. Dabei rutschte ich aus und lag im nächsten Moment neben ihr.

„Ga schyne sellet er, nit im Schnee umehikeje";[1] lachte der Herr Walz gemütlich.

Als es Mittag wurde, konnte ich sie bereits viel eleganter hochheben, als sie hinfallen konnte. Aber auch sie hatte grosse Fortschritte gemacht. „Jetz säg mer ees wiät heeissischt!"[2] Sie lachte als Antwort.

Am Mittagstisch erzählte ich von meiner neuen Bekanntschaft. „Das ist das Töchterchen des japanischen Gesandten in Bern", sagte meine Mutter, zum Vater gewandt. „Und wie heisst sie?"

„Weiss ich doch nicht. Frag sie selbst." „Gefragt hab' ich, aber sie lacht nur und sehen kann sie mit ihren Augen auch nicht richtig." Nun erfuhr ich, dass obgleich Japaner und Chinesen schlitzförmige Augen haben, sie damit genau so gut sehen konnten wie wir.

Als ich um drei Uhr wieder hinunter zur Regina fuhr, wartete die kleine Japanerin bereits auf mich. Zuerst zeigte ich ihr, wie sie die Skier geschultert tragen musste. Gemeinsam marschierten wir zur „Schluecht", dorthin, wo mehrere Skihänge in einer Art Zentralplatz zusammenkamen. Sie lernte erstaunlich schnell und bereits an diesem ersten Nachmittag fuhren wir gemeinsam unser Strässchen hinunter, ohne dass sie stürzte.

Miteinander sprechen konnten wir nicht. Ich mit meinem groben, singenden Oberländer-Dialekt, sie mit ihrem süssen Gezwitscher aus dem Fernen Osten, da war nichts Gemeinsames. Trotzdem sagten wir uns, was wir zu sagen hatten und verstanden uns auf geheimnisvolle Art und Weise. Kindersprache braucht keine Worte.

Sie erhielt Schlittschuhstunden. „Komm Hansi, ich zeige dir, wie du Hilis (so klang ihr Name in meinen Ohren) halten musst. Dann könnt ihr paarlaufen", meinte die Schlittschuhlehrerein eines Morgens. Die Hände vorne übers Kreuz gefasst; rechter Fuss, linker Fuss und schon lagen wir beide auf dem schlüpfrigen Eis. Aber ein paar Stunden gemeinsamen Übens und wir fuhren schon zum Takte der Musik.

Die Tage vergingen. Bei gutem Wetter fuhren wir jeden Morgen Ski, am frühen Nachmittag fand man uns auf der Eisbahn und etwas später

---

[1] Skifahren sollt ihr, nicht euch in den Schnee fallen lassen.

[2] Jetzt sag mir einmal, wie du heisst.

zogen wir zwei Schlitten hinter uns her. Oben beim Sonderegger legte ich mich mit dem Bauch auf meinen Schlitten und hängte meine Schuhe in die Rundung der Kufen von Hilisens ein. Jetzt schob sie an. Hatten wir genügend Geschwindigkeit, sprang sie auf ihren eigenen Schlitten und dann ging's richtig los: Da man auf diese Weise weder durch Bremsen noch Lenken das Tempo verringern kann, entwickelte unser Gefährt eine ganz schöne Fahrt.

„Aaachtuuung!", brüllten wir, falls weiter unten auf der Strasse jemand gehen sollte. Noch nie hatte hier jemand eine echte Japanerin brüllen gehört. Nein, das soll es wohl nicht geben? Hilis jedoch, die lernte nach bester Oberländerart, und wenn wir vereint schrien, dann stoben die Leute nur so gegen die Schneewälle des Strässchens.

Schneite und stürmte es, wurde Hilis von ihrer Kinderfrau zu uns gebracht. Im Wohnzimmer spielten wir Halma und Eile mit Weile, bis sie wieder abgeholt wurde. Öfter aber fand man uns am späteren Nachmittag beim Thé Dansant im Regina Palace. Dort lagen wir auf dem Bauch, dicht neben dem Orchester, wo das Parkett so schön glänzte, und beobachteten die tanzenden Paare.

Ich wollte, dass Hilis mit uns Weihnachten feierte und weinte bittere Tränen, als dies nicht erlaubt wurde. „Aber warum denn nicht?", plärrte ich. „Weil ihre Mutter es nicht will. Sie sagt, in der Schweiz ist das ein reines Familienfest."

Anfangs des neuen Jahres gab es ein grosses Eisfest. Fahnen aller Nationen staken in den Schneewällen rund um die Eisbahn. Der Maître de Plaisir des Hotels organisierte Eisspiele und Wettrennen, während die Schlittschuhlehrerin eine Vorstellung im Kunstlaufen gab. Da führte der kleine Bergbube aus Beatenberg die noch kleinere Hilis aus Tokio zum Paarlauf, im perfekten Takt zu den Klängen des Blumenblätterwalzers von Johann Strauss. Während der zweiten Runde trennten wir uns, machten beide einen Dreiersprung, fanden uns wieder und vollendeten die letzte Runde. Der brausende Applaus klang noch in meinen Ohren, als ich schon längst hätte schlafen sollen.

Einige Tage nach dem Eisfestival, als ich gerade zu Hilis fahren wollte, kam sie an der Hand ihrer Mutter zu uns. Meine Eltern wechselten einige Worte mit ihr in einer Sprache, die ich nicht verstand. Dann verbeugte sich die Frau tief vor meinem Vater, etwas weniger tief vor meiner Mutter und zuletzt wieder tief vor mir. Hilis tat es ihr nach, dann gingen die beiden ins Hotel zurück. Fragend sah ich zu meinen

Eltern hin. „Sie sind gekommen, um dir danke zu sagen, dass du dich um Hilis gekümmert hast, und um sich zu verabschieden. Morgen früh fahren sie weg."

Ein Page des Regina Palace brachte an diesem Abend eine riesige Schachtel Schokolade für mich.

Martin mit den drei Töchtern eines japanischen Diplomaten

Am anderen Morgen stand ich bei Herrn Walz im Skischuppen gegenüber dem Eingang. Jetzt fuhr die Troika vor; es war die, die mit weissem Fell ausgefüttert war, gezogen von zwei schwarzen Pferden. Direktor Brunner kam aus dem Eingang, gefolgt von Hilis mit ihrer Kinderfrau, dann die Eltern. Alle wurden sorgfältig in Wolldecken gepackt, Hilis zwischen ihnen.

Direktor Brunner verbeugte sich ein letztes Mal, hinter ihm der Chef de Réception und noch weiter hinten, gleich unter dem Eingangsbogen, der Concierge. Jetzt schnalzte der Kutscher, die Pferde zogen an und gingen gleich in einen Trab über, damit die Schellenklänge der Gurten, die über ihren Rücken hingen, auch laut und fröhlich ertönen konnten. Und nun verschwand die Troika hinter der grossen Kurve, die zum Wildbach hinunter und über die Steinbrücke führte.

Hilis war nicht mehr. Sie hatte sich nicht einmal umgesehen, ob ich vielleicht irgendwo stehen würde. Todtraurig stand ich da. In mir war ein grosses Loch. Im Loch war Hilis gewesen. Jetzt wusste ich nicht, wie ich es füllen sollte.

Z'GLUNTE-AENNI

Sie gehörte zum Bergdorf wie die uralte Kirche oder wie die einzige Strasse, die alles und alle miteinander verband; wie der Herr Pfarrer, der Vertreter vom Lieben Gott war und den man höflich grüssen musste, auch wenn man nicht zu seinen Schafen gehörte. Am Klang seines Gegengrusses merkte man sogleich, ob einer selten, oft oder überhaupt nicht zur Kirche ging.

Keiner hätte gewagt zu sagen, das Glunten-Änni wäre wichtiger als der Herr Pfarrer. Doch auch an ihr ging niemand unbeteiligt vorüber. Jeder grüsste, je nach der Erfahrung, die er mit ihr gemacht hatte. Kaum einer liebte sie, viele hassten sie sogar, aber alle zeigten Respekt und eine gewisse scheue Ehrfurcht. Vater hatte erzählt, sie sei fast hundert Jahre alt. Er hätte ebenso gut fünfhundert oder tausend sagen können – die Zahl bedeutete uns Buben nicht viel. Was uns aber grossen Eindruck machte, das war ihre Erscheinung. Ob man sie ganz oben auf dem Amisbühlsträsschen sah oder auf der Strasse auf der anderen Seite des „Grabens“ etwa, nahe beim Hotel Silberhorn, sogleich erkannte man sie: „Dert chunnt z'Glunten-Änni!“, hiess es unter den Passanten. Von der Hüfte weg trug sie ihren Oberkörper beinahe horizontal. In ihrer rechten Hand hielt sie einen krummen, dürren Ast, der oben durchs Halten ganz schwarz gefärbt war und wie ein Spiegel glänzte. Der Stock in ihrer Linken war bedeutend kürzer, oben aber ebenso schwarz und poliert. Ein weiter, brauner Rock aus festem Tuch liess die schweren, hohen Schnürhalbschuhe nur selten frei. Eine schwarze Bluse im Sommer und eine schwarze Jacke im Winter, ein dunkelrotes Tuch tief in die Stirn gezogen und unten am Kinn befestigt, so ging sie einher.

Gewöhnlich schritt sie grusslos an den Menschen vorüber. Kreuzte jedoch jemand ihren Weg, in dessen oder deren Schicksal sie eine unmittelbare Änderung „fühlte“, so blieb sie stehen und –ohne den Kopf zu heben – erzählte sie der betreffenden Person, was ihr bevorstand. Dann setzte sie ihren Weg fort. So begegneten ihr die Leute mit gemischten Gefühlen. Was die Dorfbewohner von ihr wussten und über sie dachten, das berührte uns Buben wenig.

Der Grund, weswegen wir sie immer laut und höflich grüssten, war nicht etwa Höflichkeit, sondern Neugier. Dann hob sie nämlich ihren Kopf so hoch sie konnte und wir sahen ihr Gesicht. Wie geschnitzt aus altem, trockenem Eichenholz sah es aus. Auf beiden Seiten des schmalen, fleischlosen Kiefers und unten am Kinn wuchsen weisse Haare von stattlicher Länge. Der Höhepunkt und der stete Grund unseres Staunens aber, das war ein zahnloser Mund, der immer halb geöffnet war und aus dem ein viel zu langer, beinahe schwarzer Schneidezahn über ihre Unterlippe hinab ragte. Gebannt blickten wir auf diesen Zahn, bis sie, vom Heben ihres Kopfes müde, ihn wieder senkte. Ende der Vorstellung.

Selten sah man dieses Glunten-Änni ohne ihre Hutte[1] – den hohen Tragekorb am Rücken. Was sie darin mit sich trug, das machte sie zu einer der wichtigsten Personen meiner Kindheit, wichtiger als etwa Onkel Emil oder Onkel Hugo oder gar Tante Gerti, die ohnehin immer meinte, ich sei schmutzig oder stinke nach Kuhmist.

Z’Glunte-Änni, das brachte uns Schabziger ins Haus, herrlichen, im grossen Umkreis duftenden Schabziger. Grün war dieser Ziger, sie verkaufte ihn in sich nach oben verjüngenden „Stöckli“ in drei Grössen: klein, mittelgross und gross. Zum Sonntagsfrühstück gab es Weggli mit viel Butter und besonders viel Schabziger – das wahre Festessen der Woche, das einzig Schöne am ganzen Sonntag, der mir schon immer als der langweiligste aller Tage vorkam.

Heute trägt dieser Schabziger den geschwollenen Namen „Glarner Kräuterkäse“. Eigentlich ist das eine Erniedrigung, ein ins Vornehme gehobener Missbrauch des alten, heimeligen Namens. Und warum? Nur weil der Kanton Glarus ein Aushängeschild brauchte – wegen des Tourismus.

---

[1] Ein Korb, den man wie einen Rucksack auf dem Rücken trug.

Bergbauer mit Hutte – Der Alte Gimmel

Schon der Schabziger alleine hätte Z'Glunte-Änni zu einer der zelebriertesten Personen im Dorf gemacht – neben dem Herrn Pfarrer, wohl bemerkt, und vielleicht noch dem Gemeindepräsidenten. Aber da war eben noch etwas anderes, was die alte Frau über ihre Mitmenschen erhob: z'Glunten-Änni hatte „das Gesicht“. Unglücksfälle, Krankheiten und Tod, Geburten und Hochzeiten weissagte sie und in den meisten Fällen behielt sie recht. Das Merkwürdige war, dass man sie nichts fragen konnte, denn auf Wunsch „sah“ sie nichts. Ging sie aber an jemandem vorbei, dem oder der das Schicksal eine mehr oder weniger markante Änderung bringen würde, dann kam es wie eine Intuition über sie; sie fühlte, was kommen musste. Sie konnte dann der Person den Weg verweigern, indem sie dicht an sie herantrat und laut verkündete, was sie sah.

Mit der Wettervorhersage war sie besonders geschickt. Sagte sie jemandem, dass es einen kalten Januar geben werde, dann wusste es bis zum Abend das ganze Dorf: „Z'Glunten-Änni het gseeit ...“ Und dann gab es einen kalten Januar, ob man nun wollte oder nicht. Alle, denen sie begegnete, hatten ihr gegenüber ihre eigenen Gefühle, denn man wusste ja nie ... Respekt, Angst, Misstrauen – nur Liebe nicht, wie meine Mutter öfters sagte.

Es war Anfang Juni, als der Schürboden-Gottlieb im Begriff war, seinen Kartoffelacker auszusähen. Auf dem schmalen Feldweglein kam z'Glunten-Änni einher getrippelt. Der Gottlieb mit einem Sack Saatkartoffeln stand gerade auf dem Weglein, als die alte Frau stehen blieb. „Muescht dyner Härdöpfel erscht eppa in dreei Wuchi stecke“[1], sagte sie und ging ihres Weges, ohne auf eine Antwort zu warten. Der Schürboden-Gottlieb blickte ihr lange nach. Der hundertjährige Kalender sagte deutlich, das Wetter sollte gerade jetzt zum Pflanzen von Kartoffeln gut sein. Wem sollte er nun glauben? „Z'Glunten-Änni hat doch nicht immer recht. Jetzt bin ich gerade dabei, jetzt stecke ich sie.“ Als die letzte Kartoffel im Boden war, kam schon der Regen. Der Gottlieb stand im Rahmen der offenen Küchentür und freute sich über den Sturm. „Gut, dass ich nicht auf die Alte gehört habe“, murmelte er selbstzufrieden vor sich hin.

Es regnete und regnete eine Woche lang, dann noch eine zweite. Es wurde der regenreichste Juni seit Jahren. Schürboden-Gottliebs Kartoffeln waren verfault, als die Sonne endlich wieder hervorkam.

Anfang November desselben Jahres hatten wir einen sonnendurchtränkten, warmen Tag, wie ihn uns der sterbende Herbst zuweilen schenkt. Die Strässchen und Wege durch die Wiesen und Abhänge waren menschenleer, denn die Kurgäste, die sie sonst bevölkerten, waren längst abgereist. Ich glaube, sogar wir kleinen Buben fühlten, dass das Dorf wieder sich selbst zurückgegeben war. In den Gärtchen vor den Bauernhäusern halfen Kinder der Mutter bei den letzten Arbeiten, ehe

[1] Du musst deine Kartoffeln erst etwa in drei Wochen in die Erde setzen.

der Schnee alles meterhoch zudecken würde. Auf den abgeernteten Äckern sah man hier und dort eine Männergestalt mit Hacke oder Rechen nachholen, was wohl längst hätte geschehen sollen. Wir Buben spielten bei der Schaukel, als die Hausglocke in die Stille schrillte. So schnell wir konnten rannten wir über die Steintreppe des Alpengartens hinauf, begeistert über die Abwechslung.

Z'Glunten-Änni war es, die klingelte. Sie hatte bereits ihre Hutte vom Rücken genommen und zog das Tuch weg, das über dem Schabziger lag. Jetzt kam Mutter an. „Tag Änni. Ja, kannst du mir drei kleine Stöckli geben." „Grossi, grossi, bitte nid chlyni, Mammi! Grossi, gäll?"[1], zweistimmig, laut, halb weinerlich, wir beide Buben. „Jitz höret sofort uuf so blöd chääe. Wennt z'Geplärre nid sofort uufhörrt, chouff i überhoupt nüüt."[2] Wir verstummten.

„Ja Änni, so gib halt drei grosse. Verdient haben sie's nicht. Man muss sich ja vor den Leuten schämen, wenn die sich so schlecht benehmen!" „Drei grosse ist jedenfalls besser. Dieses Jahr komme ich sowieso nicht mehr. Denn nächste Woche schneits!", murmelte das Änni. „Das gibt aber einen frühen Winter", warf Mutter ein, erhielt aber keine Antwort. Mit geübter Bewegung schwang z'Änni ihre Hutte auf den Rücken, ergriff zuerst den langen, dann den kurzen Ast und holperte, tief vornübergebeugt, ihres Weges.

Am darauffolgenden Montagnachmittag sahen wir zu, wie Vater in der Waschküche einen grossen Wasserhahn abschrauben wollte. Das war lustig, weil er vor lauter Anstrengung einen knallroten Kopf bekam und trotzdem nichts erreichte: „Die dumme Röhre ist ganz verrostet." Zuletzt wurde sogar der rote Kopf langweilig und wir rannten davon.

Es war beim Frühstück am Dienstag: „Ich muss dringend nach Interlaken, den Hahn kann man nicht reparieren." „Und der Jaggi, hat der keinen in seinem Laden?", fragte Mutter. „Nein, eben nicht. Das ist ein ganz altes Model." „So spät im Jahr fährt man doch nicht mehr ins Tal hinunter. Diese Woche gibt's Schnee, hat doch z'Glunten-Änni deutlich gesagt. Du solltest nicht mehr riskieren, hinunterzufahren." „Heute schneit es jedenfalls noch nicht. Schaut doch hinaus in das prächtige Wetter."

---

1 Grosse, grosse, bitte nicht kleine, Mammi!

2 Jetzt hört sofort auf, so blöd zu jammern. Wenn das Geplärre nicht aufhört, kauf ich überhaupt nichts.

Tatsächlich schien die Sonne am wolkenlosen Himmel. Nur ganz im Westen, um den Niesen, sah man eine lange, schmale, tiefliegende Wolke.

„Bis zum Mittagessen bin ich wieder zurück." Mit diesen Worten erhob er sich, nahm den alten Hahn, den er auf dem Küchentisch liegen hatte, und einige Minuten später fuhr er auch schon unten auf der Interlakenerstrasse dem Tal zu.

Mühsam schleppten wir Buben unseren Kaninchenkäfig hinunter auf den Rasen, öffneten das Türchen und „hüteten unser Vieh". Dass die Sonne nicht mehr schien, merkten wir natürlich nicht. Als aber ein kalter Windstoss vom Niederhorn herüber blies und gleichzeitig Mutter uns ins Haus rief, da war der Himmel voll tiefhängender Wolken und die Felsen des Niederhorngrates waren bereits in Nebel gehüllt. Als Mutter hinter uns die Türe schloss, tanzten bereits die ersten Schneeflocken durch die Luft. Eine weitere halbe Stunde später fiel der Schnee in kleinen, einander dicht folgenden Flocken. „Hab ich ihm's doch deutlich gesagt, es ist zu spät um hinunter zu fahren – ich hab's doch gewusst!" Mutter war sehr ärgerlich. Wenn sie mit Vater schimpfte, hatten wir immer Mitleid mit ihm, weil er nie etwas sagte, sich nie verteidigte, einfach alles auf sich nahm.

Von Zeit zu Zeit schritt Mutter zum Balkonfenster und blickte in den undurchdringlichen Nebel hinaus. Gegen Mittag lag schon eine dicke Schneedecke auf dem Vogelbrett. Im Kachelofen brannte das erste Winterfeuer. „Durch diesen Schnee kommt er nicht mehr hoch", sagte Mutter mit Bestimmtheit, als sie wiederum hinausblickte. Die Flocken fielen senkrecht. Kein Windhauch trieb sie aus ihrer Bahn.

Endlich, um halb drei Uhr, klingelte das Telefon. „Das isch d'r Vati!", riefen wir Buben wie aus einer Kehle. Mutter hob den Hörer ab. „Ja, ich habe mir das schon längst gedacht. Was, der Vergaser? Aber der wurde doch vor vier Wochen repariert? ... Wie weit bist du gekommen? Bis zum Luegibrüggli?[1] Geh wenigstens in die Wirtschaft und trink einen warmen Kaffee ... Ja, ich schicke den Hansi sofort hinüber ... Ja, leb wohl." „Geh, zieh dich warm an, während ich ein paar Worte schreibe", befahl sie mir.

Im kalten Korridor setzte ich mich auf den Boden und zog die neuen Skischuhe an, dann warf ich die Pelerine mit der Kapuze über und

---

[1] Ausschaubrücke, ein Gasthof ungefähr auf halber Strecke zwischen Interlaken und der Waldegg.

ging hinaus ins Schneegestöber, den Zettel dem Muurehämmi zu bringen, den mir Mutter in die Hand gedrückt. Muurehämmi sass in seiner Küche nahe dem Kochherd, das „Oberländer Tagblatt“ im spärlichen Licht haltend, das noch durchs Fenster glimmerte. Ganz langsam las er den Zettel, Wort um Wort flüsternd. Dann erhob er sich. Hinter der Küchentüre hingen seine Jacke und seine Wollmütze. Ich folgte ihm in den Pferdestall, um ihm beim Anschirren zu „helfen“, obwohl ich nur bis zu der Pferde Nasenband hinaufreichte. „Ich hätte ihm schon gestern sagen können, dass es heute schneien wird“, sagte der Muurehämmi halblaut, als er vor seinen Pferden ins Freie trat und in der geradezu unheimlichen Stille ringsumher vom dichten Nebel aufgesogen wurde.

Die Zeit des Wartens schlich dahin. Ich sass am Tisch und machte Hausaufgaben; mein kleiner Bruder lag auf dem Bauch und zerstörte mit Farbstiften das weisse Zeichenpapier. Mutter strickte im Lehnsessel am Fenster. Bald erhob sie sich. „Ich sehe hier gar nichts mehr. Erst halb vier und schon so dunkel.“

Sie zündete die kleine Tischlampe auf ihrem Schreibtisch an und begann, irgendetwas zu schreiben. „Hansi, geh' und mach uns Tee. Da ist noch ein Stück Kuchen von gestern, den kannst du auch bringen.“

Es war kurz nach fünf Uhr, als eine Autohupe die Totenstille und das bereits nächtliche Dunkel durchbrach. „Zieh' dich warm an, wenn du ihnen entgegengehen willst!“ Kaum war ich bereit, rief sie: „Warte auf mich!“ „Warten, warten – auf Frauen muss man immer warten“, äffte ich in Gedanken meinen Vater nach.

Als wir hinaustraten, umfing uns die dumpfe, gewaltige Stille. Lautlos stampften wir durch den hohen Schnee. Das Licht der Strassenlampe wurde vom Nebel aufgesogen. Nur die Schneeflocken beleuchtete sie. Die fielen und fielen und fielen weiter – kamen aus dem dunklen Nichts und verschwanden wieder im dunklen Nichts. Vor der offenen Garagentür hielten wir und horchten angestrengt in die Nacht hinein. Nichts, kein Laut. „Hörst du etwas?“ „Nein, und du?“ „Doch – nein. Doch, hörst du's jetzt?“ „Ja, das tönt wie … natürlich, das ist doch das Schnauben der Pferde!“

Es schnaubte immer stärker und als Nebel und Dunkelheit sie nicht mehr verbergen konnten, tauchten sie plötzlich unmittelbar vor uns auf. Zuerst der Hämmi, dann die von Schweiss und von geschmolzenem Schnee triefenden Pferde und schließlich – wie trostlos und erniedrigend – der stolze Lancia, von zwei müden Pferden langsam durch den hohen Schnee gezogen. Zuletzt kam Vater. Er hielt sich am Verdeckbügel fest. Aber welch trauriges Bild. Sogar die Dunkelheit konnte seine Müdigkeit nicht verbergen. An seinen Beinen, die er kaum mehr zu heben vermochte, erkannten wir, dass er ganz am Ende seiner Kräfte war. Mutter versuchte, ihn zu stützen, als wir langsam unter das schwache Licht der Strassenlampe traten. Ach, wie sah er aus! Auf seinen Schultern lagen wohl zehn Zentimeter Schnee; auf dem rechten Ärmel ebenfalls. Weiss war er, weiss überall dort, wo ein paar Schneeflocken sich festhalten und ansammeln konnten.

Im Wohnzimmer rückte Mutter einen Sessel vor den Ofen, zog ihm seine Schuhe aus und hob seine Füsse auf den Ofentritt. Mit einem Taschentuch trocknete sie die nasse Stirne, dann schob sie ihm ein Kissen hinter den Kopf.

Vater hielt die vor Erschöpfung noch tiefer liegenden Augen geschlossen und liess willenlos alles mit sich geschehen. Warum schimpfte Mutter nicht mit ihm, vorhin war sie doch noch so ärgerlich gewesen? „Jetzt hole ich dir eine heisse Milch mit Honig. Das wird dir gut tun."

Sie ging in die Küche und kam gleich wieder. Die Milch musste sie schon vorher zubereitet haben. Gebannt blickte ich die beiden Gesichter an, von einem zum anderen. „Komm, trink jetzt", sagte sie mit einer Wärme in ihrer Stimme, die mir neu war, die ich nicht kannte. In dem Moment öffnete Vater die Augen. Alle Erschöpfung war aus dem lieben Gesicht verschwunden. Seine Augen leuchteten, als er sie ansah, und in das sonst immer traurige Gesicht stahl sich ein frohes Lächeln.

Und Mutter? Ach, wie sie ihn ansah! Noch nie, nicht einmal vorher hatte sie ihn mit einem solchen Glück so zärtlich angesehen. Eine Stunde später sassen wir beim Abendmahl. Da murmelte Mutter, wie zu sich selbst: „Ja, ja, z'Glunte-Änni – es het halt widder eenisch rächt gha."[1]

[1] Ja ja, das Glunten-Aenni - sie hatte halt wieder einmal recht.

Wie ich mein erstes Skirennen gewann

Ob nun der Schneesturm vom Niederhorn herunterheulte oder die Sonne schien, wir von der Waldegger Schule gingen immer auf Skiern zum Unterricht. Das Schulhaus war an einen Hang gebaut und dieser war für uns viel wichtiger als Schule und Lernen, wenigstens im Winter. Dort, an geeigneter Stelle des Steilhanges, bauten sich die Buben der Oberklasse eine Skisprungschanze und wir Knirpse für uns eine viel kleinere nicht weit davon weg.

Kaum läutete Oberlehrer Marti die Glocke, stürmten wir auch schon aus unseren alten, abgeschabten und überkritzelten Bänken und Pulten und rannten hinaus zu den Skiern, die draussen an der Steinmauer des Schulhauses lehnten. Nun begann eine fieberhafte Tätigkeit. Sämtliche Buben eilten zu den Abfahrtstellen oberhalb der Schanzen. Da fuhr der erste bereits los. Auf den Skiern kauernd kam er den steilen Abhang herunter, direkt auf die Schanze zu. Auf der Kante derselben angelangt, richtete er sich schnell auf und flog ein paar Meter durch die Luft, um entweder sicher auf seinen zwei Beinen zu landen oder in einem wirren Knäuel aus aufgewühltem Schnee, Skiern, Beinen und Armen den missglückten Versuch zu beenden.

In jeder Pause konnte einer zwei, höchstens drei Sprünge versuchen, das hing davon ab, wie schnell man wieder oben bei der Abfahrtstelle anlangte. Die vorwitzigsten Mädchen halfen beim genauen Messen der Sprünge, die anderen standen in kleinen Gruppen in der Nähe und machten abschätzige Bemerkungen über uns Buben. Wer am weitesten sprang, sorgte auch dafür, dass alle es wussten, hauptsächlich natürlich die Mädchen, und wehe dem, der zu mogeln versuchte. Schimpfworte der Bergler, ihre Flüche und Verwünschungen sind mit Grobheit mehr als gesalzen.

Unser beinahe tägliches Skispringen war eine ausgezeichnete Übung für gutes, sicheres Skifahren.

Das war wichtig für mich. Die grösseren Buben unserer Gäste betrachteten mich nur als ihresgleichen, weil ich besser Skifahren konnte als sie. Um die Feriengäste zu unterhalten, besonders die älteren Semester, die keinen Sport trieben, wurden von Zeit zu Zeit Gästeskirennen organisiert. Das war für alle eine sehr willkommene Abwechslung. Die wichtigste Veranstaltung des Winters war jedoch das Skirennen für die Dörfler, die Lokalen. Die guten Preise, meistens gestiftet von Kurgästen, zogen auch Teilnehmer von Interlaken und den umliegenden Orten an. Da das Tagesprogramm sich nicht nur auf das Skirennen beschränkte, sondern einen Slalom und am Nachmittag ein Skispringen einschloss, wurden Hunderte von Besuchern erwartet.

Das Rennen wurde für drei Kategorien veranstaltet: Senioren, Junioren und Schüler. Am Samstag, dem Tag vor dem Rennen, teilte mir mein Vater so ganz nebenbei mit, dass er mich zur Teilnahme in der Schülerkategorie angemeldet hatte. Vor lauter Aufregung konnte ich an diesem Abend lange nicht einschlafen. Trotzdem musste ich in der kalten Dämmerung um sieben Uhr früh in der „Schluecht“ sein. Vater begleitete mich.

Dort waren alle Teilnehmer versammelt. Jetzt kam der Lauenen Dölfel, der Organisator, mit einem Blatt Papier und rief alle Namen ab. „Hier!“, brüllte jeder laut. Ganz zuletzt: „Hansi Hürner.“ „Hier!“, tönte mein Stimmchen. Alles lachte und blickte in meine Richtung.

Aus einer Pappschachtel über die ein Tuch gedeckt war, musste nun jeder seine Startnummer herausfischen. Ich zog Nummer 24. Daneben verteilte ein Mann Tücher, auf welchen die jeweiligen Nummern mit grossen, schwarzen Lettern aufgemalt waren. Die Männer trugen die beiden Tuchstücke über Brust und Schulter gespannt. Bei mir Knirps jedoch sah es wie ein Hemd aus.

„Bereit zum Abmarschieren!“ Das war Lauenen Dölfis Feldwebelstimme. Jetzt beugte sich Vater zu mir herunter und sagte, leise genug, dass niemand es hören konnte: „Es ist gleichgültig, ob du der Erste oder

der Letzte sein wirst, wichtig ist nur, dass du durchhältst bis zum Ziel. Versprich mir das." Ich nickte nur. „Abmarsch!", brüllte der Adolf. Einer nach dem andern fügte sich in die lange Schlange, die jetzt über den Amisbühl und Hohwald zur Abfahrtstelle nahe der Gemmenalp hinaufmarschierte.

Natürlich kam ich mir unglaublich wichtig vor, zu den meist erwachsenen Rennfahrern zu gehören. Fachmännisch prüfte ich den Schnee. Die Kälte seit dem letzten Schneefall vor drei Tagen hatte den Pulverschnee trocken erhalten, was eine schnelle Abfahrt versprach. Warum Vati wohl meinte, ich würde nicht bis zum Ziel kommen? Merkwürdig, er wusste doch, dass ich diese Strecke schon etliche Male gefahren war.

Keiner sagte etwas, stumm wand sich die lange Menschenschlange den Berg hinan. Mit meinen kurzen Schrittchen wurde der Abstand zu meinem Vordermann immer grösser. Jetzt überholte mich jemand von hinten, dann noch einer. Alle waren sie längst oben angelangt, als ich endlich als Letzter auch nachtrippelte. Punkt zehn Uhr musste der erste Fahrer starten. Die Stelle war mit zwei Fähnchen an Stangen markiert. Dazwischen stand nun der Herr Walz mit einer Stoppuhr in der Hand und wartete. „Achtung – fertig – los!", brüllte er, weithin hörbar. Alle 30 Sekunden wurde einer auf die Fahrt geschickt. Als die Nummer 15 zwischen den Startfahnen wartete, überfiel mich auf einmal eine grosse Aufregung, die sich mit jedem neuen Starter steigerte. Als Nummer 22 dran war, wäre ich um ein Haar davongefahren. Im letzten Moment erinnerte ich mich an mein Versprechen. Trotzdem stand ich zitternd da, als der Herr Walz ruhig sagte: „So Hansi, jetz chascht gad allne zeege, wiemmä schynnet! Jetz gang[1] – Achtung, fertig, los!"

Wild fuchtelte ich mit meinen Stöcken im Schnee herum, anstatt sie ruhig zum Abstossen und zur Erhöhung der Geschwindigkeit zu benutzen. Zweihundert Meter später, beim Fahren über eine unschuldige Bodenwelle, lag ich zum ersten Mal im Schnee. Etwas später schon wieder. Durch die Waldschneise ging alles gut, dann fiel ich wieder hin und rutschte ein ganzes Stück auf der dort ausgetretenen Bahn. Dabei verlor ich einen der Stöcke. So schnell wie möglich rappelte ich mich hoch, sah den Stock weit hinten im Schnee und dachte: „Jetzt keine Zeit verlieren" – und fuhr weiter. Das war dumm, denn Stöcke sind wichtig. Daran dachte ich viel zu spät. Völlig erschöpft, am Ende meiner Kräfte,

[1] Jetzt kannst du jedem zeigen, wie man Ski fährt. Jetzt geh.

langte ich endlich beim Ahorn oben auf dem „Brief" an. Von dort sah man tief unten die grosse Menschenmenge, die sich in der „Schluecht" eingefunden hatte. Auch das bunte Zielband sah ich. Die Aufregung des Anfangs hatten Wille und Energie aufgeschluckt. Jetzt wollte ich nur noch in den Schnee liegen und schlafen. „Wichtig ist nur, dass du durchhältst bis zum Ziel, versprich mir das." Mein Zaudern hatte nur Sekunden gedauert, dann fuhr ich den Hang hinunter, immer den roten Fähnchen nach wie zuvor.

Hansi, mit Schnee bedeckt

Über und über weiss vom anklebenden Schnee, mit nur einem Stock und einer wollenen Mütze, die gerade noch am rechten Ohr hing, den Tränen nahe, fuhr ich unter Zurufen, Händeklatschen und Lachen als Letzter durchs Ziel.

Die Preisverteilung war für sechs Uhr im grossen Ballsaal des Regina Palace angesagt. Anschliessend folgte eine „Dîner Rustique", so benannt, weil Teilnehmer und Gäste im Skikostüm erscheinen mussten.

Danach kam der bekannte Skiball der Saison. Wenigstens bei der Preisverteilung durfte ich dabei sein. „Fürs Dîner wird's viel zu spät – du gehst zu Bett", hatte Mutter entschieden.

Auf dem Podium des Orchesters stand der Lauenen Adolf. Er hielt eine kurze Ansprache und deutete auf den Tisch neben sich, auf dem eine grosse Zahl silberner Becher und Pokale nebst Paketen und sonstigem Zeug lagen. Mit tosendem Beifall wurden die Skifahrer belohnt, auch die zweiten und dritten. Es wartete eine lange Reihe von Preisberechtigten, der Beifall wurde immer geringer. An meinen Vater gelehnt, schlief ich beinahe ein. „Wann gehen wir heim?" „Wart noch, es ist gleich fertig, dann gehen wir." Wie aus der Ferne hörte ich plötzlich: „Sieger in der Schülerkategorie ist der Hansi Hürner."

Plötzlich hellwach sah ich meinen Vater an. Dieser zog mich vom Stuhl und schob mich nach vorne. „Geh doch, geh!" Der Lauenen Dölfi schüttelte mir die Hand. In meine Linke legte er das letzte Päckchen, das auf dem Tisch lag. Laut tönte der Applaus durch den hell erleuchteten Saal. Der Zurufe gab es viele und des gutmütigen Lachens ebenfalls. Als ich bei unserem Tisch anlangte, hörte ich den Mann nebenan zu seinem Freund sagen: „Der Bub war eben der einzige seiner Kategorie." Und dann lachten sie beide auch.

Z'Alte Huus

Ich war zur Akropolis hochgestiegen, zu diesem einmaligen Bauwerk zuoberst auf der Bergkuppe. In tiefster Bewunderung schritt ich von Säule zu Säule und staunte, ergriffen von Ehrfurcht. Ein Haus, gebaut zum Lobe überirdischer Gewalten, erschaffen von Göttergeist mit Menschenhänden.

Dann stehe ich vor dem uralten Bauernhaus, wie es derer im Oberland nur noch wenige gibt. Gebaut mit dicken, schweren Tannenbalken, von Hand gesägt und mit der Axt zugehauen, jeder einzelne von ihnen. Jetzt sind sie schwarzgebrannt vom Gang der Zeiten. Vier dicke Wände und darüber zwei mächtige Flächen Dach, wohl die schlichteste aller Formen, aus dem Umkreis herausgewachsen, wie es der Künstler will. Nicht als Tempel zu Ehren der Gottheit – nein, im Gegenteil, als einfachste Behausung für die einfachsten Menschen. Keine Lobgesänge, die aus tausend Kehlen zum Himmel steigen, sondern still getragene Not und Leid, Schmerzen, ein bisschen Freude und viel, viel Erdulden. So etwa tönte die Melodie der Generationen, die das Haus wie eine Gebärmutter dem Dorfe schenkte. Diese Melodie fordert geradezu Ehrfurcht, Ehrfurcht vor der dumpfen Schwere der Töne.

Z'Alte Huus, wie jeder es nannte, gehörte wie das Chalet Eiger und weitere kleine Aussengebäude zum Hotel. Sein First ragte weit über die Hauswand hinaus, so weit, dass die beiden Balkone im ersten und zweiten Stock, die der ganzen Breite des Hauses entlangliefen, überdacht waren. Im obersten Balken, dicht unter dem First, war die Jahreszahl 1732 tief ins Holz gehauen. Es ist nur deshalb so alt und ehrwürdig geworden, weil es gewusst hat, dass man sich dem Wandel der Zeiten anpassen muss, wenn man überleben will. Der, der es errichtet hatte, musste ein Vorbild für seine Mitmenschen gewesen sein. Nichts am ganzen Haus war kleinlich oder klein. Ein riesengrosses Dach, mit Schindeln gedeckt, die von grossen Steinen niedergehalten wurden, bot allem, was beschützt werden musste, Schutz und Schirm. Mensch und Tier lebten unter ein und demselben Dach, wohl fühlend, wie sehr sie einander brauchten und auf Gedeih und Verderb voneinander abhängig waren, um die langen, harten Wintermonate zu überleben. Warm und geräumig waren die Ställe. Die Hühner gackerten den ganzen Tag im grossen Holzschuppen herum, geschützt vor Sturm, Kälte und Schneegestöber, auch dann, wenn alle Wege tief verschneit waren und jedes Haus eine in sich geschlossene, kleine Welt wurde. Von der Küche im ersten Stock führte eine Tür direkt in die grosse Tenne hinein. Von dort konnte der Bauer seine Tiere unten im Stall füttern, indem er ihnen das Heu durch Luken in die Krippen hinunterstiess.

Das Alte Huus mit einigen Angestellten

Im Erdgeschoss, ans Strässchen anschliessend, war der Vorplatz, eine ausgeebnete Fläche. So musste es sein, denn dort befand sich der grosse Wagenschuppen mit den beiden mächtigen Flügeltoren. Da standen die zweirädrigen Bennen,[1] der grosse, solide gebaute Brücken-

[1] Vom französischen "benne" – eine Mulde oder ein Container

wagen und sonstiges Gerät. Um das Jahr 1840 herum führte eine Strasse in unzähligen Windungen von Interlaken hinauf auf den Berg. Nur gutgebaute Wagen konnten den Steinen und Löchern standhalten, denn was damals Strasse genannt wurde, ähnelte viel eher einem breiten Saumpfad. Trotzdem, es war eine erste, zaghafte Fühlungnahme mit den Gütern der grossen Welt, die dem Bergdorf tröpfchenweise diese und jene Annehmlichkeit brachte. Anschliessend an den Wagenschuppen um zwei Treppenstufen erhöht, betrat man die geräumige Werkzeugkammer. Auch Pferdegeschirr und Kuhglocken waren dort zuhause. Die Werkzeugkammer bildete gleichzeitig die Ecke, die die beträchtliche Breite des Gebäudes abschloss.

Als in der zweiten Hälfte des 19. Jahrhunderts auf der gegenüberliegenden Seite des Strässchens der Bau des Hotels begann, erhielt z'Alte Huus einen neuen Besitzer, meine Grossmutter. Geräte und Wagen wurden verkauft. An ihrer Stelle standen auf einmal Landauer und Chaisen.[1] In den einstigen Geräteraum neben dem Schuppen wurden Betten gestellt; dort übernachteten nun die Kutscher, die die russischen Gäste von Interlaken herauf brachten. Niemand hatte Zeit, sich um Kühe zu kümmern, daher standen nun Pferde in den alten Verschlägen.

Die Stuben mit ihren tief ausgetretenen, unebenen Tannenböden, niedrigen Decken und kleinen Fensterchen waren Bauernstuben, wie man sie landauf, landab überall antraf. Nun aber wurden Betten hineingestellt und so wurden sie zu Schlafzimmern. Das im zweiten Stock ist mir in besonderer Erinnerung geblieben. Da stand ein Himmelbett mit vier Pfosten, jeder so dick wie eine zehnjährige Linde. Breite, gehäkelte Bänder verzierten den „Himmel“ oben und die stets zurückgeschlagenen weissen Vorhänge liessen freie Sicht auf das riesige Duvet und die beiden aufeinanderliegenden Kopfkissen.

Es war Onkel Emil, der uns eine Geschichte von diesem Himmelbett erzählte. Dieser Onkel Emil war das jüngste der fünf Kinder unserer Grossmutter. Er besuchte uns nur deshalb, weil er wusste, dass meine Mutter ihn nicht leiden mochte. Er lachte viel und spottete so ziemlich über alles und jeden. Zuweilen erzählte er uns Geschichten aus seinem interessanten Leben unten in der Stadt. „Der Emil hat euch das erzählt? Dem müsst ihr nichts glauben. Dä würd o ringer öppis schaffe, dö Nüütnuzt!“[2] Nein, sie liebte ihn nicht, unsere Mutter, und das wussten

---

1 Vier- und zweirädrige Kutschen

2 Der würde besser daran tun etwas zu arbeiten, der Nichtsnutz.

wir. Deshalb glaubten wir ihm diese oder jene Geschichte aber trotzdem. „Das Himmelbett? Jenes im Alten Haus?“, fragte Onkel Emil. „Ja, über das im Alten Huus weiss ich eine schöne Geschichte. Wollt ihr sie hören?“ „Ja, ja, natürlich!“ „Kommt, wir setzen uns hier auf den Rasen: Also, das Himmelbett in der Stube oben, das ist ein ganz besonderes Bett. Vor ein paar Jahren lebte in Jerusalem ein ganz grosser König. Die ganze Welt kannte ihn. Er war sehr, sehr reich und lebte in einem grossen Palast mit vielen, vielen Bediensteten.“ „Und wie hiess der König?“ „Das war der König Salomo. Vielleicht hat eure Grossmutter schon etwas von ihm erzählt? Auf jeden Fall, in einem grossen Land, mitten in der Wüste lebte die Königin von Saba. Viel Gutes hatte sie schon von diesem König Salomo gehört und weil sie sich meistens langweilte in ihrem grossen, heissen Reich, beschloss sie, ihm einen Besuch abzustatten. Ihre schönsten Kamele liess sie mit kostbaren Teppichen decken und begab sich mit ihrem Gefolge auf die lange Reise. Nach vielen Wochen hielt die schöne Königin Einzug in Jerusalem. König Salomo war glücklich über den Besuch und gab viele Feste zu Ehren von Königin Saba. Als sie wieder abreisen wollte, sagte König Salomo: ‚Meine liebe Saba, weil wir uns so gut verstehen, schlage ich vor, dass wir zusammen einige Wochen Ferien machen, ehe du wieder in dein Reich zurückgehst.‘

So kamen König Salomo und die Königin von Saba zu uns nach Beatenberg und eure Grossmutter gab ihnen eben dieses Himmelbett im Alten Huus. Als die beiden berühmten Gäste am gleichen Tag im Park spazieren gingen, sah mich König Salomo. ‚Du gefällst mir‘, sagte der König. ‚Ich ernenne dich hiermit zu unserem Leibdiener.‘

Von da weg musste ich den beiden jeden Morgen Punkt neun Uhr zwei grosse Portionen Birchermüesli mit frischer Sahne und Honig ans Himmelbett im Alten Huus bringen.“

Die Geschichte konnte natürlich nicht wahr sein. Jeden Sonntag zum Nachtessen gab es bei uns Birchermüesli mit Knoblauchbrot. Zum Nachtessen! Wie konnte also jemand, König Salomo hin oder her, Birchermüesli zum Frühstück haben? Aber trotzdem, bei Onkel Emil wusste man halt nie ...

Grossmutter wollte Schweine. „Kleine Ferkel zum Grossziehen“, meinte sie. „Die vielen Küchenabfälle müssen gewinnbringend verwendet werden.“ Kurz darauf erhielten also die Droschkengäule lustige Gesellschaft. So wurde z’Alte Huus Schritt um Schritt der neuen Zeit angepasst. Da, wo früher die Tiere getränkt wurden, entstand die grosse

Waschküche. Daran anschliessend, mit dicken Wänden isoliert, der Eisraum, in dem das Eis, das man im Winter am grossen Eisgalgen hatte gefrieren lassen, gut isoliert verstaut wurde. Was immer mit dem Alten Huus geschah, nie verlor es seine Würde und Selbstsicherheit.

Eisgalgen vor dem Alten Huus, daneben Martin und Hans

Der erste Weltkrieg jedoch, der schien seine Selbstachtung zu erschüttern. Eines Tages wurden die schönen alten Betten auseinandergenommen und hinten in der Tenne in einem Holzverschlag aufbewahrt. Die Regierung füllte die leer stehenden Berghotels mit französischen Internierten und so bekamen auch wir unseren Teil. Die Schlafzimmer wurden mit Feldbetten gefüllt, eins neben dem andern. „Viel mehr als die Verzugszinse unserer Schulden konnten wir von dem Geld nicht bezahlen. Mit Leuten, die kein Geld haben, kann man kein Geld verdienen", erklärte Grossmutter wegwerfend.

In der russgeschwärzten Küche kochten die Franzosen ihren Café au lait. Die Kupferpfannen hingen dort an rostigen Haken und sehnten sich danach, gebraucht zu werden – seit Jahrzehnten. „Dann war das keine so schlimme Zeit", stellte Onkel Max aus Bern anlässlich eines seiner seltenen Besuche fest. „Was nicht schlimm? Natürlich war es schlimm", protestierte Grossmutter geradezu aufgeregt. „Frech waren sie, diese Franzosen! Ihre Unterhosen und Stinksocken hingen sie zum Trocknen über das Geländer vom Alten Huus. Voller Löcher waren sie auch. Hat das ausgesehen! Wie ein Hinterhof an der Place Pigalle in Paris!" „Aber wo hätten sie denn sonst ihre Wäsche aufhängen sollen? Irgendwo mussten sie das doch tun?", fragte Onkel Max. „Unten auf dem Rasen, dort wo ich ein langes Seil hatte spannen lassen. ‚Oui, Madame, natürlich Madame, wir verstehen, Madame.' Eine Sprache so ölig wie Sardinen – das Seil blieb leer. Dafür kicherten sie hinter meinem Rücken, die Halunken."

Erhaben über allen Kleinkram erwies sich z'Alte Huus trotz allem. In stoischer, uralter Ruhe erklärte es: „Alles geht vorüber, alles. Wahre Würde ist etwas Innerliches und lässt sich nicht von unwichtigen Äusserlichkeiten erschüttern." Es behielt recht. Alles ging vorüber und eines Tages wurden die Betten aus dem Verschlag geholt und an genau denselben Stellen wieder aufgerichtet, an denen sie früher gestanden hatten. Betten? Ja, Betten waren das. Heute hat man keine Betten mehr, nur noch etwas, um darauf zu liegen und sich zuzudecken, dem Menschen unwürdig. Damals waren es geschnitzte Kopf- und Fussenden, Untermatratze, Mittel- und Obermatratze, dazwischen ein Keilkissen, Unterleintuch, Oberleintuch und eine Wolldecke oder zwei. Dann kamen Duvet, und natürlich die grossen, weichen Kopfkissen aus Daunen. Das Gefühl, in dieser wattigen Weichheit zu versinken und sich von ihrer Wärme umschmiegen zu lassen, wenn draussen der Schneesturm vom Niederhorn herunterheult, ist eine Lust, die man selbst erfahren haben muss, um zu erfahren, was ein Heim wirklich bedeutet.

Das Ende des nutzlosen Krieges brachte die lähmenden Geburtswehen der Nachkriegszeit und ihre Sorgen. Grossmutter sass immer öfter und länger auf ihrem Bänkli unter dem Lindenbaum, jetzt aber zwischen den beiden Enkeln. Nie wurden wir ihrer Geschichten müde, auch wenn sie sich des Öfteren wiederholten. Heute weiss ich, dass es ihre Liebe war, deren Wärme uns an ihrer Seite festhielt.

Während Grossmutter uns hinderte, Dummheiten anzustellen, machte Vater an die dreissig lange Blumenkisten am Geländer des Alten Huus fest. Bald leuchteten kindskopfgrosse Geranienblüten den ganzen Sommer hindurch, die sich gar malerisch vom schwarzgebrannten Hintergrund abhoben. Nun blieben die Leute stehen, zückten ihre Fotoapparate mit den neuen Farbfilmen. Die einen waren voll lauten Lobes, die andern voll stiller Bewunderung. Ganz heimlich lächelte z'Alte Huus vor sich hin, stolz wie nie zuvor in seinem langen Leben. So scheinen auch die Grossen ihre kleinen Eitelkeiten zu haben – jene, die wir als über uns erhaben wähnen.

Ein Mittelpunkt für unsere Spiele blieb z'Alte Huus allemal. Es war voll geheimer Ecken und Winkel, die es zu erforschen gab. Da lehnte die alte, pechschwarze Leiter mit den fehlenden Sprossen an der Wand zum zweiten Stock. Meine Kleider waren schwarz von Russ und Fett, als ich endlich auf die oberste Sprosse geklettert war. Nun galt es, das Türchen zu öffnen, das kein Schloss zu haben schien. So entdeckte ich das Himmelreich! Es war der Estrich, angefüllt mit allem, was Menschenfantasie sich ausdenken kann. Reisekoffer über Reisekoffer, teils verschlossen, teils mit herausquellendem Inhalt, alles schwarz von jahrzehntealtem Staub. Alles, was Gäste liegen liessen oder bei ihrer Abreise vergassen, alles, was sie für die Ferien im nächsten Jahr hier aufbewahrten und dann doch nie mehr kamen, das lag, von aller Welt vergessen, hier vor meinen gierigen Bubenaugen. Wenige der Lederkoffer mit den vielen Hoteletiketten waren verschlossen. Kleider, Schuhe, Bücher, Spielsachen für Kinder, kurz alles, was Menschen mit in die Ferien nehmen, lag hier beisammen. Dazu kamen all die Dinge, die man nicht mehr brauchen kann und doch noch nicht wegschmeissen will – man weiss ja nie!

Ausgesprochen befriedigend war ein weiterer Umstand. Das Kinderfräulein dieses Sommers war nicht besonders nett, jedenfalls mochten wir Buben sie nicht. Und die Leiter mit den fehlenden Sprossen, die schaffte sie nicht.

* * *

An diesem Nachmittag, als alles der Mittagsruhe pflegte, verschwand auf geheimnisvolle Weise die Leiter, die der Portier täglich benutzen musste, um die Glühbirnen zu ersetzen. Weg war sie und alles Suchen zwecklos. Niemand konnte wissen, dass sie im zweiten Stock vom Alten Huus an der Wand lehnte und uns Buben einen „sauberen" Aufstieg ins Himmelreich bot. Rechts von der Stelle, an der die Leiter stand, gab es noch eine weitere kleine Tür. Zwei Haken und eine Kette schlossen sie. Sie führte in einen langen, dreieckigen Raum gleich unter dem Dach. Dunkel war er, dieser Raum, denn er hatte nur eine kleine, nicht verglaste Luke ganz vorne in der Holzwand. Der Duft von tausend Kräutern schlug einem entgegen, alle auf Zeitungen zum Trocknen ausgebreitet. Das waren teilweise Wurzeln, teils Blätter, teils Blüten, die Vater zusammen mit Gästen und uns Buben im Laufe des Sommers oben auf den Alpwiesen und in den Felsbändern der Niederhornkette zusammengesucht hatte.

Damals gab es noch keinen richtigen Arzt im Dorf. Oft, im Laufe des Jahres, kam eine besorgte Bauernfrau und verlangte nach meiner Mutter. „Nyt fer ungüet, aber üüse chlyn Chrischte schyyst set fyf Täg numme Wasser. I ha welle fräge, ob Jer eppes hättit?“[1] Das nächste Mal waren es Bauchweh oder eine Infektion oder ein verstauchter Fuss. „Nichts kann den Körper befallen, sei es eine Krankheit oder sonstige Störung seiner Funktion, für dessen Genesen die Natur nicht irgendwo die heilende Substanz wachsen lässt. Das Geheimnis liegt im Wissen darum“, pflegte Mutter oft zu sagen. Meine Eltern kannten viele dieser Pflanzen, die Mannigfaltigkeit all dessen, was in dem dreieckigen Raum vor uns ausgebreitet lag, zeugte davon.

Vater war ein grosser Vogelfreund – Katzen mochte er nicht. Folglich mochten wir Buben sie auch nicht. Verführt der Teufel auch Kinder oder sind es kleine Engel in ihren Flegeljahren? Jedenfalls sperrten wir eine Katze in einen Korb mit Deckel, verlangten von Mutter eine lange Schnur, kletterten damit auf die Linde und über deren Ast aufs Dach vom Alten Huus. Bis an die äusserste Spitze des Firsts trugen wir unsere Beute. Dort banden wir die Schnur an den Henkel des Korbes und, auf dem Bauch liegend, den Korb bereits über dem Abgrund, nahmen wir den Deckel ab. Jetzt senkte sich der Korb immer tiefer und tiefer. Einige Meter über dem Boden begann ich mit rhythmischen Pendelbewegungen, immer weiter ausholend, weiter und weiter. Schon beschrieb der Korb einen Halbkreis, weiter, weiter, bis – begleitet vom jubelnden Gekreisch aus zwei Bubenkehlen – der Korb einen riesigen Kreis beschrieb mit der Giebelspitze vom Alten Huus als Mittelpunkt. Die Katze lag bewegungslos unten im Körbchen.

Jetzt kam der ganz grosse Moment. Im richtigen Augenblick liess ich die Schnur fahren. In weitem Bogen flog der Korb davon, über den Zaun und die Haselnusshecke und landete auf Muurehämis Misthaufen. Wie der Blitz verschwand die Katze im Loch unter dem Tennentor.

Es war ein glorreiches Spiel, leider von allzu kurzer Dauer, denn wir fanden auf einmal keine Katzen mehr. Dabei war mein kleiner Bruder ein Spezialist. Ich hörte ihn von Weitem: „Chumm Busbusbusbus, chumm Busbusbusbus chum.“ Schliesslich kam er mit leeren Armen

[1] Nichts für ungut, aber unser kleiner Christoff scheisst seit fünf Tagen nur noch Wasser. Ich wollte fragen, ob Ihr etwas hättet?

zurück. „Ke Chatz. Sie alli wägg." Bis zum heutigen Tag sind mir Katzen gerade lieb genug für Muurehämmis Misthaufen.

Die Geranien, die einen ganzen Sommer hindurch geleuchtet und die Menschen erfreut hatten, verloren Blütenblatt um Blütenblatt. Die Gäste waren abgereist. Abweisend, unfreundlich sah das Hotel aus, mit all seinen geschlossenen Fensterläden. Es war wieder einmal Herbst geworden. Wie das Hotel verdiente auch z'Alte Huus seinen Winterschlaf. So wenigstens dachte, wer es nicht besser wusste. Im tiefsten Innern seines Seins barg das Haus ein Geheimnis, das es nur um diese Herbstzeit herum preisgab. Zeit zum Schlafen gab es nicht. Es erging ihm fast so, wie jenem König, den die Leute für einen Bettler hielten; es offenbarte sich nur den Wenigen, den Erwählten; jenen die wussten, dass die wahren Werte im Unsichtbaren liegen.

Es begann alles damit, dass Vater eines Montagmorgens beim Frühstück sagte: „Am Donnerstag kommt der Gafner von der Lauenen unten." Das war der Vater Christians, des Skilehrers, und er wurde überall dorthin gerufen, wo es Tiere zu schlachten gab. Während Wochen lagen unsere beiden Schweine fett und faul im warmen Gehege drüben im Alten Huus. Seit das Hotel geschlossen war, musste Vater das Schweinefutter im Ofen der Waschküche kochen. Das hatte eine lange Reihe von Nachteilen, hauptsächlich denjenigen, dass er es nicht gerne tat.

Die eine Sau hiess Gretä, die andere Kellä. Früher, als die beiden noch nicht so mistfaul herumlagen, liebte ich die Gretä, weil sie mich immer einige Sekunden länger auf ihrem Rücken reiten liess. Bei der Kellä, der Elenden, da flog ich immer gleich sofort in hohem Bogen ins Gras. Als Trost für den Verlust einstiger Freunde wurde mir das Schwänzchen der Gretä versprochen. Da wurde der Todesfall zur Vorfreude: „D'Metzgete!" Ich will nicht als Gotteslästerer verschrien werden, aber fragen darf man trotzdem: Was wird der Bergbauer antworten, was ihm lieber sei, auf was er sich mehr freue, auf das heilige Weihnachtsfest, oder auf seine „Metzgete?" Wie dem auch sei, der Schlachttag der Schweine war für jeden Bauernhof ein besonderer Tag, vielerorts ein Ehrentag für die Bäuerin. Sie war es, die die Schweine von klein auf gefüttert hatte. Ihrem Wissen war es zu verdanken, wenn die Tiere gross und schwer waren, ohne zu viel Fett, hauptsächlich unten an den Speckseiten. Zu fette Nahrung, zu wenig Bewegung und auf einmal war nur noch Fett am Tier.

Nun wurde unsere Waschküche weitgehend ausgeräumt, Tische wurden herbeigetragen, grosse Kochtöpfe aus der Hotelküche und Tröge aus Holz, Fässer und Fleischbretter, Messer und ganz zuletzt kam die Königin der Metzgete, die Wurstmaschine. In einem der Fässer, das einst Wein enthalten hatte, machte Vater die „Beize", die Lauge, zurecht, die zum Pökeln verschiedener Fleischstücke dienen würde. Oben im Trockenraum holte er die verschiedenen Kräuter, die er dazu brauchte. Dass das Türchen des Raumes offen stand, teilte sich der ganzen Gegend mit, so stark war die Duftwelle, die sich plötzlich im sonnigen Herbsttag verflüchtigte. Die Kräuter, zusammen mit viel Muskat und Koriander, wurden gekocht und dann über Stunden „geköcherlt", bis die Beize stark genug war. Ganz zuletzt erst fügte Vater grobes Meersalz dazu. „Hansi, jetzt gehst du zu Frau Bhend und sagst ihr einen schönen Gruss von mir und ob sie am Donnerstag zur Metzg kommen wollen. Vreni soll auch gleich kommen, das wird ihr Freude machen. Ich habe sie die ganze letzte Woche nicht gesehen."

Also begab ich mich auf den langen Weg bis fast nach Habkern,[1] denn die Fluhhalde war nicht weit davon entfernt. Vreni traf ich ganz oben an der Halde nahe beim Felsen. Dort zettete sie Mist. Denn was im Herbst gemacht wurde, war im Frühling getan. Ihr Freund, der Gafner Fritz, hatte früh an diesem Morgen den Mist bis oben an den Waldrand getragen, viele Hutten voll. „Oh ja, ich werde schon kommen und die Vreni auch", sagte Frau Bhend, als ich sie nahe des Hauses traf. „Und schönen Gruss der Mutter."

Als am Donnerstag früh die Glocke läutete, rannte ich zur Tür. „Jer settet inhi cho fir nes Tassli Gaffee, het dr Vatter gseeit!"[2] Mit diesen Worten öffnete ich für den Adolf Gafner.

Später, als die Männer sich erhoben, rutschten wir Buben auch schnell von den Stühlen. „Ihr bleibt hier, bis ihr geholt werdet", entschied Mutter. Enttäuscht blickten wir zu Vater um Hilfe. Dieser drehte sich um: „Es ist nicht gut für kleine Buben zu sehen, wie Tiere getötet werden. Wenn sie tot sind, hole ich Euch." Jetzt klopfte es und Vreni trat ein. „Mutter ist schon in der Waschküche", rief sie. Sie erhielt ein Stück Brot mit Butter und Konfitüre, dazu eine Tasse Milch und erst als sie damit fertig war, folgten wir alle der Mutter. Diese hatte ein Kopf-

[1] Ein benachbartes Bergdorf östlich vom Beatenberg
[2] Ihr sollt herein kommen zu einer Tasse Kaffee, hat der Vater gesagt.

tuch umgelegt und eine grosse, weisse Schürze. So hatte ich sie noch nie gesehen.

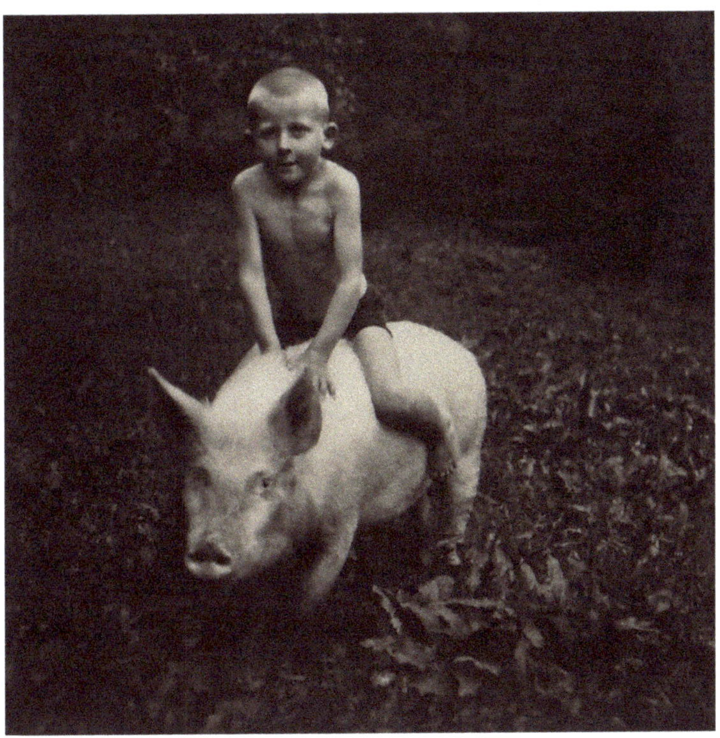

Die Gretä und die Kellä lagen beide in zwei grossen Holztrögen, fett und faul, schlafend wie zuvor. So schien es wenigstens. Als die beiden noch Ferkel waren, spielten wir mit ihnen, hatten sie richtig lieb. Jetzt, gross und schwer, hatte ich keine Beziehung mehr zu den Tieren. Ihr Tod bedeutete mir nichts. Frau Bhend goss kochendes Wasser über Gretä, gleich danach schabte Vater die Borsten weg, während der Lauenendölfi einen Flaschenzug im Lindenbaum oben befestigte. Bald darauf hing Gretä an zwei Hinterbeinen, sachte hin und her baumelnd. Als Lauenendölfi mit sicherem Schnitt das Tier von oben bis unten geöffnet hatte, quoll der ganze Inhalt herunter als wäre ein Kofferdeckel aufgesprungen.

Jetzt begann geschäftiges Treiben. Der Lauenendölfi teilte Gretä in zwei Hälften, indem er sie dem Rückgrat entlang durchsägte. Stück um

Stück brachte er den Frauen. Diese schnitten zuerst das überflüssige Fett weg und warfen es in einen dazu bereitstehenden Kübel. Im Fass, das die Beize enthielt, platschte es von Zeit zu Zeit, wenn ein Eisbein oder sonst ein besonderes Stück zielsicher hineingeworfen wurde. Schinken und Speckseiten wurden in einen besonderen Kübel gegeben. So wurde jedes einzelne der verschiedenen Fleischstücke zu besonderer Behandlung aussortiert. Während der kleine Berg Wurstfleisch zwischen den beiden Frauen immer grösser wurde, begann Vater mit dem Waschen und Kochen der Därme.

Wie nicht anders zu erwarten, waren wir überall im Wege. „Achtung, weg“, tönte es in regelmässigen Abständen. „Jetzt ist der schon wieder unter meinen Füssen.“ Und: „Warum musst du immer gerade da stehen, wo ich durchgehen muss?“

Das ging so lange, bis mein Bruder den Kübel mit den Rosinen entdeckte. Die wurden für die Leberwurst gebraucht. Nun hatten wir unsere Beschäftigung und für lange Zeit herrschte Frieden.

„Wo sind die Buben? Warum ist alles so still?“, fragte Mutter. Frau Bhend drehte sich um und sah uns. „Da, gleich hinter euch“, sagte sie, zu Mutter gewandt. Ich schlüpfte mit knapper Not gerade noch unter der Hand durch, die nach meinen Haaren gegriffen hatte ...

Inzwischen hatte Vater die Wurstmaschine aufgestellt. Mit einem kleinen, blauen Heft, dem Wurstrezeptbuch, in der Hand machte er sich verschiedene Kräuter und Gewürze bereit.

„Hansi, komm sofort zurück. Hackfleisch drehen!“ Das war natürlich Mutters Stimme. Keine leichte Arbeit. Dabei wusste ich doch vom vergangenen Jahr ganz genau, wann der richtige Moment zum Verschwinden gekommen war. Ich brauchte zuweilen meine ganze Kraft, um mit beiden Händen die Kurbel zu drehen. „Mami, ich bin müde!“ „Was müde, müde vom Rosinen stehlen? Mach’ ruhig weiter.“ Ich drehte und drehte und Vater begann, die Gewürze unter das bereits gehackte Fleisch zu mischen. „Mami, ich bin jetzt müde!“ „Wer so viele Rosinen gestohlen hat, der hat auch die Kraft zum Arbeiten. Weitermachen!“ „Aber der Martineli, der hat auch gegessen!“ „Du hast es ihm vorgemacht. Los, drehen!“

Vater machte sich mit der Waage zu schaffen. „Vier Kilo Hackfleisch vom Hals, das ist genug für die Bergwurst“, sagte er zu den Frauen gewandt.

Jägerwurst, Bratwurst, Blutwurst, Leberwurst, eine Sorte nach der anderen wurde zubereitet, gemischt, abgewogen und zum „Ziehen" stehen gelassen, ehe das Abfüllen in die Därme begann. Der grösste Berg Hackfleisch war für die Stähliwurst bestimmt. Die kam ganz zuletzt dran, sozusagen als Krönung der Wurstfeierlichkeiten.

Grossmutter war eine „Stähli" aus Oberhofen, unten am See. Ihr Grossvater war der Urheber des Rezeptes einer Wurst, wie ich sie seither nirgends mehr gegessen habe. Ich erinnere mich noch, wie sehr wir uns immer darauf freuten, wenn Mutter sagte: „Morn gits Stähliwurscht. Stähliwurscht mit Rööschti u Öpfelpüree." Daran hätten wir uns krank essen können, Vater mit schlechtem Beispiel gleich voran, hätte Mutter nicht energisch die Platten weggenommen. „Schluss jetz. Di Frässereei isch eeifach unmoralisch."

So kam das Rezept zu meinem Vater, eine lange Reise für ein Stück Papier aus dem achtzehnten Jahrhundert. „Viel anderes war da auch nicht zu erben gewesen", hörte ich einmal meine Mutter murmeln. Nun, für mich war das bereits genug. Wohl auch für Vater. Solch liebe Gedanken werden nur wenigen Ururgrossvätern nachgesandt.

Langsam wurde der Fleischberg auf den Tischen kleiner, dafür waren die Fässer und Tröge, Körbe und Kübel voll. Die langen Stähliwürste füllten allein einen der Holzkübel.

Jetzt aber kam der ganz grosse Moment im Leben des Alten Huus, jener Augenblick, in welchem wir diesem Haus aus vollem Herzen dankbar waren, wenigstens mein Vater und ich. Die Schinken und Schultern, die Speckseiten und alle Würste und sonst noch einige besondere Stücke wurden in die Küche, in diese verrusste, alte Küche des Alten Huus getragen.

Nun gab z'Alte Huus sein Geheimnis preis, offenbarte seine Seele: Lehnte man nämlich eine lange Leiter an die Wand hinter dem uralten Kochherd, so wurde man mit Staunen gewahr, dass dort ein mächtiger Rauchfang, sich nach oben verjüngend, mit vielen Querstangen versehen, eingebaut war, eine grosse Anlage für das Räuchern von Fleisch. Die Fleischstücke wurden mit eisernen Haken versehen. Eins ums andere reichte Frau Bhend meinem Vater, der ganz oben auf der Leiter stand und sie an die Querstangen hängte. Ganz zuletzt kamen die Würste an die Reihe, die in langen Schleifen wie Girlanden im Kamin hingen.

Es ging gegen vier Uhr, als Vater das Feuer im Kochherd anfachte. Als die gut getrockneten Tannenscheiter brannten, legte Vater noch grüne, ungetrocknete Lärchenscheiter nach. Diese entwickelten einen dicken, grünlichen Rauch, der sich ballend hochrollte. Der Rauch des Lärchenholzes hat ein ganz besonderes Aroma und weil dieses Holz noch grün war, konnte der Rauch nicht heiss sein, wenigstens so lange nicht, wie das Scheit noch nicht brannte.

Fleisch räuchern ist eine Kunst: Mit der richtigen Holzart nicht zu lange, nicht zu kurz und hauptsächlich nicht zu warm. Wer noch nie einen Schinken gegessen hat, der im Bauernhaus kunstgerecht geräuchert worden ist, der hat noch nicht wirklich gelebt, dem haben die Götter eine gewaltige Erfahrung, eines der Meisterstücke ihrer Schöpfung vorenthalten!

Zum Abendbrot gab es natürlich Schlachtplatte. „Natürlich“, sage ich. Ein Schlachttag ohne das feierliche Auftragen der Schlachtplatte wäre undenkbar, wäre wie ein Männerchor im Stummfilm; man sieht, dass gesungen wird, hört aber keinen Ton. Nun, die Schlachtplatte ist die fröhliche Melodie des Schlachttages. Wohl auch die älteste aller Traditionen. Sie geht zurück auf den ersten Mann, der das erste Schwein geschlachtet hat und den Tag feierte. Später, viel später haben die Indianer die Kartoffeln dazu geliefert. Schliesslich kam der bedeutendste und vor allem der friedlichste Beitrag der Deutschen zur europäischen Kultur: Sie fügten der Schlachtplatte das Sauerkraut bei.

Denke ich ans Alte Huus, dann wird mir warm ums Herz, auch noch heute, nach all den vielen Jahrzehnten. Ich liebe das uralte Wesen nicht nur um all dessen, was ich dort erlebt habe, sondern um seiner selbst willen. Das weit ausholende Vordach, wie eine Bruthenne alles beschützend, was darunter leibt und lebt, die schwarzgebrannten Balken, die blühenden Geranien und alles, einfach alles, was es durch die Jahrhunderte getragen und erfahren hat durch Wetter, durch Launen des Zeitgeschehens und der Menschen.

Z'Alte Huus hat kräftig mitgeholfen an all den sonnigen Erinnerungen meiner Kinderjahre. Immer war es bereit, uns Raum für Abwechslung, für Spiel und Unfug zu geben – es hat uns niemals enttäuscht und immer wieder wie eine Urgrossmutter mit seinen sonnendurchwärmten Holzwänden schützend umfangen.

Für mich hat das liebe Wesen einen Geist, dem ich Ehrfurcht und Dankbarkeit schulde.

Edelweiss

Jedermann weiss, wie ein Edelweiss ausschaut, alle können das einfachste und bescheidenste aller Blümchen beschreiben. Man sieht es auf Hosenträgern und Hütchen, auf Jacken und Westen, auf Hemden und kitschigen Andenken, gestickt, gehäkelt, gemalt und aufgedruckt. Es ist zum Symbol der Alpen geworden; zum Lockruf in eine Welt, die es fast nur noch in Hotelprospekten gibt. Doch wie viele Menschen haben je ein richtiges Edelweiss gesehen, hoch oben in den schmalen Grasbändern an senkrecht abfallender Felswand?

Ich weiss nicht, ob es zu Beginn des Jahrhunderts einen Arzt gab in unserem Bergdorf. Gegen die kleinen Krankheiten halfen zahlreiche Heilkräuter, die auf den Alpweiden und windgepeitschten Steilhängen wuchsen. Zwei- oder dreimal im Verlauf eines Sommers stieg mein Vater hinauf, um Arnika- und Enzianwurzeln, Silbermängel oder Bergwacholder zu sammeln. Schon als kleiner Bub durfte ich ihn begleiten. Während er ruhig von einer Stelle zur anderen schritt, rannte ich ziellos herum und brachte ihm bald von hier, bald von dort meinen geringen Beitrag zur Ernte. So lernte ich viele Pflanzen und deren Blüten kennen und hörte von ihren Heilkräften. Einmal liess Vater seine Tasche inmitten einiger Arnikablumen stehen und begab sich zu einem grasbewachsenen Felsen. Auf Händen und Knien rutschte er immer weiter bis nahe an den Abgrund heran. Sich umdrehend, rief er mir etwas zu. Weil der Wind aus der Tiefe heulte, hörte ich nur Fetzen seiner Worte. Seinem Beispiel folgend, hielt ich dicht hinter ihm an. „Ich will dir etwas sehr Schönes zeigen, leg dich auf den Bauch." Mit der einen Hand hielt er mich am Arm fest, mit der anderen ergriff er meine Hose. Dann zog er mich nach vorne, bis ich neben ihm lag. „Dort rechts, in der Felsspalte, siehst du's?" „Ein Edelweiss", schrie ich aufgeregt, „ein Edelweiss!"

Aus vielen von Grossmutters Geschichten kannte ich den Namen, nur den Namen. Trotzdem wusste ich augenblicklich, dass der kleine, weisse Stern dort ein Edelweiss war. Es zitterte und schwankte auf gar dünnem Stängel. Fröhlich tanzte es zum Pfeifen des Windes, der, aus der Tiefe kommend, die schmale Schneise empor blies. Von Vater an der äussersten Kante des Felsvorsprunges festgehalten, schaute ich gebannt, ja voller Ehrfurcht auf das für mich plötzlich zur Wirklichkeit gewordene Grossmutter-Märchen. Ich erinnere mich des Augenblicks, als hätte ich ihn gestern durchlebt.

Seit dem Tag waren die zahlreichen Bergtouren meiner Buben- und Jünglingsjahre nur ein Vorwand, an allen scheinbar geeigneten Stellen nach Edelweissen zu suchen. Da lebte plötzlich etwas in mir auf, dessen Sklave ich wurde. Wie oft machte ich mich zum Ärgernis meiner Kameraden, weil ich so häufig meine eigenen Wege ging. Erst Jahre später erfuhr ich von einem alten Hüttenwart oben am Adlerpass, dass ich edelweisssüchtig war und zwar von Kindheit an. Die Krankheit ist unter den jüngeren Bauernburschen in den Bergtälern oben bekannt. Der Hüttenwart kannte sich aus, auch er war „Leidensgefährte".

Das Edelweiss wächst nicht auf ausgetretenen Pfaden. Sennen und Ziegenhirten, die ihre Herden oben auf den Alpweiden sömmern,[1] kennen die verborgenen Stellen. Ein Rind, das sich verirrt, eine Ziege, die sich verstiegen hat, führt die Menschen zuweilen an die seltenen Fundplätzchen. Niemand von ihnen wird sein Geheimnis je verraten.

Meistens sind Edelweisse nur an schwer zugänglichen Orten zu finden. Oft ist das Pflücken mit Lebensgefahr verbunden. In grauer Vorzeit haben die Ritter den Drachen getötet, um die Prinzessin zu gewinnen. In unserer Zeit steigt der junge Bergbauer in die unzugängliche Felswand und bringt seiner Liebe ein Edelweiss. Mut in Todesgefahr für die Liebe, hier wie dort. Es gibt kaum eine Sage aus unseren einsamen Alpentälern, die nicht an entscheidender Stelle mit einem Edelweiss verbunden wäre.

Es war im Sommer des Jahres 1931. Das Hotel war voller Gäste. Um sie alle unterzubringen, wurde ich aus meinem eigenen Zimmer aus-

---

[1] Nach dem Winter führen die Sennen ihre Herden auf die Alp, wo sie den ganzen Sommer verbringen.

quartiert und fand meine Siebensachen in einem schäbigen kleinen Raum unter dem Dach. Unter den Gästen gab es einige Familien mit Kindern, wie jedes Jahr. Die Tage vergingen mit spielen, herumtollen, sich streiten und versöhnen. Mitunter erntete ich grölenden und kreischenden Beifall bei meinen Versuchen, eines unserer Mastschweine zu reiten. Daneben war ich der ernsthafte kleine Lehrer, der seinen Gefährten das Croquet-Spiel beibrachte – sorglose Sommertage ohne einen einzigen Gedanken an Schule.

Hans, Martin, vati mit einigen Gästekindern

Mein Vater liebte Menschen und den Umgang mit ihnen. Er wusste aus Erfahrung, wie schnell sich die Gäste in ihren Urlaubstagen langweilten. So pflegte er von Zeit zu Zeit etwas mit ihnen zu unternehmen. Freudig wurden jeweils seine Vorschläge angenommen. Eines Abends liess er alle wissen, dass er am kommenden Tag eine Bergtour auf das Gemmenalphorn vorhabe.

Im Morgengrauen wurde gefrühstückt. Die Lunchpakete fanden ihren Weg in Rucksäcke und Umhängetaschen und bald folgte meinem Vater eine lange Schlange von unternehmungslustigen Stadtmenschen. Ich kannte das Bild aus vergangenen Jahren. Die Männer kamen mit Spazierstöcken, offenen Hemden und teilweise schweren Bergschuhen, die Frauen in luftigen, hellen Rücken mit dazu passenden Kopftüchern. Das Sonnenöl auf Gesichtern, Armen und Beinen glänzte in der Morgensonne. Vorerst redeten alle miteinander, durcheinander und zur selben Zeit. Lange dauerte das allerdings nicht. Der anfänglich breite Weg wurde zusehends schmaler und zugleich steiler. Von Minute zu Minute wurde es stiller, weil man nun den Mund zum Keuchen benützen musste.

Nach einer knappen Stunde steten Aufstieges wurde Halt gemacht. Alle setzten sich in den Schatten einer der riesigen, uralten Wettertannen, wie sie dort oben vereinzelt stehen. Weit im Tal unten lag der blaue Thunersee. Dahinter türmten sich die tausend Grate und Gipfel der eis- und schneebedeckten Berge. Wer dieses Bild auch nur ein einziges Mal erlebt hat, wird es zeitlebens in sich tragen. Nach kurzer Rast erhob sich die ganze Gesellschaft wieder. Der Weg war noch weit und zu häufiges Ausruhen hatte frühzeitige Ermüdung zur Folge, wie mein Vater erklärte.

Von all den Kindern im Hotel war nur Yvonne mitgekommen. Weil sie in meinem Alter war, hatten wir schon seit ihrer Ankunft immer zusammengesteckt. Heute begleitete sie ihren Vater. An seiner Seite war sie bisher einhergeschritten. Vielleicht war er ihr zu langsam gegangen, jedenfalls sah ich sie nach der Ruhepause ganz an der Spitze. Bisher war ich wie ein kleiner Hund herumgerannt, bald hinten, dann wieder vorne, überall, nur nicht auf dem normalen Pfad. Als ich jetzt Yvonne vorne neben meinem Vater bemerkte, ging ich auf sie zu. Plaudernd stiegen wir bergan, ungewollt etwas schneller als die Feriengäste hinter uns. Auf einmal waren wir ihnen weit voraus. Wir erzählten uns all die vielen, wichtigen Dinge, die sich Kinder zu erzählen haben. Ihr Vater war irgendetwas bei der Regierung in Bern, sie selbst ganz Stadtmensch. Seit einem Jahr ging auch ich in der Stadt zur Schule, in Thun. Ich sprach den Dialekt der Talbewohner und hatte schon einige Kanten des Bergbuben abgeschabt.

Längst hatten wir die Baumgrenze hinter uns gelassen. Auch die grotesk verkrümmten Zwergföhren wurden immer seltener. Nur noch Wachholderbüsche standen hier und dort, umgeben von blühenden Alpenrosen, derer es mehr gab, je höher wir stiegen. Unversehens waren wir auf der Hochebene der Gemmenalp angelangt. Steil erhob sich an deren Ende die breite, grasbewachsene Flanke des Gemmenalphorns. Von einem Felsmassiv geschützt, stand breit und behäbig die Sennhütte. Weit ragte das mit Steinen beschwerte Schindeldach über die rohgezimmerten Holzwände hinaus. Neben dem einzigen kleinen Fenster gähnte das schwarze Loch der offenen Türe. Unweit davon entfernt stand der Brunnentrog, der ausgehöhlte Stamm einer grossen Wettertanne. Aus rostigem Eisenrohr plätscherte das klare, eiskalte Bergwasser. Friedlich graste eine stattliche Herde Simmentaler Kühe im weiteren Umkreis der Hütte. Jetzt entdeckte ich auch einen der Sennen. Auf einem kleinen, flachen Stück Alpenwiese mähte er das Gras. Einige Kühe standen dabei und sahen ihm zu. Ich kannte den Mann. Sein Bruder war Portier im Regina Palace Hotel. Grüssend ging ich auf ihn zu, als ein gellender Schrei gleich hinter mir mich erschreckt zusammenfahren liess. Yvonne rannte davon, stolperte und rannte weiter. Ich hintennach, ihren Arm fest umklammernd, zwang ich die Fliehende zum Stillstehen. „Was gits? Worum springsch dervo?“[1] Sie kämpfte um ihren Arm. „La mi la gaa, lami los!“ Dann etwas ruhiger: „I ha Angscht ...“[2] „Angscht vor was?“, wollte ich wissen. „Lue dert, die blöödi Chue, di isch grad uf mi zuecho.“[3] „Di Chue tuet dr doch nüt![4]“ Ich zerrte und zerrte und zuletzt waren wir beim Sennen.

„Tag Fritz.“ Ich richtete aus, dass mein Vater mit einer Gesellschaft von Feriengästen in etwa einer halben Stunde Milch kaufen werde. Für durstige Berggänger gibt es nämlich nichts Besseres auf der ganzen Welt als frische, kalte Kuhmilch. Fritz gab keine Antwort. Auf seine Sense gestützt, sah er Yvonne ruhig an, drehte sich dann zu mir und sagte in abschätzigem Ton: „Muscht nitt mit settig bleede Wyber uf d'Alp uehi cho,“[5] drehte sich um und mähte weiter.

Verschwitzt, mit hochroten Köpfen, aufgeknöpften Hemden und Blusen kamen die Touristen endlich an. Im Schatten des breiten Vordaches wurde erst einmal wieder ruhiger geatmet. Dann brachte der Jungsenn Milch in einem riesigen, eisernen Krug, mit viel zu wenigen Tassen. Natürlich kamen wir Kinder erst ganz, ganz zuletzt zu unserer Milch. Durstig leerten wir die Tasse in einem Zug, dann noch eine zweite.

Aus dem kühlen Schatten in die blendende, heisse Sonne tretend, blickte ich hinauf zu den Steilhängen des nun nahen Gemmenalphorns. In diesem Moment erwachte in mir der unwiderstehliche Drang – nein, das Feuer nach einem Edelweiss. „Chum Yvonne, mir weei nid uf die andere warte.“ Willig schloss sie sich mir an, niemand hinderte uns am Weitergehen.

---

1 Was gibt's? Warum rennst du davon?
2 Lass mich gehen, lass mich los. Ich habe Angst.
3 Schau dort, die blöde Kuh, sie kam gerade auf mich zu.
4 Die tut dir doch nichts.
5 Du sollst nicht mit solchen blöden Weiber auf die Alp hinaufkommen.

Am Sankt Beatenberg da brannte die Regina

Trotz der frühen Stunde brannte die Sonne schon heiss gegen den baumlosen, steilen Bergrücken. Überall blühten Alpenrosen und auf freien Grasflecken leuchteten die prächtigen, dunkelblauen Enziankelche. Im langen, rhythmischen Schritt, wie es mir mein Vater vorgemacht hatte, schritten wir bergan, bis hinauf zu den ersten, grossen Felsen. Eine mächtige Geröllhalde mit Felskolossen so gross wie die Sennhütte dort unten versperrte uns den Weg. Dafür strich ich um jeden grasbewachsenen Block, kletterte auf die breiten, niedrigen Grasbänder und Vorsprünge.

„Was suchst du eigentlich?“, fragte Yvonne, der mein Herumirren wohl etwas merkwürdig vorkam. „Edelwyss.“ „Hast du denn schon welche gesehen?“ „Gesehen?“, antwortete ich beinahe beleidigt. „Gesehen! Daheim habe ich schon drei, selbst gepflückt.“ Ungläubig sah sie mich an. „Daheim! Wo daheim?“„Gepresst in einem dicken Buch. Ich zeige sie dir, wenn wir heimkommen.“ Dabei fühlte ich beglückt, wie der Stolz mein ganzes Bubendasein blähte. „Und wo hast du sie gepflückt?“, fragte sie immer noch zweifelnd. Ich zeigte auf die Bergkette, die sich von hier aus gegen Westen dehnte. „Werden wir heute ein Edelweiss finden?“, wollte sie wissen. Ich hob die Schultern. „Weiss ich doch nicht. Vielleicht, wenn wir Glück haben.“ Von dem Augenblick an hatte auch Yvonnes Tag ein festes Ziel.

Tief unten bei der Sennhütte war wieder Leben in die Gesellschaft gekommen. Etwa die Hälfte der Feriengäste war bereits wieder auf dem Rückweg, wohl die Älteren unter ihnen. „Komm, wir gehen gegen das Niederhorn. Hier habe ich noch nie eins gefunden.“ Den Bergrücken durchquerend, waren wir bald an der Kante des Grates angelangt, dessen nordwestliche Seite jäh, wohl über tausend Meter, ins Justustal abfiel. Bergdohlen, vom Aufwind getragen, tanzten laut kreischend über dem schauerlichen Abgrund. „Pass uuf, lueg uf dini Füess!“[1] Immer wieder musste ich Yvonne mahnen, sorgfältig auf jeden ihrer Schritte zu achten. So nahe am Abgrund konnte jede Grasscholle eine Schneise verdecken.

Den wolkenlosen Himmel, die unvergleichliche Aussicht auf die schneebedeckten Hochalpen, all das sahen wir nicht. Unser ganzes Denken und Hoffen war auf Edelweisse gerichtet. Vorsichtig kraxelten wir auf kleine Felsen, entlang den Grasbändern, überall dorthin, wo sonst keine vernünftigen Leute hingehen. An einem Plätzchen, wo ich

---

[1] Pass auf, schau auf deine Füsse.

im vorigen Jahr ein Edelweiss gefunden hatte, war nur noch das einsame Pflänzchen übrig und ein kleines Stück des abgebrochenen Stiels.

Das war doch mein Edelweiss! Wer hatte es mir gestohlen? Vor lauter Enttäuschung hätte ich weinen können. Auch Yvonne war enttäuscht; doch wusste sie nun, wie die Blättchen aussahen – kurze Schwerter, grünlich-grau und unten silbern. Nicht weit von dieser Stelle entfernt verdeckten Gestrüpp und ein Hartriegelstrauch das Ende eines tiefen Felseinschnitts. Anstatt ihn zu umgehen, kroch ich auf allen Vieren bis hinaus auf die äusserste Spitze des Vorsprunges. Von dort aus sah ich die etwas zurückliegende Felswand, die senkrecht in die Tiefe fuhr. Dies war die einzige Stelle, von der man auf die gegenüberliegende Seite des tiefen Felsausschnittes und die Schneise sehen konnte. Eingehend musterte ich zuerst den im Schatten liegenden Felsen, dann die von der Sonne beschienene, grosse Wand. Dort, vielleicht drei Meter von der Schnittkante entfernt, schaukelte sich fröhlich ein eben erblühtes Edelweiss im Wind, der aus dem Abgrund wehte. Mit hämmerndem Herzen starrte ich auf die Blume, ich konnte den Blick nicht von ihr wenden. Nun aber dachte ich an Yvonne und die Freude, die ich ihr bereiten konnte. Schliesslich richtete ich mich auf. „Yvonne", rief ich, „chum hie zue mr!" Der pfeifende Wind zerriss meine Worte und trug sie weg. „Yv-oonnne!" Jetzt hörte sie mich, blickte in meine Richtung und sah meinen winkenden Arm. Zwei kurze Minuten später lag sie dicht neben mir und folgte meinem Zeigefinger. „Ohh, ohh!" Die freudige Überraschung machte Worte überflüssig. Mit offenem Munde starrte sie nun ihrerseits auf das Edelweiss. Inzwischen war ich ganz ruhig geworden. Wenn von oben nicht alles täuschte, gab es eine Möglichkeit, das Blümchen zu pflücken. Um mir Gewissheit zu verschaffen, musste ich etwa zwei Meter die steile Schneise zwischen den Felsen hinunterklettern. Von Stein zu Stein und Grasbüschel zu Grasbüschel gelangte ich zur entscheidenden Stelle. „Du kannst es nicht holen, komm wieder hoch", rief Yvonne so laut sie konnte.

Hier muss ich einflechten, dass ich kein Held war und auch keiner geworden bin. Felswände und Geröllhalden, Schneisen und Grasbände, Felskamine und Wildbäche, all das war die gewohnte Umgebung meiner engeren Heimat. Der Gefahren bewusst, bewegte ich mich mit der Sicherheit etwa eines Städters im Strassenverkehr. Zwei wichtige Tatsachen forderten meine ganze Aufmerksamkeit: Auf der Höhe, auf der ich stand, war eine Art Treppenabsatz im abfallenden Felsen, von Gras überwachsen: Weiter oben, etwas über meinem Kopf war eine schmale

Ritze. Als Fussstütze war dieses Grasband mit seinen vielleicht 20 Zentimetern wohl breit und sicher genug, jedoch viel zu kurz. Die Felsspalte als gute Handhabe verlief jedoch in einem Winkel in die Wand hinaus, welcher die Distanz zum Edelweiss vergrösserte. Deutlich erkannte ich, dass die zu kurze Grasnarbe und die zu hoch liegende Felsritze mich zwingen würden, mich beinahe hängend weit vorlehnen zu müssen, um mit der linken Hand das Edelweiss zu erreichen. Wo ein Erwachsener ohne Weiteres erfolgreich gewesen wäre, musste ich Bube am Gelingen zweifeln. Waren meine Arme lang genug? Wenigstens versuchen musste ich's.

Auf dem Felsvorsprung oben hatte Yvonne meine Absicht erraten. Laut, mit Angst in der Stimme rief sie mir etwas zu, doch der Wind zerriss die Worte. Mit festem Stand und sicherem Griff stand ich da und betrachtete, was sich mir als Möglichkeit bot. Bald schien mir der Versuch zu gefährlich, dann wieder lockte die Nähe des Blümchens, das mein Bubenherz höher schlagen liess. Nein, ohne es wenigstens zu versuchen, durfte ich nicht weg. Meine kleine Hand griff in die Kante der Felsspalte und mein Fuss fand Halt auf dem Grasband. Mit vier ganz kurzen, seitlichen Schritten war ich in der Wand, die Spitzen der Bergtannen weit unter mir. Damit war das Edelweiss schon ein ganz beträchtliches Stück näher gekommen. Langsam, die kleinste Bewegung gewollt und bewusst, schob ich meine linke Hand der Spalte entlang nach vorne, sicherte und schob die Rechte nach. Nun dasselbe mit den Füssen, nur noch viel langsamer und vorsichtiger, denn sehen konnte ich nicht, dazu klebte ich zu eng am Felsen. Viel zu schnell fühlte mein linker Fuss das Ende der Grasnarbe. Nun schob sich meine Rechte so tief wie möglich in die Felsritze, denn mit der Linken, die sich dem Felsen entlang behutsam dem Edelweiss näherte, musste ich versuchen, es zu pflücken. Nun streckte ich Arme und Beine, schob mich nach vorne ... mehr ... noch ein bisschen ... noch ein ... nein, es reichte nicht, aber da fehlte nur noch ganz wenig.

Vorsichtig zog ich mich gerade wieder hoch und zurück, als ich sah, dass meine rechte Hand noch einen oder zwei Zentimeter nach vorne greifen konnte, bis die Ritze so eng wurde, dass ich meine Finger nicht mehr dazwischen brachte. Jetzt reckte und streckte ich mich erneut, näher und näher kam ich, noch näher ... und auf einmal spürte ich, wie die Spitze meines Zeigefingers das feine, zähe Stengelchen des Edelweisses berührte. In diesem Moment geschah etwas, was ich kaum in Worte zu fassen vermag, weil es gar keine Worte dafür gibt. Ich verlor jedes Gefühl für die Wirklichkeit, starrte auf das sich im Winde schaukelnde weisse Sternchen und sah deutlich dahinter ein allerliebstes, lächelndes, jedoch nicht fest umrissenes Kindergesicht. Eine ganz entzückende Melodie in hohen Tönen schwebte um mich und ich fühlte den Lockruf des Gesichtchens: „Komm, komm zu mir“, aber es waren keine Worte, das erschien alles in einer pfirsichfarbenen Wolke, es ... nein, ich kann es nicht erklären, eine Sekunde des Erlebens einer anderen Welt.

Ebenso plötzlich, wie das Gesicht erschienen war, kehrte ich in die Wirklichkeit zurück und erschrak: Zwischen Daumen und Zeigefinger hielt ich das Stielchen des Edelweisses, welches ich doch nur mit der Fingerspitze berührt hatte. Mühelos pflückte ich das Blümchen, langsam brachte ich meine Hand zurück zum Mund und steckte es sicher zwischen meine Zähne. Nun der gefährlichere Weg zurück. Wiederum war die kleinste Bewegung gewollt, bis mein Fuss endlich die Grasbüschel und die groben Schollen der Schneise fühlte.

Eine ganze Weile stand ich regungslos in der steilen Schneise, das durch den Rückzug verdrängte Bild wieder lebend in mir, besonders das unbeschreiblich schöne und lockende Mädchengesicht. Nun aber, da ich keine Erklärung dafür hatte, zweifelte ich an allem und meinte, geträumt zu haben. Yvonne sass immer noch an derselben Stelle und starrte mich an. Ich nahm das Edelweiss aus meinem Mund und legte es behutsam in ihre Hand. Sie bemerkte es nicht. Plötzlich überfiel mich eine lähmende Müdigkeit. Dicht neben Yvonne warf ich mich nieder und hörte gerade noch, wie sie in haltloses Schluchzen ausbrach. Dann aber klang das Weinen wie aus weiter, immer weiterer Ferne. Stimmengewirr weckte mich. Ein Mann, dicht über mir kniend, rief entrüstet: „Seht ihr das! Zwei Kinder einige Meter vom Abgrund, schlafend!“ Ich drehte mich nach Yvonne um, auch sie war erwacht. Das Edelweiss hielt sie nun fest in ihrer kleinen Hand. „Ungezogene Kinder, verantwortungslose Eltern ...“

Ich zog Yvonne hoch. Wortlos, ohne die Leute anzusehen, schritten wir am Gezeter vorbei. Die Sonne neigte sich schon gegen Westen, wir mussten Stunden verschlafen haben. Ich wusste genau, wo wir waren. Auf der östlichen Seite des nahen Felsmassivs führte eine schmale, steile Schneise hinunter zu den obersten Tannen und dann auf den breiten Waldweg zurück zum Hotel. Yvonne zögerte. Sie wirkte ängstlich, als sie den steilen Abstieg vor sich sah. „Gib mir das Edelweiss. Ich stecke es in meine Hemdtasche, bis wir unten sind.“ Sie presste ihre Lippen fest zusammen und schüttelte den Kopf. Es wurde ein mühevoller Abstieg. Jeden ihrer Füsse musste ich auf sicheren Grund lenken, dann zeigte ich ihr, wo sie sich mit der einen Hand festhalten konnte. Zoll um Zoll kamen wir den Tannen näher. Es war nicht ganz ohne Kratzer und Schürfungen gegangen. Das bereits eingetrocknete Blut sah allerdings nach schrecklichen Wunden aus. Auf die blutverkrusteten nackten Arme und Beine blickend, sagte sie lachend: „My Vati seeit mer de schön wüescht![1]“ „Nein, nein, so schlimm ist's nicht. Am Bach waschen wir alles ab, auch die schwarze Erde an Kleidern und Händen.“

Bald danach stiessen wir auf den Waldweg, der oberhalb des Dorfes in einer grossen Schleife über den Wildbach bis nahe zum Hotel führte. Nach so vielen Stunden oft mühsamen Gehens in weglosem Berggelände fühlte sich der breite, gut unterhaltene Spazierweg wie ein Teppich an. Leichtfüssig schritten wir nebeneinander einher, jedes hing seinen eigenen Gedanken nach. Gemeinsam Erlebtes legt auch um Kinderherzen ein warmes, unsichtbares Band der Freundschaft. Ganz unvermittelt fragte Yvonne plötzlich: „Chani's bhalte?“[2] „Natürlech chasch es bhalte, für di hani's doch gholt!“[3] „Danke“, sagte sie einfach.

Schweigend schritten wir eine ganze Weile, bis fast zu der Holzbrücke, die über den Wildbach führte. „Ich bin beinahe gestorben vor lauter Angst. Warum hast du denn das Edelweiss so lange festgehalten, ohne es zu pflücken? Ich meinte, du würdest jeden Moment hinunterstürzen“, fragte sie in vorwurfsvollem Ton. „Weiss nicht ...“ Zwei-, dreimal zuckte ich etwas hilflos mit den Schultern. Wie hätte ich Yvon-

---

[1] Mein Vater wird mit mir schimpfen (Mein Vater wird mir schön wüst sagen).
[2] Darf ich es behalten?
[3] Natürlich darfst du es behalten, für dich habe ich es doch geholt.

ne erklären können, wozu ich auch heute die richtigen Worte nicht finden kann? Tausendmal habe ich seither an das Gesicht, die Erfahrung, die Erscheinung gedacht. Seit damals weiss ich, dass es Dinge gibt, die uns umgeben und die für das menschliche Auge unsichtbar sind.

„Ich weiss es nicht." Und jetzt eilten zwei mächtig hungrige Kinder heimwärts. Wie schon am frühen Morgen plauderten sie ungezwungen von all den Dingen, die sie sich erzählen mussten. In seiner schmutzigen, rechten Hand hielt das Mädchen ein eben erst erblühtes Edelweiss.

DIE VRENI VON DER FLOHHALDE

„Wie das wieder wettert!“, sagte mein Vater, legte seine Füllfeder hin und ging zum Fenster. Jaulend fegte der Sturmwind um die Ecken der Hauswände. Die schweren Holzbalken ächzten und krachten. Dumpf trommelten die Schneeflocken gegen die Scheiben. Irgendwo am Haus schlug ein Fensterladen auf und zu. Etwa Mitte November war es, der erste Schneesturm dieses Winters. Wenn er sich ausgetobt hatte, würde alles Gewesene unter einer meterhohen Decke begraben sein. Eine blasse, kalte Sonne würde auf eine Welt scheinen, so weiss und unberührt wie am Tag vor der Schöpfung. Vater trat vom Fenster zurück und zündete die Lampe an, dann setzte er sich unter ihren Lichtkegel. Mutter sass im Lehnstuhl bei einem der Fenster und strickte. Trieb der Sturm es allzu toll, dann sah sie wohl von ihrer Arbeit auf, blickte ruhig in das Toben hinaus, um sich alsbald wieder ihren Maschen zuzuwenden. „Wie früh das heute dunkel wird“, murmelte sie halblaut, „ich sehe hier auch bald nichts mehr.“ Im Kachelofen loderte wärmendes Feuer. Jedes Mal, wenn ein Windstoss durch den engen Kamin herunterschoss, fauchte das Feuer, dass es wie fernes Donnerrollen tönte. „Wie denn? Das war doch die Hausglocke?“ Natürlich, jetzt klingelte es erneut. Ich war aufgesprungen und riss auch schon die Wohnzimmertüre auf. Welch herrliche Abwechslung im langweiligen Nachmittag. „Wer um des Himmels Willen kann denn bei diesem Unwetter draussen sein?“, hörte ich vom Fenster her, ehe ich die Türe schloss.

Im Vorbau vor der Haustüre stand ein regelrechter Schneemann. Nichts verriet, wer das sein konnte. Kein besonderer Fall für Bergbewohner. Da verlangt die Höflichkeit, dass mittels eines kleinen Handbesens dem Besucher der Schnee von Kopf, Schultern und zuletzt Schuhen gewischt wird. Lachend kam nach und nach die Vreni zum Vorschein. „Z'Vreni isch es!“, rief mein Vater erfreut aus, der hinter mir in den Flur getreten war. „Wie kommst du dazu, in diesem Wetter zu uns zu kommen, anstatt zuhause in der Wärme zu bleiben?“ „Nüüt fer unguet, i wott ech nid stöhre.“ Mein Vater legte seinen Arm um ihre Schulter und führte sie ins Wohnzimmer. Auch meine Mutter freute sich, Vreni zu sehen. Diese liess das Türchen offen und jetzt strömte die Hitze heraus und über Vrenis kalte Glieder. „Etwas Wichtiges muss es sein, sonst kämst du nicht bei solch einem Wetter“, sagte Mutter. „Im Stall ist sie gefallen, meine Mutter, den Fuss hat sie sich dabei verstaucht. Er ist noch aufgeschwollen. Sie lässt fragen, ob ihr etwas habt, das hilft?“ „Ich weiss schon, was hilft, aber wie, wenn der Fuss gebrochen ist?“, entgegnete Mutter. „Meine Mutter sagt, er ist wohl nicht gebrochen, sie kann die Zehen bewegen“, beruhigte sie die Vreni. „Dann ist's ja gut.“ Mit diesen Worten erhob sich Mutter, legte ihr Strickzeug hinter sich auf den Sessel und schritt zur Türe. „Tee kannst machen fürs Vreni, eigentlich für uns alle, es ist ja schon fast vier Uhr“, sagte sie zu mir und zog die Türe hinter sich zu.

Ganz oben unterm Dach war ein Raum, in dem auf ausgebreiteten Zeitungen Kräuter und Wurzeln zum Trocknen lagen, die wir in den Sommermonaten oben in den Bergen gesammelt hatten. Wurde diese Türe geöffnet, duftete sofort das ganze Haus nach Heilkräutern. Gerade als Mutter zurückkehrte, trug ich das Teetablett ins Wohnzimmer. Von der plötzlichen Hitze hatte Vreni ein knallrotes Gesicht. Ich musste sie die ganze Zeit ansehen, als sie mir später am Teetisch gegenüber sass. Mein Kinderherz gehörte dem jungen Mädchen, das oft mit seiner Mutter bei uns war. „Hier sind getrocknete Arnikawurzeln“, begann meine Mutter. „Jetzt pass gut auf, was ich sage: Ein Liter kochendes Wasser musst du darüber giessen und sie dann zehn Minuten ziehen lassen. Dann müsst ihr damit Umschläge machen, so heiss, wie deine Mutter es ertragen kann. Habt ihr Schmierseife? Natürlich. Zwei gehäufte Esslöffel in einem Liter kochendem Wasser. Immer abwechselnd mit den Umschlägen. Wenn ihr das genau so macht, kann deine Mutter in zwei Tagen ihren Fuss wieder brauchen."

Gleich nach dem Tee erhob sich Vreni. „Meine Mutter lässt ‚Danke' sagen und ‚Vergelts Gott!' Jetzt muss ich gehen, bei Tag komme ich sowieso nicht mehr heim." Wir begleiteten sie bis zur Haustüre. Dort zupfte Mutter an Vrenis Halstuch herum, zog ihr die Wollmütze etwas tiefer ins Gesicht, mütterlich besorgt um das Mädchen, dem wir nun nachblickten, bis es im Schneegestöber verschwunden war. „Vrenis Heimweg möchte ich jetzt nicht vor mir haben", sagte Vater, als wir in die wohlige Wärme und Geborgenheit des Wohnzimmers zurückkehrten. „Mich nimmt nur wunder, wie die beiden Frauen ihr Heimwesen durchbringen. Im Winter ja, aber vorher, im Frühling und im Herbst, wo es so viel zu tun gibt." „Der Gafner Fritzel hilft", sagte ich wichtig. Höchst erstaunt sahen mich zwei Augenpaare lange an. „Woher weißt du das nun wieder? Es ist einfach fürchterlich mit dem Bub. Überall hat er immer die Nase zuvorderst", rügte meine Mutter.

Weil meine Eltern während der Saison keine Zeit hatten, über uns Buben zu wachen, erhielten wir immer ein Kindermädchen. Sie stand auch den Gästen mit Kindern zur Verfügung, und wenn dieses Kindermädchen nett war und Autorität hatte, ohne darauf zu pochen, waren wir eine nette Bande. Als in diesem Sommer die ersten Gäste ankamen, war auch Jacqueline zur Stelle. Ein junges, liebes Mädchen war sie und sehr hübsch dazu. Wir schlossen sie gleich in unser Herz. Leider versuchte einer der Gäste, dasselbe zu tun. Monsieur Lévy aus Genf war mit Frau und Tochter bei uns. Zur falschen Zeit und in der falschen Ecke teilte dieser Monsieur Lévy unserer Jacqueline etwas Persönliches mit. Ich begriff nichts von der ganzen Geschichte, so sehr ich mich auch anstrengte. Kam ich in die Nähe von Gästen, die über das Ereignis plauderten und das Wort Skandal im Munde hatten, wechselten sie schnell das Thema. „Jacqueline ist abgereist", hiess es, als wir allein beim Frühstückstisch auf sie warteten. Schade, aber wir waren es ja gewohnt, Menschen ankommen und wieder abreisen zu sehen. Als wir Buben gefrühstückt hatten, war Jacqueline auch schon vergessen.

Die grosse Überraschung kam zwei oder drei Tage später. Auf dem Stuhl des Kinderfräuleins sass – Vreni. Vreni war das grosse Geschenk dieses Sommers. Sie gehörte nicht nur uns, sondern allen Kindern des Hotels und noch einigen Gästen dazu. Waren wir ausgelassen, war sie die Ausgelassenste, keines unserer Spiele war ihr zu anstrengend, nichts gab es, woran sie nicht mit Leib und Seele teilhatte. Die Kinder

der Gäste wollten an unserem Frühstückstisch sitzen und stritten sich, wenn kein Platz mehr frei war. Vreni hier, Vreni dort, um Vreni drehten sich die Tage. Dabei waren wir so lieb und folgsam wie nie zuvor, denn von Vreni getadelt zu werden, war ein unerträglicher Gedanke. Keiner ging gleichgültig oder teilnahmslos an Vreni vorüber, weder die Kurgäste noch das Bergvolk. Sie wurde in diesem Sommer 17 Jahre alt, hatte gewelltes, goldblondes Haar und ganz dunkelblaue Augen, die fortwährend zu lachen schienen. Ihr grosser, wohlgeformter Mund zeugte von einer Sinnlichkeit, die die keusche Reinheit ihrer Züge zu verbergen scheinen wollte. Nein, da ging keiner vorüber und viele drehten sich wieder nach ihr um.

Beim Gemüseeinkauf - Hotelangestellte und Nachbarn mit Hulda Hürner

Spät am Nachmittag machte sie sich jeweils auf den Heimweg, weil sie noch viel Arbeit habe, wie sie erzählte. „Zwei Kühe muss ich melken und den Stall in Ordnung halten.“ Die ganze Kinderbande begleitete sie bis hinüber zur Susegg, wo immer so viele Baumstämme hochgeschichtet waren. Dort schickte sie uns zurück, damit wir noch rechtzeitig zum Abendbrot erscheinen konnten.

Vreni kannte alle Gäste, klein und gross, jung und alt. Alle hielten sie für kurze Augenblicke und ein liebes Wort auf, wenn sie ihrer habhaft wurden. Danach rannte sie zu uns zurück. Der Wind zerzauste ihre langen Haare, lachend ging das Spiel weiter. Als an den Lindenbäumen die ersten Blätter gelb wurden, reisten jeden Tag Gäste ab. Niemand ging, ohne sich von Vreni zu verabschieden, auch jene nicht, die kaum etwas mit ihr zu tun gehabt hatten. Alle hielten irgendein kleines Päckchen für sie in den Händen. Sie strahlte aus Dankbarkeit und Liebe zu den Menschen, die sie nur flüchtig kannte, und erzählte am folgenden Tag, was für Geschenke sie erhalten hatte.

Als der letzte Gast die Kutsche bestiegen hatte und zum Bahnhof fuhr, begann eine fieberhafte Tätigkeit. Während Tagen wurde überall gewaschen und geputzt, gebohnert und weggeräumt, um das ganze Haus zum Herbstschlaf bereit zu machen. Todmüde Angestellte fuhren ins Tal hinunter und im Haus nebenan, im Chalet Eiger, sass meine Mutter im Lehnstuhl beim Fenster, nach Wochen zum ersten Mal mit den Händen im Schoss. Nicht für lange, vielleicht für Stunden nur. Die Herbstfrüchte des Gartens mussten verarbeitet werden. Während Frau Bhend, Vrenis Mutter, Berge von Hotelwäsche durchsah, stand Vreni bei meiner Mutter in der Küche. Sauerkraut musste eingemacht werden, Konfitüren wurden gekocht, im Keller unten wurden Äpfel und Birnen auf den Regalen aneinandergereiht, rote Beete wurden zu Salat verarbeitet und in Steinfässern eingemacht, emsige Tätigkeit von früh bis spät. Den ganzen Tag wich Vreni kaum von meiner Mutters Seite, dann begab sie sich, zusammen mit Frau Bhend, auf den Heimweg. Während dieser Wochen wurde Vreni beinahe zum Familienmitglied. Trotzdem wusste ich wenig über sie. Der Vater war gestorben, mit ihrer Mutter lebte sie auf einem kleinen Heimwesen, alleine und zurückgezogen. Die Arbeit dort war zu schwer für vier Frauenhände. Ich wusste auch, dass Vreni einmal bei Lehrer Marti zur Schule gegangen war und den Gafner Fritzel aus dieser Zeit kannte. Woher ich erfahren hatte, dass der Fritzel die gröbste Arbeit an der Fluhhalde verrichtete? Ganz einfach: Einer unserer Gäste wollte Zigaretten einer bestimmten Marke, die wir nicht hatten. „Der Sonderegger verkauft sie“, warf ich ein, der ich zufällig dazu trat. Das Geld in meiner Faust ging ich, sie zu kaufen. Im Krämerladen vom Sonderegger traf man immer ein paar Bauersfrauen. „Der Fritzel tut das nur, damit die Vreni ihre schneeweissen Hände nicht schmutzig machen muss“, geiferte ein junges Mädchen. „Er täte besser, einer Hiesigen nachzustreichen“, so eine der Frauen. „Dieses fremde

Stadtgesindel taugt ohnehin nichts in unseren Bergen", giftete eine weitere. So hatte ich noch nie über Vreni sprechen gehört. Mir tat das weh, jedes dieser hässlichen Worte. Nur der Fritzel stand zu Vreni und deshalb hatte ich ihn lieb.

Einige Tage nachdem Vreni die Arnikawurzeln und ein geheimnisvolles Schmierseifenrezept nach Hause trug, lag ich auf dem Bauch vor der Couch, in einem Bilderbuch blätternd. Eigentlich war es ein dickes „Kunstbuch, das man sehr vorsichtig behandeln muss", wie mir Vater eingeschärft hatte. Plötzlich rief ich ganz aufgeregt: „Hier ist die Vreni!" Wie immer sass Vater am grossen Tisch und schrieb, umgeben von einem Duzend Büchern. Er beugte sich weit vor, sah das Bild und lachte: „Oh nein, das ist nicht die Vreni, das ist die delphische Sibylle von Michelangelo." Ernst geworden, fügte er hinzu: „Hast recht, sie sieht ihr tatsächlich zum Verwechseln ähnlich."

Vreni blieb nie lange weg. Auf einmal stand sie vor der Türe, lachte ihr helles, ansteckendes Lachen und brachte damit einen Sonnenstrahl in die grauen, eintönigen Wintertage. Sie trank eine Tasse Tee, mitunter teilte sie eine Mahlzeit mit uns, ungezwungen, als gehöre sie in unsere Familie. Während dieser kurzen Besuche beobachtete ich, wie meine Eltern, besonders aber meine Mutter, die Vreni mit einer Wärme und Liebe umgab, als wäre sie unsere Schwester.

* * *

Die Jahre gingen dahin. Längst ging ich in Thun zur Schule und mein Bergdorf wurde mir zum geliebten Ferienort. Das Bild Vrenis verblasste zur immer ferneren Kindheitserinnerung. Nur einmal erwähnte ich sie. Es war kurz nach meinem Schulantritt in der Stadt. „Wo ist eigentlich die Vreni?" Vater gab keine Antwort, presste seine Lippen eng zusammen und aus seinen Zügen sprach tiefer Kummer. Meine Mutter las beim Fenster, ein Buch auf ihrem Schoss. Auch sie sagte kein Wort, dafür wischte sie sich mit dem Zeigefinger eine Träne weg, die ihre Nase entlang kollerte. Ein zweites Mal habe ich nicht gefragt. Ich nahm an, dass sie gestorben war. Dennoch witterte ich ein Geheimnis, warum, weiss ich nicht. Vielleicht einfach, weil meine Eltern auf meine Frage stumm geblieben waren.

Die Schuljahre lagen hinter mir und meine Besuche im Bergdorf wurden immer seltener. Ich kann mich nicht mehr erinnern, weshalb ich an einem regnerischen Ferientag im April zum alten Oberlehrer

Marti ging. Seine Wohnung lag über dem Schulzimmer, in dem er sein Leben lang vier Klassen auf einmal unterrichtet hatte. Die Holztreppe der Aussenmauer entlang führte in seine Küche. Dort empfing er mich. Mir vorangehend, zeigte er den Weg in die gute Stube. Von der niedrigen Decke hing eine Lampe und gleich darunter stand ein Tischchen mit zwei Stühlen. „Setz dich da auf diesen Stuhl, mir gegenüber." Er wollte sich eben hinsetzen, als aus dem Schlafzimmer nebenan eine weinerliche Stimme seinen Namen rief. „Frau Marti ist bettlägerig", sagte er entschuldigend und ging zu ihr.

Durch die kleinen Fensterchen mit den weiss gestrichenen Rahmen blickte ich in die tropfenden Äste des nahen Tannenwaldes. Die Blumenkistchen, im Sommer wahrscheinlich mit leuchtenden Geranien bepflanzt, waren leer. An der Schlafzimmerwand hingen viele Fotografien von Schulklassen, eine neben der anderen, alle in ganz einfache schwarze Rahmen gefügt. Etliche waren bereits gelblich angelaufen, andere wieder hatten altersbraune Flecken. Eben wollte ich mich erheben, um unter den vielen Gesichtern diesen oder jenen Bekannten zu finden, als Lehrer Marti wieder in der Türe stand. „Meine Frau möchte Kaffee. Willst auch eine Tasse?" „Ja, gerne, danke. Kann ich dabei helfen?" „Das nicht, nein." Jetzt betrachtete ich das erste Bild ganz oben links. „Achte Klasse 1921" stand in der linken unteren Ecke, dann folgten fünf Namen, vier stämmige Bauernburschen im Sonntagsgewand und ein Mädchen. Gleich daneben war die achte Klasse 1917. Drei Burschen, das war alles. Lauter Gruppenbilder von drei, vier oder fünf jungen Menschen, die Oberlehrer Marti nach bestem Wissen aufs Leben vorbereitet hatte. Da war kaum ein Foto, das nicht den Namen Gafner, Grossniklaus oder Bhend trug. Auch Jaggi fand sich des Öfteren, alles Namen der Alteingesessenen im Bergdorf. Dieselben Namen fanden sich auf den Grabsteinen im Friedhof drüben im Spirrenwald. Ich lächelte über meinen eigenen Gedanken: „Oberlehrer Marti, der dem Friedhof die Kunden liefert."

„Mach die Türe auf", tönte es aus der Küche: Ich eilte, dem Befehl zu folgen. Drei Tassen auf einem Tablett, viel zu voll für eine zittrige Hand. „Hol' den Lappen im Schüttstein, so können wir die Tassen nicht aufs saubere Tischtuch stellen." Seine Tasse, eher ein Kübel, hatte zwei Henkel. Die Ellbogen auf den Tisch gestützt, schlürfte er in kleinen Schlückchen geniesserisch den heissen Milchkaffee. Die leere Tasse weit von sich ans Ende des Tisches stellend, hub er an: „So, erzähle mir jetzt, was du tust, seit du nicht mehr in die Sekundarschule gehst." Das wollte ich auch tun, kam aber nicht dazu, weil er sogleich weiter sprach und mir von seinen Schülern und Klassen erzählte. Irgendetwas in seinen Worten muss mich auf einmal an Vreni erinnert haben. Geduldig wartete ich auf eine günstige Gesprächspause, unterbrach wohl seinen Gedankengang und fragte: „Herr Marti, bitte erzählt mir die Geschichte vom Vreni." „Vom Vreni willst wissen?" Mir schien, als verberge er ein Erschrecken. Mit weit offenen Augen sah er mich an und dann musste ich Zeuge werden, wie das alte, liebe Gesicht traurig und immer trauriger wurde. Ich musste an meinen Vater denken und fürchtete, dass auch er meine Bitte nicht erfüllen würde. „Ihr seid doch ihr Lehrer gewesen?", sagte ich, meine Frage nach Vreni zu rechtfertigen.

Wie es seit jeher seine Gewohnheit gewesen war, legte Marti die Spitzen seiner Finger aneinander und starrte eine Weile schweigend auf das Tischtuch. Ich wagte es nicht, meine Bitte zu wiederholen. Den Schmerz in seinem Gesicht sehend, wagte ich überhaupt nichts mehr, als ganz still dazusitzen. „Warum fragst nicht deine Eltern? Bei euch war sie doch fast wie eine Tochter?" Ich suchte noch nach den richtigen Worten, als er meine Gedanken unterbrach. „Es ist eine traurige, eine sehr traurige Geschichte, die niemand gerne erzählt, niemand wenigstens, der das Mädchen geliebt hat, wie wir es lieb hatten, deine Eltern und ich und noch ein paar andere."

Hier wurde er wieder still und schien nachzudenken. „Ja, ich bin wohl derjenige, der die ganze Geschichte am besten kennt. Über die Jahre hin sind mir Einzelheiten erzählt worden, die deine Eltern wahrscheinlich nicht kennen." Mit gespreizten Fingern fuhr er einige Male durch seine langen, spärlichen Haare mit der schmalen Glatze ganz oben. „Dass du das jetzt wissen willst", sagte er in vorwurfsvollem Ton. „Nach all den Jahren hat mich noch keiner danach gefragt."

Ich schwieg, sah ihm in die Augen und bemerkte sogleich, dass er sich zum Erzählen entschlossen hatte. „Geschichten dieser Art haben gewöhnlich ein Vorspiel. Sie sind, mit anderen Worten, die Wirkung einer früheren Ursache. Da müsste man vom alten Bhend und seiner Trude erzählen – aber das führt zu weit. Den Gottlieb, seinen Sohn, den habe ich unterrichtet, der ist zwischen meinen Ohrfeigen gross geworden. Verdient hatte er eine jede. Ein unsteter Geist war er. Wollte immer wissen, wie es auf der anderen Seite aussah, wie du. Im kleinen Heimetli[1] am Fussweg nach Habkern, dem Fluhberg-Heimetli, ist er

[1] Ein kleines Gehöft.

gross geworden. Bettelarm waren die Leute, trotz harter Arbeit. Der Vater war ein allzu bitterer Mensch, den niemand mochte, und die Mutter, die alte Trude, das war ein zänkisches Weib, Gott hab' sie selig", fügte Marti schnell hinzu. „Da kann einer wohl kaum von normalen Kinderjahren reden. Dumm war er nicht, der Gottlieb. Schon in seinen Flegeljahren sagte er, daheim wolle er später nicht bleiben. Ständig strich er um euer Hotel herum oder stand in der Nähe des Portals vom Regina Palace. Deine Grossmutter kannte ihn gut. Sie hätte besser daran getan, den Buben heim zur Arbeit zu schicken, anstatt ihn hin und wieder im Hotel zu beschäftigen. Dort hat er natürlich gelernt, dass es eine andere Welt gibt als die der Bauern hier im Bergdorf.

Das achte Schuljahr hat er fertig gemacht, dann verschwand er eines Tages. Niemand vermisste ihn und bald war er vergessen. Ich wusste nicht einmal, dass die Eltern seine Adresse kannten. Zwölf Jahre später stürzte der alte Bhend beim Wildheuen zu Tode. ‚Komm heim und hilf', schrieb die Mutter mit ungelenker Hand dem einzigen Sohn. Einige Wochen danach kam er, drei Tage nachdem die Gemeinde auch seine Mutter beerdigt hatte. Er war nicht allein; eine junge Frau mit einem fünfjährigen Mädchen brachte er mit. Hübsch war sie, diese blonde, schlanke Frau. Sie hatte die feinen Gesichtszüge und Manieren guter, alter Familien. Weiss Gott, sie passte nicht zu dem klobigen Gottlieb. Jedes Mal, wenn ich ihr begegnete, wunderte ich mich über ihre todtraurigen Augen, über das Leid, das in ihrem Gesicht geschrieben stand. Gottlieb prahlte, der Vater des kleinen Mädchens, der Vreni, zu sein. Blond war sie und hatte ein Engelsgesichtchen, wie man es kein zweites Mal sieht. ‚Du, der Vater?', fragten die Bauern im Café Fédérale. ‚Du doch nicht. Deine Alten waren schwarz wie du, alle beide! Aus einem Friesländerstier und einer Friesländerkuh hat's bis heute noch keinen Simmentaler[1] gegeben.' Zuerst lachten sie den Gottlieb aus, und als dann der Gemeindeschreiber bestätigte, dass die kleine Vreni nicht sein Kind sei, da verlor er alles Ansehen als Bergbauer.

In den ersten Jahren schien Gottlieb Bhend zu arbeiten. Man sah ihn nur samstagsabends im Wirtshaus und auch das selten. Woher sollte er das Geld dazu nehmen? Das kleine Heimetli konnte sie kaum ernähren und auf Tagelohn ging er nicht.

Langsam ging es mit ihm bergab. Seine Besuche im Wirtshaus wurden immer häufiger und einige Leute wollten wissen, dass er seine Frau

---

[1] Schweizer Kuhrasse, auf Deutsch Fleckvieh.

schlug. Ja, mit ihm ging es schnell bergab. Innerhalb einiger Wochen wusste das ganze Dorf, dass der Gottlieb Bhend zum Säufer und Raufbold geworden war. Dass der Pächter des Cafés Fédérale ihn bei Wirtschaftsschluss betrunken vor die Türe stellen musste, war zur Gewohnheit geworden. Niemand wusste, wovon seine Familie eigentlich lebte.

Seine Frau sah ich einige Male, wenn sie hier am Schulhaus vorbei ging. Ein Feriengast, dachte ich, und vergass sie wieder. Dann aber erschien sie eines Tages mit dem Kind bei der Lehrerin nebenan. Dort lernte ich sie kennen. Nein, sie passte nicht zu unserem Bergvolk. Ihre vornehme Zurückhaltung, die Bildung, die ihr ganzes Wesen gleichsam ausstrahlte, überraschten mich sehr. Der Gedanke, dass sich in ihrem jungen Leben ein tragisches Unglück ereignet hatte, drängte sich geradezu auf. Wer ihr Mädchen, die Vreni, kennenlernte, schloss sie augenblicklich ins Herz. Mir ging es auch so, aber ich könnte nicht sagen, warum. Erstaunlich war, dass sie trotz der Schwierigkeiten daheim immer fröhlich und liebenswürdig war. Sie lachte oft und gerne, war lebhaft und zuvorkommend, aber niemals aufdringlich. Ja, die Vreni, die war schon als kleines Mädchen etwas ganz Besonderes ...

Es war an einem grauen Frühlingsmorgen. Der Föhn hatte Tauwetter gebracht und nun tropfte es überall. In schmutzig-braunen Flecken lag hier und dort noch Schnee und die Strasse war voller kleiner Wasserlöcher. Frau Bhend begleitete ihre Tochter, die sich nur mühsam aufrecht hielt. ‚Das Kind ist krank, ich weiss nicht, was es hat, ich weiss nicht, was ich tun soll', sagte sie in ruhigem Ton und mit immer gleichbleibendem, traurigem Gesichtsausdruck. Ich schickte sie zu deiner Mutter. So, glaube ich, lernten die beiden Frauen sich kennen. Deine Mutter steckte Vreni gleich ins Bett und pflegte sie eine ganze Woche. Auch als sie wieder gesund war und zur Schule kam, wohnte Vreni noch ein paar Tage bei euch, weil deine Mutter den weiten Schulweg noch nicht erlaubte. Seit dieser Zeit hatte Vreni bei euch so etwas wie ein zweites Zuhause. In der Schule ...", Marti fing an zu husten, hustete und hustete, bis er knallrot im Gesicht war. „Ich bin das viele Reden nicht mehr gewohnt. Willst noch weiterhören oder hast genug?" „Weiterhören natürlich", sagte ich mit Nachdruck. „Natürlich weiterhören." „Dann mache ich uns noch einen Kaffee."

Zum Fenster hinausblickend sah ich ein grosses Stück blauen Himmels und lange Streifen glühendroter Wolken der untergehenden Sonne. Aus der Dachrinne fielen die Tropfen nur noch in langen Abständen. „Kannst das Tablett holen", tönte es aus der Küche. Diesmal hatte er gleich die Kanne gefüllt. „Es war ein trauriger Tag für mich, als ihre Schulzeit zu Ende war. Ich glaube, für alle war es traurig, denn Vreni war einfach immer, all die Jahre hindurch, der Mittelpunkt der Schulkinder gewesen. Inzwischen war sie zum schlanken, jungen Mädchen herangewachsen, mit schön entwickelten, fraulichen Formen. Unsere Buben waren viel zu scheu und schauten ihr verstohlen aus sicherer Entfernung nach. Nur den Gafner Fritzel sah ich hier und dort im Gespräch mit ihr. Je erwachsener die Vreni wurde, je vorteilhafter sie sich entwickelte, umso weniger passte sie zum Bergvolk, wie schon ihre Mutter vor langen Jahren. Das schien sie aber nicht anzufechten. Leichtfüssig und scheinbar glücklich lebte sie ihre Tage. Anders Frau Bhend. Ich sah sie nur noch sehr selten, erschrak aber jedes Mal über den Schmerz und die Trauer, die immer tiefere Furchen in das ausdrucksvolle Gesicht prägten. Ihr Mann, der Gottlieb, konnte wohl tiefer nicht mehr rutschen, man erzählte sich arge Schauergeschichten über seine Rohheit. Deine Mutter hat ihn bei der Polizei verklagt. Die konnten jedoch nichts tun.

Frau Bhend fand hier und dort Arbeit als Flickerin. Hatte sie Geld in der Tasche, schlug sie ihr Mann, bis sie es ihm gab. Hatte sie keines, schlug er sie zur Strafe dafür. Wie es seine Gewohnheit war, stellte der Pächter des Cafés Fédérale den Säufer Bhend auf die Terrasse hinaus, als die Polizeistunde nahte. So auch in dieser bitterkalten Dezembernacht des Jahres 1931. Später sagten die Bauern, Gottlieb sei früher im Wirtshaus gewesen als sonst und habe auch mehr getrunken. Niemand wusste warum. Zuerst hämmerten seine Fäuste gegen die verschlossene Tür, dann, unter Flüchen und Verwünschungen, schwankte er hinaus auf die vereiste Strasse. Sein Heimweg führte hier am Schulhaus vorbei. Drüben bei der Säge auf der Susegg lagen Berge von Tannenstämmen zu Pyramiden hochgeschichtet. Zwischendurch ging der Weg Richtung Fluhhalde. War es Müdigkeit vom zurückgelegten Weg? Gottlieb Bhend setzte sich auf einen der zugeschneiten Stämme. Aber weshalb gerade dort, wo ein eisiger Wind von Interlaken herauf blies? Susegg – das kommt von Sausen.

Es war ein kalter Wintermorgen und noch finster, als der Susegger Hämmi sein warmes Bett und sein Haus verliess und die hundert Meter zu seinem Sägewerk zurücklegte. Für ihn war es die arbeitsreichste Zeit des Jahres. Dutzende und Dutzende von dicken, geschälten Tannenstämmen schleiften die Holzfäller aus den Bergwäldern durch hohen Schnee zu seiner Säge herunter. Da waren die Tage jeweils kaum lang genug. Er hat es mir selbst erzählt“, fuhr Marti fort. „Kaum schloss er die Haustüre hinter sich, sah er auch schon eine schwarze Gestalt drüben bei den Stämmen. Dazu schien der Mond noch gerade hell genug. Erst beim Näherschreiten erkannte er den Gottlieb. ‚Ach, der ist's. Wieder einmal sternhagelvoll – oder noch voller, sonst würde der sich nicht hinsetzen‘, hatte der Susegger gedacht. Der Gottlieb konnte auf seinem Rundholz sitzen, solange er wollte. Er beachtete ihn nicht weiter, machte Licht im Sägeschuppen und einige Minuten später begann das Auf und Ab des breiten Sägeblattes, das sich zischend seinen Weg durch das Langholz bahnte.

Es war gegen sieben Uhr, als der junge Hilfsarbeiter sich der Sägerei näherte. Mit dicker, wollener Mütze, rotem Halstuch und den Händen tief in den Hosentaschen vergraben, eilte er auf das Sägewerk zu, um aus dem Wind zu kommen. ‚Wer ist das denn? Ach, das ist der Bhend, ist wohl wieder besoffen‘, dachte er. ‚Tag Gottlieb, machst kalte Rast, dünkt mich!‘ Antwort erhielt er keine. Merkwürdig. Nach ein paar Schritten drehte er seinen Kopf zurück und blickte dem Gottlieb ins Gesicht. Da tönte ein geller Aufschrei durch den stillen Morgen. Er riss seine Hände aus den Taschen und rannte so schnell er konnte in den Sägeschuppen zum Hämmi. Augenblicke später standen beide Männer in der grauen Dämmerung, die Mützen in der Hand, die Leiche Gottliebs vor ihnen. Ungläubig starrten sie auf die schaurige Erscheinung. Seine wässrigen, blauen Augen sahen aus wie zwei Eiskugeln im blau-grünen Gesicht. Die Knie zusammengepresst, mit gerade herabhängenden Armen.

Viel wurde geredet über diesen Tod und über Gott, der die Trunkenbolde schon hier auf der Erde straft und dann in der Hölle noch einmal. Aber das war alles Weibergeschwätz im Krämerladen vom Sonderegger. Wenn einer besoffen aus der Wirtschaft kommt und auf vereister Strasse anderthalb Kilometer in 16 Grad Kälte gegangen ist, dann ist er schon wieder nüchtern, jedenfalls nüchtern genug, selbstbewusst an sich zu denken. Kein Bergler setzt sich bei solcher Kälte in den Schnee, mag er noch so müde sein. Jeder weiss, dass er dabei mit dem Tode spielt. Die Leute am See unten, die springen auch nicht ins tiefe Wasser, wenn sie nicht schwimmen können. Nein, nein, der Gottlieb, der hat sich das Leben genommen. Die Kraft zum Weitermachen fehlte ihm. Nichts hat er gehabt, nichts als Enttäuschungen in allem, was er unternahm; zuletzt eine verfehlte Heirat aus falschen Gründen.

Warum? Warum haben die einen alles und die anderen nichts? Dabei denke ich nicht so sehr ans Geld, als an alles andere, das wir haben, du und ich, ohne dass wir auch nur einen Gedanken daran verschwenden. Nichts von allem hatte der Gottlieb. Warum bestraft Gott vor allem jene, die nichts haben? Sehr oft und viel habe ich über Gottliebs Tod nachgedacht. Entweder gibt es zwischen Himmel und Erde ganz grosse Dinge, die wir Menschen nicht sehen können und in unserer Wenigkeit nicht verstehen, oder dieser Gott ist das ungerechteste, grausamste Wesen, das unsere Fantasie erfinden konnte. Es war in diesen Wochen, nicht lange nach Gottliebs Tod, als ich von einem Gang zum Gemeindeschreiber zurückkam. Ganz unerwartet platzte plötzlich ein Gewitterregen nieder, ich hatte gerade noch Zeit, in eurem Hoteleingang Schutz zu finden. Dort sah mich deine Mutter stehen und holte mich zu einer Tasse Kaffee in ihr Büro. Ein Wort gab das andere und auf einmal sprachen wir von Frau Bhend. Kaum war ihr Mann tot, erhielt sie eine Stelle in eurem Hotel. ‚Jedes Mal wenn ich ihr Geld gab, fühlte ich mich schuldig, weil sie dafür geschlagen worden ist. Essen, ja, das war alles, was ich tun wollte und konnte. Jetzt ist das ja ganz anders geworden.‘“

„Wisst ihr denn etwas aus dem Leben der Frau, bevor sie in unser Dorf gekommen ist?“, fragte ich. „Das meiste ist mir im Vertrauen erzählt worden“, antwortete der Lehrer. „Darüber kann ich nicht sprechen. Anderes ja, das kann ich sagen. Auch deine Mutter hat mir Fragmente von der Geschichte mitgeteilt, sodass es schliesslich ein Ganzes ergab“, antwortete Marti.

„Vrenis Mutter ist die Tochter einer bekannten Patrizierfamilie in Bern. Man hatte hochfliegende Heiratspläne mit ihr. Niemand wusste von der engen Freundschaft mit einem jungen Angestellten ihres strengen, ja, brutalen Vaters. Als sie diesem ihre Schwangerschaft eingestand, bekam er wohl einen Wutanfall und setzte sie, seine einzige Tochter, noch in derselben Nacht vor die Türe. Aus Furcht, den einflussreichen Vater zu verärgern, versagten Freunde und Bekannte jegliche Hilfe und Obdach. Das Kind gebar sie unter falschem Namen bei der Heilsarmee. Jahrelang irrte sie mit ihrem Kind herum, einmal hier, einmal da eine Arbeit findend. Eines Abends kaufte sie eine karge Kleinigkeit als Mahlzeit für ihr Töchterchen, als ein Mann beobachtete, wie mühsam sie sich von den paar Rappen trennte. Er bezahlte, kaufte zusätzlich im Überfluss und verliess zusammen mit ihr den Laden. Es war Gottlieb Bhend, der von der Arbeit gekommen war.

Gottlieb wohnte in einem schäbigen Zimmer in einem Hinterhof. In diesem Hinterhof gab es noch ein zweites Zimmer und so fanden Mutter und Kind wieder ein Dach über dem Kopf. Nach ein paar Wochen kam der Brief, in dem Gottliebs Mutter ihrem Sohn den Tod seines Vaters mitteilte. Lange verzögerte er seine Heimreise. ‚Ich kann dich nicht mitnehmen, ohne mit dir verheiratet zu sein', sagte er eines Morgens ganz unvermittelt. Das war sein Heiratsantrag. In ihrer ruhigen Art sah Vrenis Mutter ihn wortlos an. ‚Die Menschen im Bergdorf denken anders als die Stadtmenschen', erklärte er die eigenen Worte. Sie dachte an ihre Tochter, vielleicht an ein Leben weitab von Menschen. Ein Fünkchen Licht auf dunklem Weg, wer darf da urteilen? Entscheidend war wohl, dass der Mann die Vreni liebte und alles für sie tat, alles, was in seiner Macht stand."

„Dann kann er sie später doch nicht ebenfalls geschlagen haben?", unterbrach ich. „Natürlich nicht. Nie, nicht ein einziges Mal hat er die Mutter geschlagen, wenn die Tochter zugegen war. Nicht einmal, wenn er vollkommen betrunken war. Die Vreni war alles, was er im Leben hatte. Er lebte nur für sie." Marti starrte einen Moment schweigend vor sich hin.

„Der Gafner Fritzel, der hat in der Tragödie eine entscheidende Rolle gespielt, ohne es zu wissen oder zu wollen. Seine Eltern besassen ein stattliches Geschäft unten am Bodenwald, geerbt vom Grossvater und von dessen Urgrossvater zuvor. Obstbäume umgaben Haus und Stall, es erinnerte eher an ein Bauerngut im Tal unten. Der Fritz, das war der einzige Sohn."

„Den Fritzel, den kenne ich gut", unterbrach ich den Lehrer erneut. „Der hat doch immer die Milch ins Haus getragen – jeden Morgen, Sommer und Winter." „Ja, den meine ich. Als du zur Schule in die Stadt gingst, war er im letzten Schuljahr. Schon damals war er in die Vreni vernarrt. Der sah, wie es mit dem Bhend, dem Vater, bergab ging, wie er das Heimetli vernachlässigte und morgens seinen Rausch ausschlief, anstatt zu arbeiten. Er bemerkte wohl, wie die beiden Frauen ihr Bestes taten, um all die Arbeit zu bewältigen, aber Stadtmenschen sind eben anders. Ich denke, er freute sich, helfen zu können, denn das gab ihm die Möglichkeit, die Vreni zu sehen. Also tauchte er immer häufiger in aller Herrgottsfrüh im Stall des Fluhhalde-Heimwesens auf, mistete aus und fütterte die Tiere. Für Vreni blieb dann nur noch das Melken der Kühe. Dann eilte der Fritz heimwärts, um sein eigenes Tagewerk zu beginnen."

Plötzlich entsann sich der Lehrer Marti der Kaffeekanne, die er auf den Ofentritt gestellt hatte. „Schenk ein, schenk den Kaffee ein. Auf was wartest du?" Ich füllte die Tassen. „In diesem Sommer suchte die Waldegg einen Jungsennen für das Sömmern des Viehs auf der Gemmenalp. Der Fritz meldete sich und erhielt die Stelle. Jetzt stieg er jeden Morgen den Weg zur Fluhhalde hinunter. Weder Vreni noch Fritz schienen zu merken, wie sich das Band der Freundschaft und dann der Liebe fest um sie wand. Jeden Morgen, ehe er zur Alp wieder hochstieg, tranken sie zusammen Kaffee in der kleinen, verrussten Küche. Von alltäglichen Dingen plaudernd, sahen sie sich in die Augen, das war alles. Worte der Liebe kannten sie nicht. Dafür fühlten sie umso tiefer und sicherer, wie unzertrennlich sie zusammengehörten. Besonders Vreni lebte ganz für ihn und im Wissen um seine Gegenwart. Die war ihr so selbstverständlich, dass sie sich kaum Rechenschaft darüber gab.

Auch dieser Sommer ging zu Ende. In grossem, langem Zug kam das Vieh von der Alp. Die beste Kuh mit Blumen und Tannenzweigen geschmückt, geführt vom Obersennen. Das kennst du ja, das brauche ich dir nicht zu erzählen. Zwei Jahre später wurde der Fritz Obersenne auf der Gemmenalp. Die Bodenwald-Gafners, das waren angesehene Leute. Des Alten Wort hatte Gewicht in der Gemeinde. ‚Des Vaters wegen ist er Obersenne geworden, der ist doch noch viel zu jung für die Verantwortung', munkelte man hier und dort.

Wie zu erwarten war, machte der Fritz seine Arbeit als Obersenne gut. Da verstummten die Leute. Auch, dass er beim Morgendämmern zur Fluhhalde hinunter ging, ehe er seine eigene Arbeit auf der Alp oben tat, übersah man."

Der Lehrer erhob sich, schritt zur Schlafzimmertür und öffnete sie behutsam. Dann streckte er den Kopf um die Ecke, zog ihn auch gleich wieder zurück und schloss die Tür. „Frau Marti schläft", sagte er und setzte sich wieder mir gegenüber. „Jetzt ist die Geschichte nicht mehr lang", teilte er mir mit, als ob er mich beruhigen wollte.

Nun muss ich zum weiteren Verständnis etwas über das Arbeitsleben auf dem Beatenberg einfügen. Der Herbst ist eine wichtige Zeit für die Bergbauern. An allen Ecken gibt es Arbeit, um die Heimstätte rechtzeitig für den Winterschlaf zu rüsten. Kaum ist's soweit, nehmen die jungen Bauern ihre Sägen, Äxte und Hornschlitten aus dem Schuppen und dann geht's hinauf in die Bergwälder zum Holzfällen. Um diese Zeit hat der Winter gewöhnlich schon begonnen und das Echo der fallenden Stämme und der Äxte tönt meilenweit durch die stille Landschaft. Holzfällen ist harte und gefährliche Arbeit. Die vom Förster freigegebenen Tannen wachsen oft an schwer zugänglichen Stellen und Steilhängen. Besonders an stürmischen Tagen kommt es vor, dass die Bäume nicht genau so fallen, wie der entsprechende Einschnitt unten nahe den Wurzeln es will. Bläst der Wind plötzlich von der falschen Seite, stürzt die Tanne oft dahin, wo Menschen sich in Sicherheit glaubten. Die Tannenstämme, die als Brennholz bestimmt sind, werden an Ort und Stelle kleingeschnitten. In meterlange Segmente werden sie zersägt und mit grossen eisernen Keilen gespalten. Danach werden die Scheiter aufeinandergeschichtet und häufen sich nach und nach zu einer Schlange im winterlichen Wald. Zum Abtransport braucht es viel Schnee, der eine sichere Piste bildet und die Wurzeln und Steine zudeckt. Für gewöhnlich hat man das erst im Januar.

„Der Gafner Fritz, der war auch Holzfäller geworden“, setzte Herr Marti seine Geschichte fort. Es war dunkel geworden in der niedrigen Stube. Vom Lehrer sah ich nur noch die helleren Umrisse auf der Fensterseite. Ein ganz leises Kratzen an der Türe liess ihn aufhorchen. Jetzt erhob er sich, machte Licht und öffnete die Türe. „Rotzer“, sagte ich lachend, als ein Hund ins Zimmer drängte. „Den kenne ich auch noch!“ „Ja“, sagte Marti, „leben wird er nicht mehr lange, der ist jetzt schon dreizehn. Nun, wo waren wir? Ja, der Fritz, der zählte sich, nach seiner sommerlichen Arbeit auf der Alp, zu den Holzfällern. Tag für Tag machte er den Umweg über die Fluhhalde, ehe er durch den hohen Schnee in den Bergwald weiterstampfte. Eines Tages war er zu gewohnt früher Morgenstunde mit Vreni im Stall, als die beiden den Vater, den Gottlieb, heimkommen hörten. Zuerst polterte er in der Küche herum und dann schrie die Mutter ein-, zweimal. Der Fritz blickte Vreni an, sah Angst in ihren Augen, stürzte zum Stall hinaus und hinüber in die Stube. Seine beiden Hände griffen den Kittelumschlag, fassten eisern zu und hoben den Betrunkenen ein Stück in die Höhe. Er schüttelte ihn, dass sein Kopf willenlos hin und her wackelte. ‚Gottlieb, wenn du noch einmal, nur noch ein einziges Mal so brüllst, deine Frau schlägst und dem Vreni Angst einjagst, dann schlage ich deinen Schädel ein, hörst du? Dazu habe ich ein Recht, denn ich will die Vreni heiraten! Schützen vor dir muss ich die Vreni.‘ Damit stiess er den Gottlieb von sich, dass er unsanft gegen das Bett fiel. Als Fritz in den Stall zurück kam, stand Vreni immer noch an derselben Stelle und sah ihn mit ihren grossen dunkelblauen Augen an. ‚Musst nicht so wüst mit ihm sein, Fritz, das Leben ist so schwer für ihn, so furchtbar schwer. Alles, was er in die

Hände nimmt, zerbricht.' ,Ja, und wenn ich nicht zum Rechten sehe, zerbricht er auch deine Mutter', antwortete Fritz laut und aufgeregt. ,Oh nein, meine Mutter kann er nicht zerbrechen, sie ist viel stärker als er. Er wird an sich selbst zerbrechen, der Arme.' ,Was redest du da wieder', tönte es von der Stalltüre her. Die Mutter kam, legte ihre Hand auf Fritz' Arm und sagte leise: ,Danke Fritz.' Dann, an ihre Tochter gewandt: ,Vreni, du sprichst wieder von Dingen, die niemand versteht.' Danach ging sie wieder in die Küche zurück. Nun tat Fritz etwas, was er noch nie getan hatte. Er nahm Vrenis beide Hände in die seinen, zog das Mädchen nahe an sich und fragte: ,Vreni, gelt, du willst meine Frau werden?' Da küssten sie sich zum ersten Mal und versanken in einem Meer von unbeschreiblichem Glück. Es war am Morgen, der diesen Ereignissen folgte, als der Sägereigeselle den gefrorenen Leichnam des Gottlieb Bhend grüsste.

Siehst du jetzt, warum ich behaupte, dass der Gottlieb sich das Leben genommen hat? Der Fritz, der hat ihm deutlich gesagt, dass er ihm die Vreni wegnehmen wird, die Vreni, die für ihn alles, wirklich alles war."

Lange stierte Marti auf das gehäkelte Tischtuch: „Nun ja", sagte er schliesslich, „das Leben ging weiter. Niemand weinte um den Gottlieb. Den beiden Frauen war mit seinem Tod eine schier untragbare Last genommen. Nach wie vor kam der Fritz jeden Morgen lange vor der Dämmerung, verrichtete die notwendigen Arbeiten und ging wieder, sein Tagewerk bei den Holzfällern zu beginnen. Aber etwas war anders geworden, etwas, das niemand sah und doch ungeheuer wichtig war: Die Vreni sass nicht mehr schön gesittet auf der anderen Seite des Tisches, wenn die beiden ihren Morgenkaffee tranken. Jetzt sass sie dem Fritz auf den Knien, die Arme um seinen Hals geschlungen und tat alles, um sein Weitergehen zu verzögern. ,Jetzt gibt's an der Fluhhalde wohl plötzlich drei Kühe zu melken', hänselten die anderen Holzfäller ihn, wenn er der Letzte war, der oben im Bergwald ankam. Ein jeder wusste etwas ganz Schlaues zu sagen. Der Fritz, der lächelte nur glücklich und liess sie reden.

Der Dezember hatte viel Schnee gebracht. Der Holzschlittenweg war bereit und jetzt begann, worauf die jungen Leute sich jedes Jahr besonders freuten: der Abtransport des Brennholzes auf den Hornschlitten. Das war gefährliche Arbeit und erforderte viel Geschick. Sie begann damit, die langen Scheiter mit gleichmässiger Gewichtsverteilung, hinten schwerer als vorne, auf die Hornschlitten zu laden. Im

Flachland unten hat man sicher noch nie einen Hornschlitten gesehen. Nein, die gibt es nur in den Bergdörfern. Sie sind so breit wie die Holzscheiter und zweimal so lang. Bei gewöhnlichen Schlitten enden die Kufen auf Höhe der Querlatte. Beim Hornschlitten nicht. In elegantem Bogen enden sie erst auf Hüfthöhe eines Mannes. Hat er den Schlitten beladen und die Scheiter festgebunden, stellt der Mann sich zwischen die Hörner und zieht an eben diesen, den verlängerten Kufen. Die nassen Scheiter sind schwer. Es braucht derer nicht viele, um eine Last von oft über zweihundert Kilo zu schleppen. Das braucht Kraft. Kommt der sanft abfallende Hang, dann gleitet der Schlitten, vom Gewicht getrieben. Es sind die steilen Stellen der Schneise, die fortgeschrittenes Können erfordern. Der Mann ist Lenker und Bremse zugleich. Einen Wettbewerb, wer mit grösster Last am schnellsten unten im Dorf ankommt, gibt es nicht. Trotzdem wird jeder Holzschlittler von allen anderen beobachtet. Keiner hätte dem Gafner Fritz gesagt, er sei der Beste, und doch wusste es ein jeder, auch der Fritz selbst. Da gab es Stellen im Schlittenweg, meistens kurz vor einem Steilhang, da bremsten alle. In den Hörnern hängend, mit weit vorgeschobenen Körpern, die mit groben Nägeln beschlagenen Absätze tief in die Fahrrinne hackend, verringerte man die Geschwindigkeit. Nicht so der Fritz. Der liess gewöhnlich dem Schlitten freien Lauf und verliess sich dabei ganz auf seine Geschicklichkeit, ihn mit seiner Last zu lenken. Nein, ein Sport für Milchgesichter aus der Stadt war das nicht. Kraft brauchte es und Beine so stark wie die Granitpfeiler am Bundeshaus in Bern." Lehrer Marti lebte ganz in den Bildern seiner Erzählung. Er überhörte die weinerliche Stimme, die aus seinem Schlafzimmer nebenan kam, bis ich ihn darauf aufmerksam machte. Da erhob er sich eilig und ging zu seiner Frau. Inzwischen war es dunkel geworden. Über den Wipfeln des Waldes leuchteten Sterne, alles war totenstill. Die alte Wanduhr mit den langen Bleigewichten zeigte halb sechs. Er ging in die Küche und kam mit einem Krug und einem Glas zurück. „Wasser wollte sie haben", sagte er, als er sich wieder setzte.

„Für den Fritz waren das arbeitsreiche Tage und Wochen. In der Dunkelheit des frühen Morgens schulterte er den Schlitten und watete oft durch kniehohen Neuschnee zum Heimwesen seiner Vreni. Dann ging's weiter bergan zu all dem Holz, das noch ins Dorf hinunter gefahren werden musste. Kam er noch vor Mittag mit einer Fuhre Holz zuhause an, ging er noch einmal denselben Weg zurück, um eine zweite Ladung zu holen. Unermüdlich war er und tief glücklich dabei. So stapfte er auch an diesem Morgen wieder auf die Fluhhalde zu. Der Vollmond beleuchtete seinen Weg. In zwanzig Minuten würde er dort sein. Dann würde die Vreni in den Stall kommen. Im Frühjahr wollten sie heiraten. Heiss stieg es in ihm hoch. ‚Seine Vreni, das schönste Mädchen im ganzen Oberland!' Eigentlich wusste er nichts von ihr, eine Hiesige war sie nicht, obwohl sie hier im Dorf gross geworden war. Zuweilen wurde ihm ganz bange. Die Vreni, die hatte oft merkwürdige Gedanken, wie damals, als die Mutter liebevoll die trächtige Kuh abtastete. ‚Da ist kein Leben drin', hatte die Vreni gesagt. ‚Natürlich, das Kalb kommt in fünf Wochen', antwortete die Mutter. ‚Nein', gab die Vreni zurück, ‚da ist kein Leben drin.' Drei Tage später verlor die Kuh das totgeborene Kalb. Hin und wieder machte Vreni Bemerkungen, die niemand verstand, auch ihre Mutter nicht. Oder am Tag bevor der Gottlieb starb, da hatte sie doch etwas von ‚zerbrechen' gesagt. Merkwürdig.

Kaum hatte der Gottlieb den Tieren also an diesem Morgen das Heu vorgelegt, als auch schon die Vreni in den Stall kam. Stumm umarmten und küssten sie sich, dann tat jedes seine Arbeit. Verstohlen musste er sie immer wieder betrachten. Ja, sie kam aus einer anderen Welt. Ihre schmalen Hände, die schneeweisse, beinahe durchsichtige Haut – nein, so waren die hiesigen jungen Mädchen nicht. Auch jetzt wieder: Den Milchkübel in der Hand starrte sie vor sich hin, tief in Gedanken versunken. An was sie wohl dachte? Eine halbe Stunde später sassen sie in der Küche und tranken Kaffee. ‚Wie schweigsam sie heute ist', fuhr es ihm durch den Kopf, als er sich auch schon erhob. Sie ging mit ihm in den Stall, wo er seinen Hornschlitten gelassen hatte. Auf halbem Weg blieb sie stehen. Mit grossen, schreckgeweiteten Augen im leichenblassen Gesicht stand sie regungslos da. ‚Was ist mit dir, siehst du Gespenster?', fragte er lachend. ‚Fritz, geh' heute nicht zum Holzen. Heute nicht!' Erstaunt sah er sie an. ‚Ich muss doch, warum denn nicht?' Jetzt ergriff sie mit beiden Händen seinen Arm. ‚Fritz, heute darfst du nicht ins Holz. Es gibt ein Unglück.' Er lachte. ‚Gehen muss ich jetzt, morgen früh komme ich wieder.' Er versuchte, seinen Arm zu lösen. Da fasste sie fester zu und schmiegte sich eng an ihn. ‚Geh nicht! Bitte! Geh nicht!' ‚Aber warum denn nicht, was ist heute anders als gestern oder vorgestern?' Ratlos stand er da, er wollte gehen und konnte doch nicht. Endlich schien sie sich zu beruhigen. Sie liess ihn los und sagte leise wie zu sich selbst: ‚Ich bin eine dumme Gans, nichts wird's geben.'

Vreni umarmte und küsste ihn, stand und sah ihm nach, wie er höher stieg. Oben am Waldrand blieb er stehen und winkte ein letztes Mal, dann verschwand er zwischen den dunklen Stämmen neben dem grossen Felsblock. Sie hatte sich nicht von der Stelle gerührt, starrte und starrte zu dem Punkt, an dem sie Fritz zum letzten Mal gesehen hatte. Plötzlich schien sie zu erwachen. Langsam schüttelte sie ihren Kopf. ‚Nein, nein', dachte sie, ‚ich muss mich täuschen, das ist nur ein böser Traum, ich habe nicht immer Recht.'"

Die Wanduhr schlug sechs klangvolle Töne. Der Schulmeister erhob sich und zog an der langen Kette das Gewicht hoch. „Jetzt geht's nicht mehr lange", schien er mich trösten zu wollen. „Eine blasse Sonne ging an diesem Morgen über dem Schreckhorn hoch. Von Westen trieb der Wind dunkle Wolken heran. Eiliger als seine Kollegen lud Fritz die Scheiter auf seinen Schlitten. ‚Hast's pressant heute, nicht? Wo wartet sie auf dich?' Antwort gab er keine. Dafür zeigte er auf die heranziehenden Wolken. ‚Da kommt der Schnee. Ich will vorher unten sein.' Mühsam schleppte er den hochbeladenen Schlitten bis zum Abhang, wo die Schneise begann. Er freute sich auf die Fahrt. Jetzt ging's los. Er setzte seine Füsse auf die Kufen und liess der Last freie Bahn, schneller, schneller, hohooo!

Oberhalb der Hochwaldhütten tritt der Schlittenweg aus dem Wald und beschreibt eine grosse Kurve. Der Ernst Jaggi, der kurz nach Fritz abgefahren war, sah von weitem, dass Hölzer in der Fahrrinne lagen. Jäh hackten seine beiden Absätze in die harte Bahn. Er versuchte alles, um seinen Schlitten anzuhalten. Verzweifelt fuhr er kleine Kurven, um die Fahrt zu verlangsamen. Trotzdem fuhr er in die ersten Scheiter, verhindern konnte er es nicht. Der Hornschlitten lag oben am Schneewall und, weiter unten, inmitten verstreuter Scheiter, lag des Bodenwaldbauern Fritzel, der Schnee rund um ihn rot gefärbt. Der Jaggi zögerte nicht. Er rannte die Fahrbahn hoch, keuchend, so schnell es ging. ‚Halt! Halt, bremsen, anhalten!', rief er die anderen an. ‚Ein Unfall!'

Bald standen ihrer vier ratlos um den Daliegenden. ‚Hinunter ins Dorf muss er', sagte einer schliesslich. Der Fritz schrie, als sie ihn auf den Schlitten hoben. Bei einer der Hütten fanden die Männer Heu im offenen Anbau. Damit deckten sie den Verunglückten zu. Es hatte zu schneien begonnen. Der dicke Nebel verbarg die Männer und den Schlitten vor neugierigen Augen. Vor der Treppe des Chalets Eiger machten sie Halt. Als deine Mutter kam, zeigte einer auf den Schlitten. Da befreiten sie den Fritz von Schnee und Heu. ‚Der Gafner Fritz, oh nein, nein!', rief sie aus, an Vreni denkend. Nur ganz schwaches, unregelmässiges Röcheln war zu hören. Eilig öffnete deine Mutter des Verunglückten Hemd. Der ganze Brustkasten war tief eingedrückt. ‚Oh nein, nein, nein ...' wiederholte sie, ‚die paar Wunden binden, das nützt nichts. Der muss sofort nach Interlaken ins Spital – wenn's nicht schon zu spät ist. Wer hat einen Schlitten mit Pferd?' ‚Der Schürboden Gottlieb', sagte einer der Männer. ‚Einer von euch hole Schlitten und Pferd. In die Wärme muss der Fritz. Bringt ihn ins Haus.' In dem Moment kam ein lautes Röcheln vom Schlitten her. Der Fritz streckte sich, röchelte noch einmal und dann war alles still. Totenstill. Da zogen die Männer ihre Mützen vom Kopf und legten die Hände zusammen. Es schneite auf ihre entblössten Haare, es schneite auf den Toten, es schneite auf deine Mutter, die dabei stand, bis sie sich plötzlich umdrehte und im Haus verschwand."

* * *

Marti hatte die Fingerspitzen wieder zusammengelegt. Eine lange Minute stierte er vor sich hin. Dann entrang sich ein tiefer Seufzer. „Mutter Bhend hantierte in der Küche herum. Es war kurz vor zehn Uhr. ‚Was macht denn die Vreni noch im Stall draussen', wunderte sie sich. Im selben Augenblick ging die Türe auf. Langsam trat Vreni ein. ‚Was hast so lange ...?', sie hatte sich nach Vreni umgedreht und stiess einen verhaltenen Schrei aus. Vrenis Gesicht war blauweiss und durchsichtig wie ein Stück Eis. Mit weit offenen Augen stierte sie vor sich hin, trat wie schlafwandelnd in die Stube und blieb am Fenster stehen. ‚Vreni, was hast du, was gibt's? Warum siehst du so aus?' ‚Der Fritz ist tot', antwortete sie mit erstaunlich fester Stimme. Die Frau war sprachlos. Hatte Vreni wieder eines ihrer Gesichter gehabt, wie es zuweilen vorgekommen war? ‚Vreni, was meinst du damit? Weshalb sagst du das?' Vreni gab keine Antwort, trotz allem Betteln der Mutter blieb sie stumm. Wie eine schwarze Wolke breitete sich neues Leid über der schmerzgeprüften Frau aus. Sie musste Gewissheit haben. In Mantel und Stiefeln kam sie wieder in die Stube. ‚Vreni, ich geh ins Dorf. Ich will wissen, ob es ist, wie du sagst.' Keine Antwort. Sie schnallte die Skier fest, besann sich und begab sich wieder ins Haus. Nein, die Vreni konnte sie nicht alleine lassen, nicht heute, nicht in dem Zustand. Zudem hatte es zu schneien angefangen. Niemand weiss, wie die schrecklichste aller Nächte an den beiden Frauen vorübergegangen war. Keine ass, keine schlief, keine sprach ein Wort. Als der Morgen dämmerte, hielt es die Mutter nicht mehr aus – sie musste Gewissheit haben, so oder so. Seit gestern Morgen schneite es unaufhörlich. Trotzdem machte sie sich auf den Weg. Kniehoch lag der Neuschnee. Mühsam hob sie einen Ski um den andern. Nach einer Viertelstunde war sie bereits so müde, dass sie ans Umkehren dachte. Aber nein, das ging nicht ...

Ich trug gerade einen Korb voll Brennholz in unsere Küche, als ich im dichten Nebel und Schneegestöber eine schwarze Gestalt auf der Strasse sah; ich blieb stehen, sah sie näherkommen und erkannte dann auch Frau Bhend. Müde war sie, sterbensmüde. Sie brachte es kaum noch fertig, einen Ski vor den anderen zu schieben. Meinen Korb hinstellend, ging ich die Treppe hinunter, half ihr, die Ski abzuschnallen, und führte sie hier in die warme Stube. Frau Marti brachte ihr einen Kaffee. Als sich Frau Bendh etwas erholt hatte, setzte ich mich ihr gegenüber. Sie musste wohl in meinem Gesicht gelesen haben, denn sie sagte auf einmal: ‚Dann stimmt's also, das mit dem Fritz?' Sie wollte zu deiner Mutter gehen, schaffte den Weg aber nicht mehr; also blieb sie sitzen und erzählte mir alle Einzelheiten, die sonst niemand kannte. So wusste ich nun auch, wie Fritz' Tod Einzug ins Heimetli an der Fluhhalde gefunden hatte. Eine merkwürdige, eine sehr merkwürdige Geschichte. Würde sie mir irgendjemand erzählt haben, ich hätte sie nicht geglaubt. Aber hier, aus erster Hand, von einer Frau, deren Intelligenz und Bildung ich achtete ..."

Lange schwieg der Schulmeister wieder und stierte auf seine gefalteten Hände. „Man hatte die Räder des Leichenwagens abgenommen und an deren Stelle einen Schlitten darunter gesetzt, den zwei Pferde zogen. Als der Zug sich langsam in Bewegung setzte, mit Fritz' Eltern als Erste dem Sarg folgend, war Vreni nicht unter der Menge. Während ich mit im Zug schritt, suchte ich sie die ganze Zeit. Es war ein langer Zug und auch eine lange Strecke. Als der Sargschlitten um die letzte Kurve bog und die Kirchglocken zu läuten begannen, schritt Vreni ganz vorne, dich neben dem Sarg, ihre linke Hand lag auf dem dunklen Holz. Plötzlich war sie da, ich hatte sie nicht kommen sehen, obwohl ich den Schlitten kaum aus den Augen gelassen hatte. Als vier Männer den Sarg zum offenen Grab trugen, ging sie dicht an deren Seite, als die Männer den Sarg dort auf die dunkelbraune, nasse Erde stellten, kniete Vreni am Kopfende nieder, legte ihre Arme auf beide Seiten des Sarges, als wollte sie des Geliebten Kopf zwischen ihre Hände nehmen. Tränenlos blickte sie mit starren Augen in die Menge sah aber niemanden an.

Eine ganze Zeit wagte niemand, das Mädchen zu stören. Als die wartende Stille peinlich wurde, trat der Pfarrer an sie heran und bedeutete ihr, Platz zu machen. Wie erwachend erhob sie sich, sah erstaunt um sich und verschwand augenblicklich zwischen den Menschen, die nun in dichtem Kreis um die Grube standen. Als einer der Ersten warf ich eine Handvoll Erde auf den Sargdeckel. Roh, herzlos trommelten die Steine auf das Holz, dann zwängte ich mich durch die Umstehenden, um Vreni zu suchen. Ich bildete mir ein, dass sie mich brauchte, in Wahrheit aber brauchte ich sie. Die ergreifende Szene ging wie ein Riss durch mein Herz hindurch. Doch wo war sie? Ich blickte in alle Richtungen, lief, so schnell ich konnte rund um die Trauergemeinde herum, dann hinauf auf die Strasse. Keine Vreni. Zurück zur kleinen Kirche. Die schwere, uralte Tür stand offen – der Raum war leer. Jetzt traten die ersten Menschen aus dem Knäuel, um sich auf den Heimweg zu begeben. ‚Habt ihr die Vreni gesehen?', fragte ich atemlos. ‚Ja, am Sarg – nachher nicht mehr.' Alle, die ich kannte, fragte ich und alle gaben dieselbe Antwort."

* * *

„Es war stockfinster, als es am Morgen des zweiten Tages nach der Beerdigung an meine Küchentüre klopfe. Ich war eben erst aufgestanden und im Begriff, meiner kranken Frau zuliebe das Schlafzimmer zu heizen. Erst aber öffnete ich; eiskalter Morgenwind schlug mir entgegen. Eine Wollmütze über die ungekämmten Haare gezogen, mit irre flackernden Augen, stand Vrenis Mutter vor mir. Schrecken durchzuckte mich, als ich sie dastehen sah. ‚Wo ist Vreni?' ‚Nicht bei mir, Frau Bhend, aber kommt herein. Ihr braucht Wärme und eine Tasse Kaffee.' Sofort ergriff sie den Besen und wischte sich den Schnee von den Schuhen, dann trat sie willig in die Wärme der Küche. ‚Was sagt Ihr, gute Frau? Die Vreni ist doch zuhause?' Sie schüttelte den Kopf. ‚Nein, seit sie am Morgen der Beerdigung fortging, habe ich sie nicht mehr gesehen.' Lähmende Angst befiel mich. Vreni war nur spärlich bekleidet gewesen, weder Mütze noch Mantel hatte sie getragen. ‚Dann muss sie bei den Hürners sein', entgegnete ich etwas lahm, denn deine Mutter hätte der Frau Bhend Bescheid gesagt, wenn dem so gewesen wäre. Sich an der warmen Tasse die Hände wärmend, trank Frau Bhend ihren Kaffee. Sie hatte sich etwas beruhigt, atmete wieder ruhig und nippte Schluck um Schluck. Plötzlich stellte sie die Tasse mit einem Knall auf den Küchentisch und rief laut: ‚Wo ist Vreni?', erhob sich zugleich und stürmte hinaus in den dämmernden Morgen.

Sie ging in jedes Haus, das auf ihrem Weg lag. Des Sondereggers Bäckerei war voller Frauen, als sie dort eintrat. ‚Wo ist Vreni?' Eine Antwort wartete sie nicht ab, sondern zog die Tür hinter sich wieder zu und ging weiter. Da steckten die zurückgebliebenen Bäuerinnen ihre

Köpfe zusammen. Sie tupften mit ihren Fingerspitzen an die Stirnen: ‚Die ist weg, die spinnt …'

Auch beim Schürboden Gottlieb wurde die Stubentüre aufgerissen: ‚Wo ist Vreni?', dann schlug sie wieder zu und Frau Bhend eilte weiter.

Eure Haustür war geschlossen. Sie läutete. Ein Dienstbote öffnete. Der wurde zur Seite geschoben, Frau Bhend stürzte vorbei, riss die Tür zu eurem Wohnzimmer auf und brüllte: ‚Wo ist Vreni?' Deine Mutter erhob sich augenblicklich und ehe Frau Bhend wieder davonrennen konnte, fasste sie diese fest an beiden Armen. Sie sah die flackernden, irren Augen und hiess die Frau in befehlendem Ton, sich sofort hinzusetzen. Gehorsam tat sie es und dabei wurde sie zusehends ruhiger. Eine Weile plauderten die Frauen zusammen und deine Mutter erfuhr, dass sie bei mir Kaffee getrunken hatte. Ohne jegliche Vorwarnung schnellte sie auf einmal vom Stuhl hoch, brüllte mit flackernden Augen: ‚Wo ist Vreni?', schlug den nach ihr greifenden Arm deiner Mutter beiseite und war draussen.

Vier Tage nach Fritz Gafners Beerdigung rief der Landjäger Keppeler zur allgemeinen Suche auf. Die Männer des ganzen Dorfes wurden aufgeboten, um in allen Ecken nach dem verschwundenen Mädchen zu suchen. Die weit abgelegenen Ställe und Heuschober wurden geöffnet, alte, verfallene Ziegen- und Schafgehege betreten, in jeden Winkel wurde gespäht, jeder Spur im Schnee wurde nachgegangen, doch Vreni blieb verschwunden.

Die Polizeiposten von Interlaken und den Dörfern um den See herum wurden benachrichtigt und um Mithilfe gebeten. Niemand fand auch nur die geringste Spur von ihr – bis zum heutigen Tage nicht." Lehrer Marti hielt inne, stützte seinen Kopf in beide Hände und starrte schweigend auf das Tischtuch. Lange wagte ich nicht, ihn aus seinem Brüten zu wecken. Endlich fragte ich: „Und Frau Bhend?" „Sie musste in die Irrenanstalt Münsingen eingeliefert werden. Frage deine Mutter. Zweimal war sie dort. Frau Bhend hat sie nicht wiedererkannt."

Es war eine mondhelle, kalte Vorfrühlingsnacht. Schwarz hoben sich die Spitzen der Tannen vom erleuchteten Firmament ab. Anstatt nach Hause zu gehen, bog ich in das Strässchen ab, das hinauf zum Amisbühl führte. In Gedanken verloren merkte ich nicht, wie ich einen Fuss vor den anderen setzte und immer höher und höher schritt. Hundert Vrenibilder reihten sich in meiner Erinnerung. Vreni beim Spiel mit uns Kindern, Vreni mit Gästen, Vreni hier, Vreni dort. Mit jedem

Bild leuchtete ihre Gestalt ein bisschen heller. Auf einmal hörte ich das Plätschern von Wasser in einem Brunnentrog. Aufblickend gewahrte ich die schwarzen Umrisse der Hohwaldhütten. Weit unter mir sah ich die erleuchteten Fensterchen des Dorfes und die kleinen Lichtpünktchen in weiter Ferne. Das waren die Dörfer am Seeufer. Silbern glänzte der Firnschnee an der Jungfrau drüben im klaren Licht des Mondes. In die unbeschreibliche Schönheit dieser Nacht leuchtete Vrenis Bild mir heller als

Die delphische Sibylle von Michaelangelo

je zuvor, zuletzt leuchtend wie die Sonne der längst vergangenen Sommertage. Meine Eltern haben Vreni wie ihre eigene Tochter geliebt. Als Schwester habe ich sie in mir bis heute durch mein Leben getragen.[1]

1 So lange ich mich erinnern kann, hatte mein Vater immer eine Abbildung der delphischen Sibylle in einem von seinem Vater von Hand geschnitzten Holzrahmen hängen. (Der Herausgeber)

Alfons der Portier

Früher als sonst musste in diesem Jahr das Hotel geöffnet werden, denn die ersten Gäste waren schon für den 20. Juni angemeldet. Alle Fenster waren weit geöffnet, Zimmermädchen holten Arme voll Leintücher, Kopfkissen- und Duvetüberzüge im Wäscheraum auf der anderen Seite des Strässchens. Ein zweispänniger Lieferwagen aus Interlaken stand bei der Küchentreppe, die Arbeiten zur Eröffnung des Hotels für die Sommersaison waren in vollem Gange.

Vom Regina Palace Hotel her schritt ein Herr unser Strässchen hoch. Dunkler Hut, dunkler Anzug mit passender Krawatte und ein prall gefüllter Koffer. Wohl ein Geschäftsreisender, der seine Musterkollektion gleich mitbrachte. Schon stand er vor dem Hoteleingang, dessen Verschalung an diesem Morgen erst heruntergenommen worden war. Als der Herr im Eingang verschwand, rannte ich ins Büro meiner Mutter. Da stand er schon in der kleinen Halle vor ihrem Schreibtisch, seinen Hut in der Hand. Von ihrer Arbeit aufblickend erkundigte sich Mutter: „Von welcher Firma haben Sie gesagt?" Der Herr lachte ein angenehmes, tiefes Lachen. „Nein, nein, nicht von einer Firma. Ich bin der Alfons, Alfons Stettler, der Portier." Jetzt lachte auch meine Mutter. „Ach, Ihr seid der Alfons! Gut, seid willkommen bei uns!" Damit gaben sie sich die Hand. „Hans, weil du deine Nase schon wieder zuvorderst hast, zeig' Alfons sein Zimmer."

Dem Hotel gegenüber standen zwei Häuser; das kleinere bestand aus dem Wäscheraum im Erdgeschoss und einigen Angestelltenzimmern darüber. Daran schloss sich die Waschküche. Ehemalige Pferdeställe bildeten die Verbindung zum zweiten Haus, einem grossen, stattlichen Bauernhaus, das unter seinem weit ausholenden Giebel die Jahreszahl 1732 trug. Schwarzgebrannt von der Sonne so vieler Jahre, war es ein einziges Schmuckstück, besonders im Sommer, wenn auf den beiden Balkons, die die ganze Vorderseite entlang liefen, die Geranien blühten. Alle nannte es das „Alte Huus“. Im Erdgeschoss befand sich eine geräumige Garage; daneben, an der Hausecke, das „Portierstübli“. Man betrat das alte Haus durch einen Vorbau dessen Dach gleichzeitig ein kleiner Balkon war. Auch am Geländer dieses Balkons waren Geranienkästen befestigt.

Dorthin führte ich Alfons. Das „Stübli“ war ziemlich gross mit einer niedrigen Decke, wie es damals in den Bauernhäusern des Berggebiets üblich war. Zwei Betten standen darin, wovon eines bereits mit weissen Leintüchern bezogen war. Ein Stuhl, ein Tisch, ein alter Schrank und ein grosser Waschtisch bildeten die Einrichtung. Alfons sah sich um und nickte befriedigt, trat aber gleich wieder auf den kleinen Vorbau hinaus, um die Blumenkisten zu bewundern. „Oh, da sind ja bereits Geranien gepflanzt. Ist das schön!“, rief er aus. Ich war stolz, dass dem Alfons das Portierstübli gefiel und rannte gleich zu meinem Vater in den Garten hinunter, um es ihm mitzuteilen, besonders das mit den Geranien.

Alfons hatte angegraute Haare über einem ovalen Gesicht. Seine Augen waren von einem hellen Blau, wie ich es noch nie gesehen hatte, dazu ein feingeschnittener Mund, der auf beiden Seiten etwas abfiel, was ihm den Ausdruck von Traurigkeit gab. Allen gegenüber war er sehr höflich, ja zuvorkommend, auch zu den übrigen Angestellten, was ihn eigentlich hätte beliebt machen sollen. Er war aber ein Einzelgänger und das duldeten sie schlecht. „Irgendetwas stimmt nicht mit ihm“, hörte ich meine Mutter sagen. „Ach, du mit deinen Vorurteilen“, entgegnete Vater. „Nur weil er kein Portiertypus ist und dazu noch Einzelgänger! Ich sehe in ihm jedenfalls einen netten, sehr feinfühligen Menschen.“ „Wollen ja sehen“, kam die Antwort in zweifelndem Ton.

Nach ein paar Tagen war Alfons mein Freund geworden. Er sprach mit mir, als wäre ich erwachsen und nicht ein siebenjähriger Knirps. Wenn sich unsere Wege tagsüber kreuzten, ging er nie ohne ein liebes Wort an mir vorüber. Als die ersten Gäste ankamen, half ich ihm, die kleinen Koffer und Taschen in die Zimmer zu tragen. Ich hatte meine Giesskanne, um mit ihm die vielen Topfpflanzen zu begiessen, die überall verstreut die Gänge und Ecken dekorierten und ich begleitete ihn oft zum Sonderegger, dem Bäcker und Krämer, wenn er beauftragt wurde, dort etwas zu besorgen. Genau wie mein Vater konnte er auf solchen Gängen am Strassenrand niederknien, um ein Blümchen genau zu betrachten, oder er machte mich auf sonst etwas aufmerksam, das ihm in Wiese oder Garten besonders auffiel. Dass er den Frauen gegenüber sehr scheu war und ihnen nach Möglichkeit aus dem Wege ging, hatte auch ich bald bemerkt. Was ich jedoch merkwürdig fand, war, dass er ihnen aufmerksam nachblickte und jede ihrer Bewegungen verfolgte, sofern er es aus sicherem Hinterhalt, hinter einem Baumstamm oder einem Strauch tun konnte. Sah ich ihn dabei, fühlte er sich nie ertappt, sondern beobachtete ruhig weiter, bis die Frau verschwunden war. So seltsam es erscheinen mag, machte ich mir darüber keine Gedanken.

Damals stellten die Hotelgäste ihre Schuhe abends vor die Zimmertüren, um sie dort am nächsten Morgen sauber geputzt wiederzufinden. Mit Kreide wurde die jeweilige Zimmernummer auf die Sohlen geschrieben, dann wurden die Schuhe in einem grossen Weidekorb hinunter zum hinteren Küchenausgang getragen. Dort gab es eine lange, niedrige Mauer, die die ganze Hotelwand entlang lief. Sie eignete sich vorzüglich dazu, die vielen paar Schuhe aneinanderzureihen.

Schon als Kind war ich ein Frühaufsteher und besonders im Sommer hielt es mich nie lange im Bett. Anstatt kurz nach fünf Uhr ziellos herumzulungern, begab ich mich in die Küche, stand überall im Wege mit der Entschuldigung, helfen zu wollen. Zuweilen half ich dem Portier mit einem wollenen Lappen die Schuhe zu glänzen. In diesem Sommer wählte ich ausschliesslich das Schuheglänzen, natürlich wegen meiner Freundschaft mit Alfons.

Leider war ich viel zu klein, zu jung und zu dumm, um zu merken, an welch einem Reichtum an Weisheit ich achtlos vorbeiging. Es gibt unzählige Werke über Grafologie, Phrenologie und vor allem Astrologie. Sie alle geben Auskunft über den menschlichen Charakter und wie man ihn ergründen und deuten kann. „Jeder Mensch teilt beim Gehen seinen Schuhen ganz genau mit, was und wer er ist.“ So ungefähr lautete das erste Gesetz in der ersten Vorlesung von der ersten Kapazität auf diesem Gebiet: Alfons, dem Portier. Auch an den Sinn des zweiten Gesetzes kann ich mich noch erinnern: „Niemand kann verbergen, wie er geht.“ Sein Gang ist der offensichtlichste Ausdruck eines Menschen. Den Beweis seines Charakters liefert er als „Drucksache, nicht auf Papier, sondern in den Schuhen, seinen eigenen Schuhen“.

Alfons lebte ausschliesslich für sein Interesse, den Charakter der Menschen zu analysieren, deren Schuhe er in der Hand hielt. Der Beruf des Portiers war ihm lediglich Mittel zum Zweck. Seine Liebe galt den Frauen- und Mädchenschuhen. Männer mochte er nicht. Sein abschätziges Urteil lautete: „Tragen sie Schuhe, die vorne breit sind, dann sind das alles Langweiler. Alle Schwindler tragen spitze, hellbraune Halbschuhe.“ Frauenschuhe, das war freilich etwas ganz anderes. „Das weiche Leder empfängt die ersten Abdrücke schon nach ganz kurzem Tragen“, schwärmte er. Da kam er auch schon aufgeregt zu mir, der ich am Ende der langen Reihe zu polieren begonnen hatte: „Schau mal, das ist ein ganz typischer Schuh. Der gehört einer älteren, ziemlich dicken Dame. Siehst du den mächtigen Ballen hier? Die fleischigen Zehen drücken alle nach aussen. Das heisst, dass sie laut und zänkisch ist und alle herumkommandiert. Wahrscheinlich sind das ihre guten Ausgehschuhe. Sie stützt sich beim Gehen auf jemanden – wahrscheinlich auf ihren Mann.“

Zuerst dachte ich, er würde sich vielleicht die Zimmernummern merken, denn schliesslich sah er die Gäste meistens, wenn er ihr Gepäck auf die Zimmer brachte. Dem war aber nicht so. Nie blickte er auf die Nummern. „Und hier, siehst du, in welcher Weise der Absatz hier abgetreten ist? Die vierte Zehe ist gleich lang wie die dritte. Wenn du jetzt auf ihr Zimmer gehst, dann wette ich, dass überall Kleidungstücke herumliegen. Den Koffer hat sie nicht einmal richtig ausgepackt. Sie liest billige Liebesromane, denn sie ist sentimental und nicht allzu intelligent.“

So wurde ich täglich mit Weisheiten übergossen, die Alfons aus Frauenschuhen las.

An einem Abend gleich nach dem Nachtessen, trat ein Ehepaar auf die Strasse. Ich hörte, dass er etwas von Zigaretten sagte. „Nein, wenn du sie vergessen hast, dann bist du selbst schuld. Jetzt gehen wir zuerst spazieren, rauchen kannst du nachher.“ Sie war ziemlich dick, hängte sich bei ihm ein und lehnte stark auf seinem rechten Arm. Diese kurze Szene kam mir recht bekannt vor, woher aber, wusste ich nicht. Plötzlich musste ich ein lautes Auflachen unterdrücken. Auf ihre Füße sehend, erkannte ich, dass es sich um die zänkische Frau handelte, aus deren Schuhe der Alfons gelesen hatte, jene, die sich auf jemanden stützte, und daher den linken Schuh weniger ablief als den rechten. Alfons zeigte mir, wie die Zehenabdrücke von sanften Frauen aussahen und wie jene von stillen. Bald wusste ich auch, dass mürrische, launische Frauen an den Nägeln ihrer grossen Zehe zu erkennen waren, geizige an der kleinen Zehe und verschwenderische an der allzu hohlen Brücke. Der gute Alfons merkte nicht, wie wenig ich mit meinen sieben Jährchen von verschwenderischen Frauen begriff. Ich hörte zu, weil es unhöflich gewesen wäre, es nicht zu tun. Ausserdem fühlte ich, dass es ihm Freude bereitete, laut über seine Beobachtungen nachzudenken und mit jemandem darüber zu reden.

Den Beweis, dass er nicht schwindelte, lieferte er ungewollt eines Tages, als ihn meine Mutter zum Krämer schickte. Während seiner Abwesenheit kam ein Auto aus Interlaken angefahren. Eine Dame verlangte, aufgenommen zu werden. Ihr Begleiter trug ihr Gepäck ins hastig bereitgestellte Zimmer, dann fuhr er wieder los.

Alfons hatte die Dame nicht ankommen sehen. Ich stand in seiner Nähe, als er sich plötzlich zu mir beugte. „Das ist ein interessanter Schuh. Schau', hier drinnen, die grosse Zehe! Die ist eigentlich viel zu lang. Das ist eine dünne, grosse, herrische Frau. Sie ist sehr intelligent, hat aber wenig oder kein Gefühl." Ich hätte die komplizierte Schilderung gleich vergessen, wenn nicht zwei Stunden später der neue Gast zum Frühstück auf die sonnige Terrasse getreten wäre. „Guten Tag, Frau Doktor", hatte meine Mutter sie gegrüsst, als sie an uns vorüberging. Ich hatte ihre Schuhe jedoch sofort wiedererkannt.

Als sie ausser Hörweite war, sagte ich zu Mutter: „Alfons sagt, das ist eine herrische Frau, die kein Gefühl hat." „Der Alfons soll gefälligst seine Arbeit tun und aufhören, die Gäste zu verleumden!", antwortete sie ärgerlich. „Das ist eine berühmte Kinderärztin."

Jahrelang sah ich den Leuten auf ihre Schuhe und noch heute beobachte ich ihre Gangart. Alfons, der Philosoph, Menschenkenner und zeitweilige Portier, hat es leider versäumt, ein Werk zu veröffentlichen, in dem er der Welt vorführte, dass die Schuhe ein Spiegel der Menschen sind, die sie tragen. Wer besitzt noch ein Paar alte Schuhe, vielleicht solche, die zur Gartenarbeit getragen werden? Ist es nicht deprimierend, in ihnen den Spiegel des eigenen Selbst zu erblicken? Betrachte ich die Meinen, dann muss ich immer beschämt wegschauen: „Mensch, hast du einen furchtbaren Charakter!"

Ende August kam ein Ehepaar mit seiner jungen Tochter an. Diese mochte siebzehn oder achtzehn Jahre alt gewesen sein, ein wunderschönes, anmutiges Mädchen. Es waren immer ein paar junge Herren in ihrer Nähe, die dort nicht hingehörten. Als ich am Morgen nach ihrer

Ankunft zu Alfons kam, hielt dieser einen rotbraunen Schuh in beiden Händen. „Komm, komm, komm! Das musst du sehen. Ich habe den perfekten Fuss gefunden." So aufgeregt hatte ich ihn noch nie gesehen. Es war ein Spangenschuh, der damals in Mode war. Alfons schob die Spange zurück und hielt mir das Schuhinnere unter die Nase.

„Siehst du, wie regelmässig die Zehen sich abdrücken, die perfekte vordere Linie? Leider ist der Schuh noch ganz neu, die Zehennägel konnten sich noch nicht abdrücken. Schade!"

Spontan tat er etwas, was mir ganz unbegreiflich war. Er öffnete den Schuh weit und küsste das Innere. An allen folgenden Tagen wiederholte sich das Spiel mit Leonoras Schuhen. Natürlich wusste er, dass sie in Zimmer 46 neben ihren Eltern wohnte. Er liebkoste ihre Schuhe, als wären sie kleine Kinder, sodass ich ihn oft auslachte, was ihn aber keineswegs zu kränken schien.

Alle waren sich einig, dass Leonora eine aussergewöhnliche junge Dame war. Nicht nur war sie bemerkenswert schön, sie war immer fröhlich, lachte viel und war nett zu allen. Sie spielte gerne mit uns Kindern und ich wurde angehalten, ihr das Krocketspiel beizubringen.

An einem heissen Nachmittag machte ich den Vorschlag, zum Wildbach hinten im Ryschertal zu gehen. Dort hatten wir mit Steinen und Grasmatten einen kleinen Stausee gebaut, gross genug, einige Schwimmzüge zu ermöglichen. Das Wasser war zwar eiskalt und es wurde mehr geschrien und herumgespritzt als gebadet. Leonora hatte keinen Badeanzug mitgebracht und sass auf einem grossen Stein, ihre nackten Füsse zuweilen im kalten Wasser plätschernd. Da bemerkte ich, dass sie tatsächlich ausserordentlich schön geformte Füsse mit ganz regelmässigen Zehennägeln hatte. Ich lenkte daraufhin meine Aufmerksamkeit auf die Füsse von uns anderen. Dabei musste ich feststellen, dass weder wir Buben noch die drei Mädchen auch nur annähernd so feine, wohlgeformte Füsse wie Leonora hatten.

Etliche Male überraschte ich Alfons, wie er sich hinter einem Strauch versteckte und Leonora beobachtete, während wir alle Krocket spielten. Seine Augen stierten geradewegs auf das Mädchen und er bemerkte nicht einmal, dass ich neben ihn getreten war.

Es war an einem Montag beim Frühstück, als Vater sagte: „Es ist wieder Zeit, dass ich etwas mit den Gästen anstelle, sonst langweilen sie sich. Am Mittwoch habe ich eine Sitzung, aber am Donnerstag werde ich eine Tour aufs Gemmenalphorn vorschlagen. Dann können wir Wacholderbeeren sammeln. Das haben wir dieses Jahr noch nicht getan."

„Wer kommt am Donnerstag mit aufs Gemmenalphorn?" Brüllend rannte ich hinunter auf die Wiese, wo die andern bereits warteten. „Ich – ich – ich auch", tönte es von allen Seiten. Auch Leonora war bereits da, blieb aber stumm. Ich blickte sie an, da sagte sie traurig, wie mir schien: „Am Donnerstag fahren wir wieder zurück nach Hamburg."

Später an diesem Morgen begegnete ich Alfons. „Die Familie Namarek reist am Donnerstag ab", erzählte ich ihm. Betroffen blieb er stehen: „Am Donnerstag?" Dann ging er in Gedanken versunken seines Weges.

Am Dienstag teilte Leonora meiner Mutter mit, dass sie ihre rotbraunen Schuhe vermisse, sie haben am Morgen nicht vor ihrer Türe gestanden. „Und Sie sind ganz sicher, sie vor Ihre Türe gestellt zu haben, gestern Abend?" „Oh ja, ganz sicher, ich habe es ja jeden Abend getan." „Ich werde sofort Alfons fragen, der muss es wissen."„Nein, er weiss nichts, ich habe ihn schon gefragt."

Die grosse Aufregung kam am Mittwoch früh. Zur gewohnten Zeit stieg ich aus meinem Bett und begab mich hinüber ins Hotel. Alfons war nicht da, dafür aber ein Berg ungeputzter Schuhe, drei Weidenkörbe voll, zur Pyramide aufgestapelt. Mir fiel sofort auf, dass die Zimmernummern unten auf den Sohlen fehlten. Sekundenlang stand ich sprachlos da, dann rannte ich hinüber ins Portierstübli. Ich klopfte an. Keine Antwort. Jetzt drückte ich die Türklinke hinunter. Das Zimmer war nicht abgeschlossen und ich trat ein.

Alfons lag voll angezogen auf seinem Bett und schlief.

„Alfons, Alfons, Ihr müsst aufstehen, es ist schon spät!" Er rührte sich nicht. Verzweifelt ergriff ich seinen Arm und rüttelte ihn. Als Antwort kam ein tiefer Seufzer, dazu eine Wolke Benzinduft. Nein, nicht Benzin, aber etwas Ähnliches, das ich schon früher zuweilen an ihm hatte riechen können.

Aufgeregt rannte ich hinüber ins Chalet Eiger. Leise drückte ich die Türklinke des elterlichen Schlafzimmers hinunter und steckte den Kopf durch die Türe. Mutter schlief, Vater stand an der Waschkommode, das Gesicht voller Seifenschaum, den Pinsel in der linken Hand.

Ich winkte ihn ins Wohnzimmer, um Mutter nicht zu wecken. Dort benachrichtigte ich ihn von der Katastrophe. Mit seinem Handtuch wischte er sich die Seife vom Gesicht und folgte mir. Zum Putzen der

Schuhe war es viel zu spät. Er ordnete an, dass die Zimmermädchen sämtliche Schuhe, bunt durcheinander, hinauf auf die Terrasse tragen sollten. Dort wurden sie in drei langen Reihen aufgereiht. Die Zimmermädchen sparten nicht mit harten Worten. „Besoffen ist der traurige Kerl. Ist auch nicht das erste Mal. Nun müssen wir seine Arbeit tun!" Aus der Küche unten tönte plötzlich eine Frauenstimme: „Sternhagelvoll ist er diese Nacht aus dem Wirtshaus gekommen. Ich habe ihn gesehen. Er hat alle Schuhe eingesammelt und ist dann ins Bett gegangen."

Ich folgte Vater ins Portierstübli. Alfons lag noch genau so, wie ich ihn verlassen hatte. „Alfons, steht sofort auf. Was soll das heissen?" Mit strenger Stimme sprach Vater den Mann an, der aber überhaupt nicht reagierte. Vater schüttelte ihn recht unsanft, wie mir schien. Alfons seufzte tief und drehte sich auf die andere Seite. Da sah ich etwas und hoffte sehnlichst, dass mein Vater es nicht bemerken würde. „Komm Vati, der Alfons, der schläft zu fest." „Ja, ich ... Aber was ist denn das hier?" Unter des Schläfers Rücken guckte die Spitze eines rotbraunen Damenschuhs hervor.

Vater zog ihn vollends ans Licht, suchte weiter unter den Decken und fand zuletzt den zweiten unter dem Kopfkissen. Wortlos gingen wir zum Hotel hinüber. Nur ich sah, wie Vater den einen Schuh an der linken Seite der langen Reihe hinstellte, den anderen am rechten Ende.

Nach und nach erschienen lachende Gäste. Das Ganze war ein Stück willkommene Unterhaltung, das keinem etwas schadete. Auf einmal hörte ich eine kristallklare Glockenstimme ausrufen: „Oh, hier ist ja mein Schuh!" Und eine Minute später: „Jetzt habe ich sie beide wieder."

Ich drückte mich in den Ecken herum und wartete auf die Fortsetzung. Die kam natürlich in Person meiner Mutter. Ahnungslos schritt sie die hundert Meter durch den sonnigen Morgen, als sie die Schuhe sah, die noch nicht abgeholt worden waren: „Ja, was soll denn das? Was ist los? Wo ist der Alfons?" „Krank", sagte einer der Gäste und lachte fröhlich. Mutter bückte sich, drehte einen der Schuhe um, sah, dass die Zimmernummer fehlte und schon hatte sie die ganze Geschichte zusammengesetzt. „Wo ist er jetzt?", fragte sie mich. Mit meinem Kinn wies ich aufs Portierstübchen. „Ist Vati im Garten?" Ich nickte. Wäre ich mit ihr gegangen, hätte sie mich zurückgeschickt und ich hätte den wichtigsten Teil der Fortsetzung verpasst. Ich wusste, dass Vater bei den Stangenbohnen Kopfsalatsetzlinge pflanzte. Mich ihnen dort hinten heimlich anzunähern, bot keinerlei Schwierigkeiten. Ich wusste, dass es um Alfons ging. Er war mein Freund und ich bangte um seine Zukunft.

„Hast du schon mit ihm gesprochen?“, fragte sie schon von Weitem. „Nein, dazu ist er noch nicht fähig.“ „Ich habe es dir gleich gesagt, mit diesem Alfons stimmt was nicht. Jetzt haben wir die Bescherung. Trinkt zu viel und zu oft, will von den Mädchen nichts wissen, dafür stiert er ihnen nach und jetzt dieser Skandal.“ „Es hat keinen Sinn zu übertreiben. Sicher ist etwas nicht normal mit ihm. Skandal ist das aber keiner. Mag er sein, wie er will, geschadet hat er uns nicht und die Gäste haben ihn gerne.“ „Trotzdem, gehen muss er. Das sind wir den Gästen schuldig. So etwas darf man auf keinen Fall durchgehen lassen.“

Vater hatte sich erhoben. In der einen Hand hielt er einen Salatsetzling, in der anderen das Setzscheit. Er schwieg und starrte vor sich hin. „Am besten bringst du ihn heute Nachmittag zur Bahn in Interlaken.“ Durch eine Lücke in den hohen Stangenbohnen erblickte ich Vaters Gesicht. „Sag' nein, sag' nein!“, schrie alles in mir auf. Er aber sagte immer noch nichts und dann nickte er plötzlich zustimmend. „Ja, einen Ausweg gibt es wohl keinen. Was der Mann braucht, ist Verständnis, keine Strafe. Wir aber müssen strafen.“ Vater bückte sich und schob seinen Setzling in die braune Erde und Mutter ging zu ihrem Frühstück.

Um 10 Uhr musste Vater einer Sitzung im Parkhotel beiwohnen. Als er nach dem Mittagessen zurückkehrte, hielt er das Auto vor dem Portierstübli an. Mit Hut und dunklem Anzug mit passender Krawatte erschien Alfons, in seiner Rechten trug er seinen prallgepackten Koffer. Den legte er auf den Hintersitz und setzte sich neben meinen Vater.

Ich lehnte am Stamm der grossen Linde ein paar Schritte vom Stübli entfernt und starrte in Alfons' Gesicht. Ein einziger Blick, irgendein kleines Zeichen von ihm und ich wäre hingerannt, um ihn zu umarmen. Er aber sah nicht links noch rechts, sondern stets auf seine Schuhe.

Jetzt fuhr Vater an. Ich rannte hinunter zum Grossmuetibänkli. Tränen brannten mir in den Augen, als ich das Auto verfolgte. Unten, wo die Interlakenerstrasse im Wald verschwindet, sah ich Alfons' Kopf zum letzten Mal, einen kleinen, schwarzen Punkt. Ich blickte auf die leere Strasse und merkte, wie etwas weh tat, tief in mir, sehr weh, so weh, dass es um meinen Mund zu zucken begann.

Gegen fünf Uhr kehrte Vater zurück. „Ist alles gut gegangen?“ Meine Mutter ging ihm entgegen, als er aus der Garage trat. „Ja, natürlich. Er ist ein armer Mensch, dieser Alfons. Er weiss wohl, dass etwas bei ihm nicht stimmt. Seine Eltern hatten ein Schuhgeschäft in Beitenwil bei Langenthal. Dort wuchs er auf und half mit im Laden. Zuweilen sieht er Gesichter, meistens schöne Frauengesichter, wie in einem Traum, nur viel deutlicher. Dabei ist er ganz wach. Die Ärzte können nicht helfen, sie wissen nicht, was ihm fehlen könnte." „Es ist trotzdem gut, dass er gegangen ist. Kaum wart ihr weg, kam Frau Namarek zu mir ins Büro und meldete, dass die rosa Zimmerschuhe ihrer Tochter nirgends zu finden seien. Nimmt mich wunder, ob er die mitlaufen liess." „Aber die rotbraunen Spangenschuhe hat die Tochter wieder?" „Ja, die sind zum Vorschein gekommen." „Durch die schlechte Strasse ist Alfons das Schloss am Koffer aufgesprungen. Als wir am Bahnhof in Interlaken ankamen, da lag das Paar rosaroter Schlafzimmerschuhe auf dem Sitz." „Siehst du, ich habe also doch recht geraten. Wo sind sie?" „Wir müssen sie ersetzen", sagte Vater. „Weshalb ersetzen, wenn du sie doch wieder hast?" „Ich habe sie eben nicht. Als ich sie nehmen wollte, sagte er einfach so betrübt: ‚Es ist alles, was ich auf der Welt besitze'."

„Was soll das heissen?" „Keine Ahnung – für uns macht das keinen Sinn." „Aber du kannst doch dem Dieb nicht einfach das gestohlene Gut überlassen", sagte Mutter erzürnt. „Ich habe ihm die Schuhe geschenkt. Ich werde nie vergessen, wie seine Augen dabei geleuchtet haben."

DER WELTUNTERGANG

1931 war ein schicksalsschweres Jahr in meinem jungen Leben. Im Frühling dieses Jahres musste ich mein Bergdorf auf dem Beatenberg verlassen, um unten in der Stadt, in Thun, zur Schule zu gehen. Damit endete meine sonnige, glückliche Kindheit.

Viele hinuntergeschluckte Heimwehtränen begleiteten die ersten Wochen in der Fremde. Abends, vor dem Schlafengehen, stand ich auf der grossen Terrasse im ersten Stock des Internates und blickte sehnsüchtig zu der Bergkette, die bis hinunter an den See reichte, und hinter welcher ich mein Bergdorf und meine Eltern wusste.

Es war einige Wochen vor den Sommerferien. Die Schulglocke hatte eben geschellt und wir schlenderten zu unseren Pulten, als der Kleinste der Klasse ins Schulzimmer gestürzt kam:

„Nächsten Mittwochvormittag um zehn Uhr ist Weltuntergang!"

Weil er klein und schwach war, hatten wir alle den Mut, ihn auszulachen. „Ihr seid alle blöd, blöd, blöd", schrie er mit hochrotem Kopf. „Ihr werdet schon sehen! Mein Vater hat es heute früh im Radio gehört und er hat gesagt, dass es auch in der Zeitung steht."

Alle anderen vergassen die ganze Sache sofort wieder. Mir jedoch liess sie keine Ruhe. Am Nachmittag, gleich nach der Schule, rannte ich zum Briefkasten, um die Zeitung zu holen. Von Zeitungen hatte ich keine Ahnung, noch nie hatte ich in einer herumgeblättert, wusste nur, dass man „Nachrichten" darin las. Eine gute Stunde lang buchstabierte ich fettgedruckte Überschriften, die ich nicht verstand. Schließlich verlor ich die Geduld und versuchte, die Blätter wieder schön zusammenzufalten, sodass die Zeitung wie frisch angekommen aussah. Das glückte mir natürlich nicht. Ärgerlich wollte ich sie einfach wieder in den Kasten stecken, als ich auf der Titelseite gross und deutlich las: „Weltuntergang am Mittwoch, den 3. Juli um 10 Uhr.“

Aufgeregt setzte ich mich erneut an den Tisch. Mit schmutzigem Zeigefinger hielt ich jedes Wort fest, bis ich es gelesen und den Sinn erkannt hatte. Was der Knirps heute früh in der Schule erzählt hatte, stimmte genau.

Mit jedem Tag rückte der schreckliche Mittwoch näher. Meine Unruhe wuchs. Am Dienstagabend, nur wenige Stunden vor der furchtbaren Katstrophe, stand ich wieder auf der Terrasse, ein trostloses Bündel Verlassenheit mit bleischwerem Herzen. Der Gedanke, dass ich meine lieben Eltern nie, nie wieder sehen würde, dass die ganze, mir bekannte Welt morgen in einem gewaltigen Chaos zusammenstürzen und verschwinden würde, drückte mir fast das Herz ab. Meine Fantasie malte diesen Untergang in den schrecklichsten Farben aus: Menschen, die schreiend mit fürchterlich verzerrten Gesichtern in eine endlose Tiefe stürzten, hier plötzlich der Kopf meines Vaters, dort drüben der meiner Mutter – nein, es war einfach nicht auszuhalten! Nur unter gewaltiger Anstrengung konnte ich die Tränen zurückhalten. (In diesem Augenblick war mir nicht bewusst, dass ich vor kurzem in einem Buch meines Vaters die Bilder von Dantes Inferno betrachtet hatte. Diese schienen mich mächtig beeindruckt zu haben.) Gefangen in Dantes schaurigem Bilderreigen kollerte plötzlich Träne um Träne herunter, haltlos gab ich mich meiner Verzweiflung hin.

Doch mitten in meiner Trauer über den drohenden Verlust meiner Eltern kam mir der rettende Gedanke, ein Gedanke so leuchtend, so alles Leid überschattend, dass ich mich schleunigst zu Bett begab. „Nein“, war mein letzter Gedanke, bevor ich einschlief, „sie sollen nicht ohne dich sterben, du wirst zusammen mit ihnen in den Tod gehen.“

Es gibt keine vernünftige Erklärung, weshalb ich am anderen Morgen kurz vor vier Uhr erwachte. Einen Wecker hatte ich nicht, unsere übliche Aufstehzeit war halb sieben. Es muss die Kraft meines Wunsches gewesen sein. Hastig zog ich mich an, tastete mich an den beiden anderen Betten vorüber, fand in der Dunkelheit die Türklinke und eilte fünf Minuten später durch die nächtlich toten Strassen auf die Stadtmitte zu.

Der Weltuntergang

In der alten Hauptgasse, an der Kreuzgasse genau im Kern der kleinen Stadt, befand sich das Geschäft meines Onkels. Niemand verriegelte damals nachts die Türen. Ich öffnete die tonnenschwere, mit Eisen beschlagene Tür, die in einen kleinen Vorraum führte, in dem die drei Fahrräder standen, die tagsüber von den Lehrlingen des Hauses für Botengänge benutzt wurden. Ich griff mir das der Türe am nächsten stehende, schob es auf die schlafende Strasse hinaus und zog die Tür leise hinter mir zu.

Das Männerfahrrad war natürlich viel zu gross für mich. Also schob ich den einen Fuss unter der Querstange durch, fand das Pedal und los ging's. Ich radelte so schnell ich konnte auf der Strasse, die dem See entlang nach Interlaken führte. Nahe der Beatenbucht hatte mein Vater mir einmal eine Abkürzung gezeigt, einen Pfad, der mich hinauf auf den Beatenberg bringen würde. Etwa eine Stunde mochte ich gefahren sein, besessen von dem einzigen Gedanken, vor 10 Uhr bei meinen Eltern zu sein.

Als ich die Stelle erreicht hatte, war es längst helllichter Tag geworden. Die Sonne war aufgegangen und tauchte die Bergkuppen auf der anderen Seite des Sees in goldenes Licht. Der See glänzte und glitzerte prächtig. Misstrauisch betrachtete ich den Pfad, den ich noch nie zuvor gegangen war: Er bestand aus unregelmässig ausgetretenen Stufen, hier ein Ast, dort ein Stein, der eine weitere Stufe bildete. Das Fahrrad musste ich mitschleppen, denn oben würde ich es wieder brauchen, um auf der einzigen, langen Dorfstrasse die sechs Kilometer bis ganz hinten in die Waldegg fahren zu können. Auch fürchtete ich, dass jemand mit dem Fahrrad abhauen könnte und sollte die Welt dann doch nicht untergehen ...

„Vor 10 Uhr musst du bei deinen Eltern sein!“ Was gab es da zu zaudern? Ich hob das Fahrrad auf meine Schultern so gut es eben ging. Wie trägt ein kleiner Bub ein Männerfahrrad auf steilem Saumweg? Die Stunden, die nun folgen sollten, waren die schlimmsten meines bisherigen Lebens; denn die Dorfstrasse oben auf dem Beatenberg liegt über fünfhundert Meter höher als der See.

Nach einer Viertelstunde hielt ich keuchend an. Die Stelle an meiner Hüfte, in die das Pedal gedrückt hatte, schmerzte sehr. Ich legte das Fahrrad auf die andere Schulter und stieg weiter. Triefend vor Schweiss stellte ich es etwas später ab, um mich auszuruhen. Kostbare Minuten verstrichen, bevor ich mich wieder zusammenraffte, um weiterzusteigen. In einer kleinen Waldlichtung wuchs viel Unterholz. Kleine Äste schlüpften in die Speichen und behinderten mein Fortkommen. Dreimal musste ich drei, vier Schritte zurück steigen, bis die Speichen wieder frei waren.

Immer öfter stiess ich gegen Baumstämme und jeder Aufprall drohte, mich aus dem Gleichgewicht zu werfen. Als ich eine Geröllhalde überquerte, fiel ich hin. Mein Atem ging keuchend, mein Kopf war glühend heiss und das Blut hämmerte wie wild in meinen Ohren.

Doch kaum stellte ich das Fahrrad ab, um ein bisschen zu rasten, dachte ich an die verrinnende Zeit; hob meine Last sogleich wieder auf und kletterte weiter.

Jetzt führte die Spur des Pfades um einen mächtigen Felsblock herum. Endlich an der oberen Seite des Felsens angelangt, musste ich verschnaufen. Mit der flachen Hand rieb ich mir den Schweiss aus dem Gesicht. Meine Haare waren so nass wie nach einem Bad. Mit zitternden Knien, nach Atem ringend, lehnte ich mich erschöpft gegen den kühlen Granitblock. Es hatte keinen Zweck, ich konnte nicht weiter. Doch, was war denn das? Keine zwanzig Meter höher begann eine steile Wiese und oberhalb derselben ... ein heiseres Schluchzen entrang sich meiner gemarterten Brust, ein Tonnengewicht fiel von mir, diese ungeheure, unbeschreibliche Erleichterung!

Dort oben, gleich nach der grünen Wiese, sah ich die grosse, graue Steinmauer, die die Dorfstrasse stützte. Kräfte strömten in mich, als sprudelte eine Quelle tief in meinem Innern. Wie leicht das Fahrrad auf einmal war! Wie leicht ertrugen sich die schmerzenden Stellen! Kurze Zeit später stellte ich das Fahrrad auf die Strasse und schob mein Bein wieder unter der Querstange durch. Wenn ich nicht zu viel Zeit beim Rasten verloren hatte, würde ich noch rechtzeitig kommen!

Das Gartentor stand weit offen. Ich liess das Fahrrad mitten auf dem Fahrweg fallen und rannte über die Steintreppe ins Haus. „Mami!“, rief ich, so laut ich konnte.

Keine Antwort.

Ich riss die Wohnzimmertür auf und blickte auf die alte Pendeluhr an der Wand. Zwanzig Minuten nach acht. Alles sang in meinem Innern. „Ich bin daheim, ich bin noch rechtzeitig gekommen.“ Vielleicht waren das die glücklichsten Sekunden meines Lebens.

„Mami!“, brüllte ich jetzt aus Leibeskräften. Wo steckte sie denn nur?

Ich rannte in unseren Garten mit den vielen Bäumen, Sträuchern und Hecken. Hier musste doch mein Vater zu finden sein! Zwischen den grossen Steinblöcken des Alpengartens hindurch ging ich über die flache Wiese zur Tuyahecke. Dort sah ich ihn endlich, wie er an eigens dafür gespannten Drähten Himbeerzweige hochband.

Noch zeigte ich mich nicht. Wie musste sein liebes Gesicht strahlen, wenn er so ganz plötzlich erkannte, dass die Familie nicht ohne mich in den Tod gehen musste. Ach, was für köstliche Augenblicke!

Vati im Gemüsegarten

Jetzt trat ich hinter der Tuyahecke hervor. Aus den Augenwinkeln sah er mich sofort, drehte sich zu mir um, um mich wortlos anzusehen. Wo war das strahlende Gesicht? Wo die Überraschung? Wo die offenen Arme?

„Wie kommst du wohl hierher, weshalb bist du nicht in der Schule?“ Besorgnis klang in seiner Stimme, das war alles. Welch eiskalte Dusche für meine erhitzte Fantasie. Komplett verdattert stand ich da und wusste nicht, was ich sagen sollte. Plötzlich rannte mein kleiner Bruder auf mich zu und gleich hinter ihm schritt Mutter. „Um des Himmels Willen, wie siehst du denn aus? Was hast du angestellt? Weshalb hast du überall schwarze Schmiere? Schau, dein Hemd, dein Hose!"

Ich dachte die ganze Zeit: Ja wissen sie denn von nichts? Haben sie keine Ahnung, was in kurzer Zeit geschehen wird? Oder ... eine eiskalte Hand griff nach meinem Herzen ... Ist mit dem Weltuntergang etwas schief gegangen? Stumm, elend und fürchterlich einsam stand ich da und begriff nicht, warum alles so ganz anders war, als ich es mir vorgestellt hatte!

Fragend sah meine Familie mich an, wartete auf eine Antwort, die ich nicht geben konnte. Zuletzt sagte ich, als wär's das Selbstverständlichste der Welt: „Ach, ich habe euch mal schnell besuchen wollen."

Was war es, das mir den Mund verriegelte? Ein kleiner Junge, der schon ganz allein in der Stadt zur Schule geht, der hat doch keine Angst vor einem bisschen Weltuntergang und Heimweh schon gar nicht! Mein Vater begann, mich über die Schule auszufragen. Bereitwillig gab ich Auskunft und merkte nicht, dass meine Mutter ins Haus gegangen war, um zu telefonieren. Natürlich wollte sie erfahren, was aus ihrem starrköpfigen Buben nicht herauszuholen war.

Froh über die Ablenkung stand ich plaudernd neben Vater, der wieder mit seinen Himbeeren beschäftigt war. So ganz nebenbei fragte ich ihn: „Habt ihr etwas vom Weltuntergang gelesen?"

„Gelesen, ja", sagte er, „aber auf solchen Blödsinn muss man nicht achten. Das ist nur Sensationsmacherei."

Gut, dass mich in diesem Moment meine Mutter ins Haus rief. Ich erschrak, als ich mich im Badezimmer im Spiegel betrachtete. Gut die Hälfte der Kettenschmiere klebte in meinem Haar und meinem Gesicht, der Rest hing an der Kleidung. Kurz darauf lag ich trübsinnig im herrlich warmen Badewasser; deprimiert zog ich nach dem Bad die frische Wäsche an. Erst die wunderbare Mahlzeit, die auf dem Tisch stand, heiterte mich etwas auf.

Mutter strich mir ein- oder zweimal über die sauberen Haare und füllte meinen Teller nach; alles Dinge, die sonst gar nicht zu ihr passten. „Hast du Heimweh gehabt?", fragte sie. Mein voller Mund hinderte mich an einer Antwort. Nun kam auch Vater, legte seine Hand auf meine Schulter und erwähnte nebenbei: „So, jetzt hast wieder einmal daheim gegessen."

Je zärtlicher die beiden waren, desto mehr musste ich schlucken. Die Wahrheit wollte sich unter Tränen aus meinem Hals kämpfen. „Jetzt muss ich gehen", sagte ich mit letzter Kraft und erhob mich vom Tisch. Mutter gab mir Geld für die Seilbahn und für die Strassenbahn, die am See entlangfuhr.

Gegen drei Uhr war ich wieder in Thun. Das Fahrrad lehnte ich wieder genau an seinen Platz und hatte schon die Türklinke der schweren Haustür in meiner Hand, als ich mit den Haaren irgendwo hängen blieb. „Muss man jetzt seine eigene Haustüre nachts verriegeln, nur, damit niemand die Fahrräder klaut?" Doch die Stimme klang nicht verärgert und auch die Hand, die meine Haare hielt, war nicht hart. Mein Onkel war ein milder Mann, weil er drei Mädchen hatte und keinen Sohn, war er an gröbere Übergriffe wohl nicht gewohnt.

Im Internat schlich ich durch die Hintertür, dumm genug zu hoffen, dass niemandem meine Abwesenheit aufgefallen war. Doch natürlich hatten sie schon beim Frühstück bemerkt, dass ich fehlte. Ich begegnete niemandem, bis ich die Treppe zum ersten Stock erreichte. Dort stand, mit dickem Bauch, grosser Glatze und rundem, hochrotem Gesicht, seine Pfeife im Mund, der Direktor. Als ich an ihm vorbeiwitschen wollte, klatschte eine Ohrfeige auf meine Backe, die mich beinahe umwarf. Blitzschnell kam eine zweite auf die andere Backe, die das gefährdete Gleichgewicht wieder herstellte.

Noch nie war ich geschlagen worden. Den körperlichen Schmerz spürte ich kaum. Die Demütigung, die Erniedrigung, die Ungerechtigkeit aber schnitten so tief in meine Kinderseele, dass ich mich in meinem Zimmer versteckte.

So ging für mich an diesem Mittwoch die Welt doch unter. Mit der ersten Ohrfeige meine behütete, sonnige und sorglose Kindheit oben in den Bergen.

Die zweite Ohrfeige erscheint mir heute als Vorwarnung, dass es in künftigen Jahren und Jahrzehnten zuweilen weh tun würde, das Gleichgewicht zu behalten – in diesem Fall das Gleichgewicht der Gefühle.

Des Truckhalter-Jaggis Hilde

An besonders schönen Plätzchen in unserem Garten hatte mein Vater rohgezimmerte Sitzbänke aufgestellt. Eine davon stand da, von wo man weit unten im Tal einen Teil des Thunersees sehen konnte. Diese Bank war der Lieblingsplatz meiner Grossmutter gewesen. War sie nicht irgendwo im Haus, fand man sie dort. „z'Grossmuetibänkli" behielt seinen Namen noch Jahre, nachdem wir sie zum Friedhof gebracht hatten. Von dieser Bank aus sah man rechter Hand auch ein Stück des langgezogenen Dorfes, das sich auf der anderen Seite der breiten Lauenenschlucht hinzog. Hoch über den Häusern und Speichern dehnte sich die Felsenkette bis dorthin, wo ein kleiner, unscheinbarer Wasserfall zuweilen zum reissenden Wildbach werden konnte. Über die Jahrhunderte hin frass dieser einen tiefen, breiten Einschnitt, der die Waldegg vom Rest des Dorfes trennte. Das letzte Stück Wiese vor dem Bergwald war die Truckhalte. Kein Mensch wusste, woher der Name stammte. Das von der Sonne schwarzgebrannte kleine Haus mit der Scheune dahinter gehörte dem Peter Jaggi, dem Truckhalter-Jaggi, wie man ihn überall kannte. Das kleine Gemüsegärtchen vor dem Haus war mit einem Lattenzaun vor Kühen und Ziegen geschützt. Gleich hinter dem Stall stieg die einzige Wiese steil hinan, bis hinauf zu den Tannen unter den Felsen.

Am Sankt Beatenberg da brannte die Regina

Des Truckhalter-Jaggis Hilde war damals elf Jahre alt. Bei schlechtem Wetter und besonders im Winter hatte sie einen langen Schulweg. Die einzige Dorfstrasse machte eine grosse Schleife dem Graben entlang bis hinten zur Steinbrücke, die an seiner engsten Stelle den Wildbach überquerte. Dann ging's auf „unserer", der Waldeggseite, den ganzen Hügel hinauf bis zum Schulhaus.

Im Sommer war dies jedoch eine ganz andere Geschichte. Von ihrem Häuschen aus ging Hilde nicht zur Strasse hinüber, sondern in der entgegengesetzten Richtung zum Wildbach. Dort brauchte sie nur über einige grosse Steine und Felsblöcke zu klettern, um bereits in der Waldegg und nahe dem Schulhaus zu sein. So war sie in kurzer Zeit an der Stelle, von der aus wir einen gemeinsamen Schulweg hatten. Sechs Jahre alt war ich, ging seit dem Frühling zur Schule und auf dem Weg dahin wurde die Hilde meine Freundin. Nein, eigentlich auf dem Rückweg am Nachmittag, denn dann begleitete ich sie bis zum Wildbach. Dort bauten wir kleine Dämme, wälzten grosse Steine als leichteren Übergang für Hilde und zogen zuweilen einen Schuh voll eiskalten Wassers aus einem der Tümpel. Nach jedem starken Gewitterregen wurden all unsere Bauwerke wieder weggeschwemmt und wir mussten unsere Arbeit neu beginnen.

Es war unvermeidlich, mit nassen Strümpfen, nassen Hemden und triefenden Hosen heimzukommen. „Wie siehst du wieder aus! Woher kommst du so spät?" Mutter hatte keine Zeit, auf lange Erklärungen und Ausreden zu warten und eilte weiter.

Ich war sehr stolz auf meine um so viele Jahre ältere Freundin. Regnete es, lud ich sie zuweilen zum „z'Vieri"[1] ein, wenn die Schule frühzeitig aus war. Dass dies ein umso zwingenderer Grund zur Freundschaft war, kam mir damals nicht in den Sinn.

Frühmorgens ging ich zum Grossmuetibänkli, um von dort auf die andere Seite der Schlucht zum Truckhaltehäuschen zu spähen, welchen Weg die Hilde nehmen würde, den kurzen über den Wildbach oder den langen auf der Strasse, denn auf sie warten wollte ich allemal. So wurde das sonnenverbrannte Häuschen an der Truckhalte zu einem wichtigen Teil meiner frühesten Jugenderinnerungen.

Der Truckhaltebauer, der Jaggi, das war ein lieber, ein freundlicher Mann. Arbeiten konnte er wie kein zweiter. Trotzdem holten ihn die

[1] Z'nüni und z'vieri – die beiden Kaffeepausen um neun Uhr morgens und vier Uhr nachmittags.

Schulden immer wieder ein, so sehr er auch versuchte, ihnen davonzulaufen. Das Heimetli war halt zu klein, um davon anständig leben zu können. Zu allem Unglück hatte er die falsche Frau geheiratet, ein Fehler, den die Götter niemals und keinem zu verzeihen wissen. Das Änni, das ihm damals seinen klaren Menschenverstand raubte, war die Tochter des Posthalters, also „besserer Leute Kind" und ein Schritt in die gute Richtung für einen armen Bergbauern. Nach den Schuljahren wurde Änni Verkäuferin im Laden der Witwe des Gemeindeschreibers Grossnicklaus. Andenken und Kuckucksuhren verkaufte sie, geschnitzte Bären und bemalte Holzteller mit Enzian und Edelweiss in prächtigen Farben. Sie war etwas zu schlank für den Geschmack eines Bauern, wusste aber ihre hohe Stellung ins rechte Licht zu rücken, kurz, der Peter Jaggi versprach ihr das gute Leben ohne bäuerliche Arbeit in Feld und Garten. Als das Kind unterwegs war, hatte sie ihre Stellung gekündigt und blieb fortan zuhause. Ohne viel zu tun, brütete sie darüber nach, wie schlecht es ihr ging, wie gut es alle anderen hatten und wie dumm sie gewesen war, den Truckhaltebauern zu heiraten, sie, die Tochter eines Posthalters! Die Hilde dagegen, die war die ungetrübte Freude ihres Vaters. Ein richtiges Sonnenkind war sie. Die paar Tiere des kleinen Heimwesens waren ihre ganz besonderen Freunde. In grotesken Sprüngen kamen die Ziegen heran gerannt, kaum dass sie das Haus verliess, und die Kühe beschnupperten sie ausgiebig mit ihren stets nassen Nasen. Der Hund wich nicht von ihrer Seite, denn ihm erzählte sie alle Freuden und Sorgen ihrer jungen Tage. Als ich in die erste Klasse gesteckt wurde, war Hilde bereits in der Oberschule. Trotz ihres freundlichen und fröhlichen Wesens sah ich sie nie mit Freundinnen oder Kameraden ausserhalb der Schule. Ich schien ihr einziger Spielkamerad zu sein, liebte sie heiss und tat für sie alles, was ich tun konnte. Sie gehörte mir.

Ich habe keine Ahnung, wo und wann meine Mutter Hilde kennenlernte. Als ich in die vierte Klasse kam, wurde sie aus der Oberschule entlassen. Als das Hotel im Frühsommer wieder eröffnet wurde, fand ich eine freudestrahlende, lachende Hilde in der Küche. „Ich bin als Küchenmagd angestellt, hat es dir deine Mutter denn nicht erzählt?" „Hat sie wohl vergessen."

In diesem Sommer arbeitete der Jaggi Peter als Gärtner im Regina Palace nebenan. Er und seine Tochter verrichteten die Arbeit zuhause frühmorgens und spätabends und waren doch immer pünktlich zur

Stelle. Das waren wohl arbeitsreiche, schwere Tage und doch lag ein Segen über dem gemeinsam Vollbrachten.

Ich war Zeit meines Lebens Frühaufsteher, immer vor sechs Uhr auf den Beinen. Wenn ich um diese Zeit des Morgens in die Küche kam, war Hilde bereits damit beschäftigt, das Frühstück für die Gäste zu bereiten. Hatte sie mehrere Aufträge aufs Mal, arbeitete ich mit. Später setzten wir uns gemeinsam an den langen Angestelltentisch. Ich bestellte heisse Brötchen, Kakao und Honig für uns beide. Dabei genoss sie eine Mahlzeit, die ihr nicht zukam. Zum Dank dafür versteckte sie mittags und abends eine zusätzliche Portion Süssspeise für mich.

Plötzlich waren die Lindenbäume gelb, die Buchen rot und die Ahorne glühten in allen Farben. Auch dieser Sommer war zu Ende. Die letzten Gäste fuhren ab zur Arbeit oder den Winter über an die französische Riviera. Langsam fand das Dorf wieder zu sich selbst zurück, denn die Bergler mischten sich nie unter die Fremden. War es nicht zu umgehen, grüssten sie scheu, den Blick auf den Boden gerichtet und gingen ihres Weges. Jetzt bewegten sie sich wieder frei und ungehindert. Der Sonderegger, Bäcker und Krämer, war das Klatschzentrum der Waldegg. Dort liefen auf einmal alle Neuigkeiten des Sommers zusammen. Im Café Fédérale sah man Gesichter, die man seit vielen Wochen nicht gesehen hatte. In altgewohnter Weise konnte man sich über teure Waren und schlechte Preise unterhalten, ohne dass irgendein Fremder sich einmischte.

Hilde wurde wieder ganz Bauerntochter. Oft ging ich zum Grossmuetibänkli in der Hoffnung, von dort zu sehen, was sie trieb. Um diese Zeit wurde in allen Bauerngärten emsig gearbeitet, denn die Ernte musste eingekellert werden. Kartoffeln und Weisskohl, Randen und Rotkohl für die Menschen, Runkeln und Weissrüben fürs Vieh, alles musste vor dem ersten Schneefall unter Dach. Einige unternehmungslustige Bauern hatten ein kleines Stück Hartweizen gesät, dessen Ernte nicht nur Weissmehl, sondern auch gutes Stroh für die Tiere lieferte. Auf flachen Tennenböden ertönte das rhythmische Klopfen der Dreschflegel zu den nahen Felsen empor, die es in tausendfachem Echo weit in die stille Berglandschaft hinaustrugen. Als ich Hilde in ihrem Garten gewahrte, wie sie Weisskohl aus der Erde zog, schlich ich mich weg, überquerte den Wildbach und war zwanzig Minuten später damit beschäftigt, genau das in ihrem Garten zu tun, was ich meinem Vater zu Hilfe hätte tun sollen. Mochten die Bergbauern lästern so viel sie wollten.

Des Truckhalter-Jaggis Hilde

Es war an einem der ersten Novembertage, als mein Vater sichtlich müde, aber gut gelaunt ins Wohnzimmer trat. „Jetzt kann's uns einwintern, alle Rosensträucher sind eingepackt und die Bäumchen auch", teilte er uns mit. Darauf folgte eine Reihe ungewöhnlich schöner, klarer Herbsttage mit einem dicken Nebelmeer über dem See. Dann, eines Morgens, war der Himmel bewölkt. Vater begab sich auf den Balkon, schaute angestrengt dem Ziehen der Wolken zu und erklärte mit einer Überzeugung, als wäre er Gott selbst: „Heute Nachmittag wird's schneien, viel und lange."

Gleich nach dem Frühstück musste ich helfen, den hölzernen Verschlag aus dem Keller zu holen, der vor der Haustür aufgestellt werden musste, damit der kalte Winterwind nicht durchs ganze Haus blies, wenn die Türe aufgemacht wurde. Gegen Mittag war der Türvorbau fest und solide zusammengefügt. Nun wurde auch das Vogelbrett mit dem schützenden Dach am Balkongeländer festgemacht, denn Vater war ein Freund der Vögel, die in grosser Zahl in unserem Garten nisteten. Wir sassen beim Mittagsmahl als Mutter plötzlich sagte: „Es schneit." Drei Tage lang schneite es ohne Unterbruch und – ungewöhnlicherweise – ohne Sturmwind. Gegen Mittag des vierten Tages hob sich der Nebel, zog in dicken Fetzen an uns vorbei zu den Felsen hinauf, immer höher und höher und als es vier Uhr wurde, glühten die Berge im Abendrot des wolkenlosen Himmels. Eine ganze Welt war vollständig anders geworden.

Die bunte Herbstlandschaft war unter einer meterhohen Schneedecke begraben, es gab schlichtweg nichts, was so aussah, wie es vor dem Schneefall ausgesehen hatte. Das Gewicht des Schnees beugte die Tannenäste der Erde zu, Wege und Zäune waren zugedeckt und die Häuschen und Scheunen waren nur noch dunkle Flecken im monotonen Weiss. Und die Stille! Wer angestrengt hinhorchte, der hatte beinahe Angst vor dieser absoluten Stille, die nichts, nicht der Hauch eines Lautes unterbrach.

Am nächsten Morgen zogen zwei Pferde die grosse Schneewalze auf der Strasse nach Interlaken und der Schürboden-Gottlieb machte mit der kleinen Walze unser Strässchen begehbar. Eiskalte Tage und Nächte folgten. Im kristallklaren Himmel glitzerten die Sterne, als wären sie die Unruhe selbst. Der gute Schneefall brachte jeden Tag neue Zimmerbestellungen und drei Wochen später wurde das Hotel zur Wintersaison eröffnet. Der Muurehämmi fuhr mit seiner Troika mit der Glockengurte zur Station und mit Gästen beladen zurück zum Hotel; danach nochmals zur Station und wieder zurück – den ganzen Tag lang und morgen und am Tag danach auch noch.

Jetzt war es mit der Stille zu Ende. Auf dem Strässchen sah man lauter bunt angezogene Sportler, ein Sprachendurcheinander aus Deutsch, Französisch, Englisch und hin und wieder noch anderes. Wer zum ersten Mal auf Ski stand, versuchte sein Unvermögen durch lautes Reden zu verschleiern. Die nahen Skihänge waren auf einmal voller farbiger Tupfen und vom Kontrollturm der Skischanze tönte Schallplattenmusik. Das stille Bergdorf war zu wild pulsierendem Leben erwacht.

Früher waren Hilde und ich auf Ski gemeinsam zur Schule gegangen. Damals steckten ihre Füsse in groben, beschlagenen Schuhen, dann schwarze, dicke Strümpfe unter Rock und Pullover. An diesem ersten Morgen kannte ich sie kaum wieder. Sie trug schnittige Skihosen, einen gelben Pullover mit gelber Wollmütze und einem knallroten Halstuch. Das kleine Bauernmädchen war beinahe über Nacht zur jungen Modedame geworden. „Jetzt kann ich mit den Köchinnen zusammenarbeiten und muss nicht mehr Gemüse putzen", rief sie mir zu, lachte wie eh und je und schien keine Ahnung zu haben, wie gut, wie gefährlich gut sie aussah, sogar in den Augen eines kleine Buben.

Ich sah sie nach dem Mittagessen, während ihrer Ruhepause. Sie schnallte die Ski an ihre Schuhe, zog die Wollmütze lose über ihr wallendes Blondhaar und zog los. Sah sie die beiden jungen Herren, die in einigem Abstand hinter ihr ebenfalls zu den Skihängen gingen? Etwas Unbestimmtes nagte an meinem Herzen, ein Gefühl, das ich nicht kannte, das mir fremd war. Ich stand und wartete, bis Hilde zurückkehrte. Sie war eine ausgezeichnete Fahrerin und ich glaubte schon, hoffte schon, sie würde alleine sein. Doch nein, die beiden Herren versuchten, sie einzuholen. Hilde verschwand im Hotel, jedoch nicht, ohne den beiden flüchtig zuzuwinken.

„Du, was ist ein Aperitif?", fragte sie an einem dieser Tage. „Das ist ein Getränk, gewöhnlich ein alkoholisches Getränk, das man vor einer Mahlzeit trinkt. Warum fragst du?" „Der Rothaarige mit dem merkwürdigen Akzent, wie heisst der?" „Das muss der Armand Pontolier sein. Warum, was ist mit ihm?" „Ach, nichts weiter, er hat mich gestern zu eben einem solchen Aperitif eingeladen, drüben in der Regina-Bar." „Bist mit ihm hingegangen?" „Natürlich nicht! Frag doch nicht so dumm, ich geh doch nicht gleich mit jedem, der mich frägt!" „Mit dem Armand musst nicht gehen", sagte ich. „Warum denn nicht? Wenn ich mit dem Armand gehen will, dann gehe ich. Das geht dich einen Dreck an.“ Ich war wütend auf sie und traurig zugleich, liess sie stehen und ging meiner Wege. Von der Stunde an hatte unser vertrauter Umgang miteinander ein Ende.

Noch nie zuvor hatte das Orchester auf der Eisbahn schönere Walzer gespielt, noch nie zuvor war die kleine Bobsleighbahn besser, noch nie hatte die Sonne so warm geschienen wie am Nachmittag, als Vater mich zur Bahn brachte und ich wieder hinunter in die graue Stadt musste. Wie schwer wurde jeweils der Abschied, wie hart war die Schulbank in den ersten paar Tagen!

* * *

Tage, Wochen und Monate vergingen und auf einmal sass ich wieder in der Strassenbahn, fuhr dem See entlang und dann hinauf auf den Beatenberg. Ich glaube, ich habe in diesen Jahren nur für die Ferien gelebt, mit grosser Geduld und Ergebenheit die Zeit ertragen, die dazwischen lag.

„Geh’ gleich zur Frau Dr. Gerber hinauf und sag ihr guten Tag. Sie hat schon nach dir gefragt“, sagte Mutter kurz nach meiner Ankunft. Frau Dr. Gerber war eine Freundin meiner Grossmutter gewesen und verbrachte seit Jahren ihre Ferien bei uns. Für uns Buben war sie so etwas wie ein Ersatz für’s Grossmueti.

Im zweiten Stock oben schritt ein schlankes Mädchen mit gewelltem Blondhaar vor mir her. Unten in der Schule würde man nun sagen „mit einer Bombenfigur“. Ich klopfte, trat ein und plauderte eine Weile mit der alten Dame. Als ich ihr Zimmer verliess, stand die Bombenfigur im Korridor und wartete auf mich. Es war die Hilde. Ich hatte sie tatsächlich nicht erkannt, hatte in den vergangenen Wochen nicht ein einziges Mal an sie gedacht. „Hallo Hilde. Was tust denn du jetzt auf der Etage?“ „Deine Mutter will, dass ich auch die Arbeit eines Zimmermädchens lerne“, antwortete sie und lachte dabei. „Und im nächsten Winter arbeite ich im Speisesaal“, fügte sie mit hörbarem Stolz hinzu.

Jetzt verstand ich Hildes andauernden Arbeitswechsel. Kurz nachdem meine Eltern das Hotel übernommen hatten und meine Mutter sich im Bergdorf eingelebt hatte, regte sich ein sozialer Impuls in ihrem Wesen, der auch in späteren Jahren immer wieder zum Vorschein kam. Damals trommelte sie eine Anzahl Hoteliers zusammen und machte den Vorschlag, dass die jungen Leute im Dorf in den Hotels angestellt werden sollten. „Die Hiesigen muss man heranziehen und den besten unter ihnen eine Karriere ermöglichen. So werden wir langsam unabhängig von fremdem Personal“, hatte sie anlässlich einer Versammlung gesagt. „Zudem bleibt das Geld im Dorf und wandert nicht immer ins Tal hinunter.“ „Viel ist nicht geworden aus der Idee“, hat sie später einmal erzählt. „Ich machte eben einen Fehler, indem ich als Frau gesprochen habe. Vater hätte reden sollen, dann hätten die Holzköpfe schon hingehört!“

Jedenfalls war Hilde von meiner Mutter auserkoren, langsam in eine leitende Stellung vorzurücken und deshalb durchlief sie die verschiedenen Abteilungen des Hotels.

Der August ging zu Ende. Nur noch wenige neue Gäste kamen an, dafür fuhren immer mehr ab. Eines Tages brachte der Muurehämmi eine behäbige Frau mit ihrem Sohn zu einigen Wochen Erholungsaufenthalt, wie es im Anmeldebrief geheissen hatte.

Immer, wenn Mutter und zuweilen auch Vater Zeit hatten, wurden neu angekommene Gäste zum Tee eingeladen. Nicht nur war damit eine persönliche Verbindung hergestellt, sondern man fand dabei heraus, was für besondere Wünsche die Gäste haben mochten, vor allem in Bezug auf die Küche. „Ach nein, für den Tisch haben wir keine Spezialwünsche“, sagte Frau Kocher. „Der Jean-Paul hatte eine schwere Lungenentzündung. Davon muss er sich jetzt erholen, deshalb sind wir gekommen. Ich begleite ihn, damit er sich richtig ausruht und keine dummen Sprünge macht, wie er das sonst zweifellos tun würde.“

Jean-Paul war Oberlehrer an einer Schule eines grösseren Dorfes im Seeland. Seine Mutter besorgte die Haushaltung. „Sehr nette Leute“, sagte meine Mutter beim Nachtessen. Dass er Lehrer war, hatte ich längst im Gästeregister nachgesehen. Schon am nächsten Tag merkte ich, dass dieser Herr Kocher sehr wenig „lehrerhaftes“ an sich hatte. Neben mir waren nur noch drei Kinder im Hotel. Wir spielten Krocket, als er zu uns trat. „Wer von euch ist der Instruktor?“, fragte er. „Ich möchte mit euch spielen, wenn ich darf.“

Eine Stunde später waren wir begeistert von ihm. Er hatte etwas Unkompliziertes an sich, war natürlich und behandelte uns, als wären wir erwachsen. Verglich ich ihn mit unseren steifgefrorenen Weisheitsaposteln in der Stadt unten, dann schien es mir schier unmöglich, dass er zur selben Gattung gehören konnte.

Weil es heisse Augusttage waren, bauten wir einen ansehnlichen Wassertümpel am Wildbach. Herr Kocher half aus Leibeskräften mit, ohne ihn wäre der Teich nicht so gross geworden. Darin gab er uns

Schwimmunterricht. Wenigstens nannten wir es so, denn lange hielt es keiner aus im eisigen Wasser. Über Nacht wurde er Anführer unserer kleinen Bande. Doch nicht alles war Spiel. Die Heidelbeeren waren reif. Die Morgenstunden fanden uns im Wald, bald hier, bald dort und kiloweise brachten wir die blauen Beeren in die Hotelküche. Wilde Himbeeren wuchsen in grossen Mengen unten am Fuss der Felsen. Das Pflücken war Arbeit und Spiel zugleich. Frau Kocher wachte über ihren Sohn so gut sie konnte. Trotz dem unruhigen Leben mit uns Kindern erholte er sich, fühlte sich ausgezeichnet, wie er seiner Mutter immer wieder versicherte.

Die Ruhestunden nach den Mahlzeiten, eine strenge Hausregel für Gäste und Angestellte, wurden streng eingehalten. Das waren jeweils die langweiligsten Stunden meiner Tage. Da lungerte ich ziellos herum, ging bald hierhin, bald dorthin, wartend, bis die Ruhestunden um waren. So befand ich mich eines Tages bei der grossen Thujahecke unter dem Hotel. Ganz zufällig blickte ich an der Fassade des Hotels empor. Ein oder zwei Gäste lagen in ihren Liegestühlen und liessen sich von der Sonne bräunen. Auf dem Balkon des Zimmers Nr. 34 – ich musste ein zweites Mal hinblicken – dort lag Jean-Paul Kocher und am Fussende des Liegestuhls sass Hilde, beide angeregt plaudernd. Nein, eifersüchtig war ich nicht mehr. Trotzdem, wie konnte mir gleichgültig sein, was sie tat? Allzu viel Gemeinsames hatten die vergangenen Jahre gebracht. Ich war nun in einem Alter, in dem man die Mädchen mit neuen Augen zu sehen beginnt. Hilde war nicht nur ein wunderschönes Mädchen mit einer Bombenfigur, ihr ganzes, frohmutiges, lachendes Wesen und ihre grosse Selbstsicherheit zogen die Menschen in ihre Nähe.

Traurig beobachtete ich die beiden eine Zeit lang, dann ging ich weg. Zum ersten Mal wurde dem Buben bewusst, dass „seine“ Hilde ihm endgültig fremd geworden war.

Es geschah am folgenden Morgen kurz vor sechs Uhr. Ich half dem Portier beim Verteilen der geputzten Schuhe. Die entsprechenden Zimmernummern wurden jeweils mit Kreide auf die Sohlen geschrieben. Nun kam Nummer 34. Das waren Herrn Kochers Schuhe. Ich ergriff sie, dann stellte ich sie neben seine Türe. Gerade in dem Moment öffnete sich diese. Ich fuhr zurück, damit Herr Kocher nicht über mich stolperte, richtete mich lachend auf und ... es war nicht Herr Kocher ... es war die Hilde, Hilde in sommerlich-hellem Rosakleid, das lange, wellende Goldhaar über dem sonnengebräunten Gesicht. Sekundenlang blickten wir uns an. Sie errötete heftig. Ich auch. Dann rannte sie wortlos weg, die Treppe hinab ins untere Stockwerk.

Es war ein grauer, regnerischer Morgen. Dicker Nebel hing zwischen den Ästen und Blättern der triefenden Bäume. Ich trat ins Freie. Dass ich nass wurde, kümmerte mich wenig. Unter der grossen, alten Linde lehnte ich gegen den feuchten Stamm und versuchte, Ordnung ins Durcheinander meiner Gedanken zu bringen. Was ich soeben erlebt hatte, wühlte tief in meinem Innern. Dank meist schmutziger und blöder Witze und zweifelhaften Andeutungen wusste ein Junge von zwölf Jahren damals so ungefähr alles um die Geheimnisse von Zeugung und Geburt, was er zur Anregung seiner Fantasie benötigte. Nun aber hatte ich einer Wirklichkeit gegenübergestanden, die ich nicht zu meistern vermochte. Wie oft hatte ich zugesehen, wenn die Bauern ihre Kühe zum Stier brachten. Hunde, die mit kaltem Wasser übergossen wurden, wenn die Geschichte nicht bald ein Ende hatte; Katzen, die ungeniert laut ihr Liebesleben verkündeten; das alltägliche Geschehen in Feld und Hof. Denselben Akt, genau dasselbe Geschehen auf „meine" Hilde zu übertragen, empfand ich als Vergewaltigung der Menschenwürde. Alles in mir sträubte sich gegen etwas, das ich rein tierisch glauben wollte.

Vielleicht eine Stunde später begab ich mich, inzwischen etwas beruhigt, zum Frühstück. Im Hoteleingang stellte sich Hilde mir in den Weg, sah sich rasch um und fragte, Angst in Stimme und Augen. „Wirst's deiner Mutter sagen?" Ansehen konnte ich sie nicht. „Nein, niemandem werde ich es erzählen", antwortete ich düster. Sie nahm meine Hand, drückte sie fest und verschwand über die Treppe zum ersten Stock. Ich aber war so beeindruckt über meinen eigenen Grossmut und meine edle Gesinnung, dass ich überaus selbstzufrieden zum Frühstück ging.

* * *

Wiederum vergingen Wochen in düsteren Schulzimmern mit verknöcherten, selbstgerechten Schulmeistern. Der Herbstwind blies die bunten Blätter durch Strassen und Gassen, hinter sich das graue Geäst splitternackter Bäume zurücklassend. Im dicken, feucht-kalten Nebel brannten die Stubenlichter schon um drei Uhr nachmittags. Die buntfarbigen kleinen Häfen der Motor- und Segelboote am Seeufer lagen verlassen und nutzlos – Leichname im schwarzen Wasser.

Spätherbst mit dicken Pullovern, Wollmützen und Handschuhen im braunen Pflotsch des gestrigen Schneefalls. In alledem gab es einen einzigen Lichtblick: Die Winterferien. An der Mauer neben meinem Bett hing ein Kalender. Jeden verflossenen Tag strich ich durch, so fest, dass nur noch ein schwarzes Quadrat zu sehen war. Dann zählte ich die Tage, die noch übrig blieben, bis zum ersehnten Schulschluss.

In den Strahlen der kalten Wintersonne glitzerte eine herrlich weisse Landschaft, als ich der Drahtseilbahn entstieg und vor das kleine Bahnhofsgebäude trat. Anstelle von Vaters Auto war Muurehämmis Knecht mit der Troika gekommen, um mich abzuholen. Meine Ski und Schuhe hatte er mitgebracht. Ich schnallte sie an, nahm das lange Seil, das hinten am Schlitten befestigt war, mit beiden Händen und dann trabte das Pferd los, begleitet von den Glockenklängen an seinen Gurten. Auf beiden Seiten der breitgewälzten Dorfstrasse türmten sich die hohen Schneewälle. Überall Menschen auf Ski, die zu den Hängen strebten oder zurückkehrten – ein köstlich buntes Treiben. Später, als wir uns der Schlucht näherten, tönten die Klänge des Orchesters des Regina Palace von der Eisbahn zwischen den tief verschneiten Tannen am Rande des Abgrunds herüber.

Unter den Gästen fand ich zwei Buben in meinem Alter. Einer war Hubertus von Lichterfelde, ein Deutscher, der andere Piotr irgendetwas, den Namen konnte ich weder aussprechen noch behalten. Er war Rumäne. Beide konnten Ski fahren und der Gesellschaft der beiden verdanke ich prächtige Winterferien. Auf der Stelle wurden wir Freunde. Täglich unternahmen wir Skitouren bis hinauf zu den Graten der Gemmenalp, um durch gänzlich unberührte Schneefelder hinunterzufahren; begleitet von den Walzerklängen des Orchesters fuhren wir Schlittschuh, versuchten uns beim Curling und einige Male durften wir mit dem Bobsleigh des Regina Palace die eigens dafür gebaute Bahn benutzen.

Hilde arbeitete im Speisesaal, wo sie zur Serviertochter angelernt wurde. Sie hatte sich sehr verändert, war längst nicht mehr das freudestrahlende Mädchen, das sie noch vor wenigen Monaten gewesen war. Auch fuhr sie nicht mehr Ski in ihrer Ruhestunde. „Was hast, was ist los mit dir?“, fragte ich sie. „Nichts ist los, was sollte ich haben?“, antwortete sie mit ernst verschleiertem Gesicht und liess mich stehen. „Komm mit uns Ski fahren“, forderte ich sie an einem der nächsten Tage auf. Sie schüttelte den Kopf. „Hab keine Lust dazu. Gesellschaft hast du ja, brauchst mich nicht.“

Zuweilen ass ich im Speisesaal mit meinen beiden Freunden zusammen, wenn ein Tisch frei war. Es war Piotr, der eines Tages sagte, nachdem Hilde uns die Suppe gebracht hatte: „Heute bedient uns die schöne Zitrone." Ich lachte mit, erwähnte jedoch mit keinem Wort, dass wir einmal Freunde oder so etwas Ähnliches gewesen waren. Meine Mutter wollte auch keine richtige Auskunft geben. „Sie hat Kummer, da kann man nicht immer lachen und guter Laune sein." „Aber was für Kummer?" „Das geht dich nichts an, lass sie bloss in Ruhe."

Mit meinen beiden Kameraden erlebte ich volle, abwechslungsreiche Tage. Ich kümmerte mich nicht um Hilde, dachte nur an sie, wenn ich sie im Speisesaal sah.

In diesem Jahr war Ostern aussergewöhnlich spät. Eine gütige Einsicht der Schulbehörde hatte zur Folge, dass vier Tage Skiferien verfügt wurden. Das war eine riesige, unerwartete Freude und gleich nach Schulschluss fuhr ich auf den Berg nach Hause.

Am anderen Morgen: „Mami, wo sind meine schwarzen Skihosen?" „In deinem Schrank, wo denn sonst?" „Nein, da sind sie nicht. Da habe ich schon nachgeschaut." „Dann schau noch einmal. Nicht so flüchtig wie sonst immer!" „Sie sind aber nicht da." „Dann müssen sie im Bügelraum sein. Geh rüber und schau nach!"

Der Bügelraum befand sich im Erdgeschoss des Angestelltenhauses. Also rannte ich durch den eiskalten Morgen und platzte durch die Türe. Erschrocken drehte sich die Person um, die bei einem der Schränke stand – es war Hilde, beinahe zur Unkenntlichkeit dick geworden – hoch schwanger, wie ich bemerkte. Ich war sprachlos. Eine ganze Weile musste ich auf ihren mächtigen Bauch gestarrt haben. „Tag Hilde", sagte ich schliesslich. „Tag", antwortete sie mit tonloser Stimme und drehte sich um, mit ihrer Arbeit fortfahrend. Festgewurzelt stand ich da und wusste nicht, was ich sagen sollte. Die Stille wurde immer peinlicher. Krampfhaft suchte ich nach einem Wort und fragte zuletzt die allerdümmste Frage, die ein unerfahrener Bub stellen kann, der in diesen Dingen keine Kombinationsgabe hat: „Wann hast du denn geheiratet? Ich wusste nichts davon." Wütend drehte sie sich um: „Spottest du jetzt noch über mich?" „Nein, nein, sicher nicht, ich ..." An meinem Gesicht sah sie wohl, dass keine böse Absicht, sondern mangelndes Taktgefühl hinter meinen Worten lag. Deshalb wurden ihre Augen auch gleich wieder traurig und ernst: „Er hat mich gern, ich weiss es, wir wollten jetzt, in diesem Frühling heiraten." Bei diesen Worten setzte sie sich auf einen Stuhl, bedeckte ihr Gesicht mit beiden Händen und weinte bitterlich. Hilflos stand ich da und musste zusehen. Da erinnerte ich mich, was Mutter in solchen Fällen schon getan hatte. Ich ging zu ihrem Stuhl und legte ganz einfach meinen Arm um ihre Schulter. Nun lehnte sie ihren Kopf gegen meine Brust und ihr Schluchzen wurde noch lauter. Da streichelte ich ihr Haar, von vorne nach hinten, immerzu von vorne nach hinten, bis sie ganz ruhig geworden war. „Du sagst ‚er'. Wer ist er?" „Frag doch nicht so blöd, der Jean-Paul natürlich, wer denn sonst?"

Falls es stimmte, was ich von irgendwoher gehört hatte, dann musste das Kind nach neun Monaten ... September, Oktober, November ... „Dann kommt das Kind im Mai?" „Ja, Ende April oder Anfang Mai." „Und wenn du bis dahin nicht verheiratet bist, ist das dann ein uneheliches Kind?" Nach einer Weile sagte sie ganz ruhig und bestimmt: „Er wird kommen. Ich weiss es ganz sicher. Schon zweimal hatte ich genau denselben Traum. Er wird kommen und er trägt eine dunkelblaue Hose mit einem hellblauen Pullover." „Aber warum weinst du denn, wenn du so sicher bist, dass er kommt?" „Ach, es ist eine so schwere Zeit für mich. Alle sind so böse mit mir, meine Mutter, die Dorfleute; nicht die Männer, aber die Frauen und Mädchen. Sie sagen mir alle schlechten, abfälligen Worte, die ihnen in den Sinn kommen. Eine Hure sei ich, sagen sie, eine billige Hure. Als ich noch zur Kirche ging, war's am Schlimmsten. Der Pfarrer hat mich von der Kanzel herunter schlecht gemacht! Denk dir – von der Kanzel herunter vor allen, allen Leuten! Ich werde mein Leben lang nie mehr in die Kirche gehen." „Und dein Vater?" „Ach nein, der ist gut zu mit. Wenn er dabei ist, sagt die Mutter so etwas nie – nur wenn er nicht da ist." „Weiss denn der Jean-Paul, dass du auf ihn wartest, weiss er es, wegen dem Kind?" „Das ist ja das Dumme, wir haben keine richtige Adresse. Was seine Mutter ins Hotelregister geschrieben hat, ist unleserlich. Der Brief kam zurück, darauf stand nur: „Arbeitet nicht mehr hier."

Hilde hatte auch dem Schulvorstand geschrieben. Antwort kam ebenfalls keine. Als ich am Abend meiner Mutter von meinem Gespräch mit Hilde erzählte, sagte sie mir: „Doch, der Vorstand hat geantwortet. Es ist alles sehr merkwürdig. Her Kocher hatte seine Stelle gekündigt, um eine neue in Biel anzutreten, gleich nach seiner Abreise von hier. Die Wohnung im Dorf hatten sie schon aufgegeben und er hätte gesagt, dass er ihnen die neue Adresse in der Stadt mitteilen würde. Da wäre aber seither nichts gekommen." „Kann man denn sonst überhaupt nichts tun?", fragte ich. „Ich habe getan, was ich tun konnte. Das sind ohnehin heikle Geschichten. Wir sind ein Hotel. Was sie getan hat, ist privat, das geht das Hotel nichts an. Ich kann mich nicht weiter einmischen."

Am Sankt Beatenberg da brannte die Regina

Der Zufall wollte, dass ich am Nachmittag meines Abreisetages im Büro meiner Mutter sass. Der Briefträger brachte einen Packen Post, den er ihr übergab. „Rechnungen, nichts als Rechnungen“, rief sie aus. „Alle anderen beklagen sich auch darüber“, antwortete der Briefträger und lachte. Ich blätterte in einer Zeitschrift, als Mutter plötzlich ausrief: „Jetzt hört aber alles auf, ich verstehe nichts mehr.“ Den Brief, den sie in den Händen hielt, las sie noch einmal. „Die Kochers aus Biel; die Mutter reserviert Zimmer im Chalet Eiger in der Zwischensaison ... da, lese selbst.“

So war es, Mutter Kocher mit Sohn. Keine weitere Erklärung. Am Dienstag nach Ostern wollten sie ankommen. Ich warf den Brief auf den Schreibtisch und war schon bei der Türe, riss sie auf und ... „Du bleibst hier“, rief Mutter mit Feldherrenstimme. Da hätte gewiss auch Napoleon gehorcht. Augenblicklich blieb ich stehen. „Kein Wort der Hilde, hörst du, kein Wort.“

* * *

In den Wochen, die mich von den Osterferien trennten, dachte ich sehr oft an Hilde. Besonders zwei Fragen beschäftigten mich unaufhörlich: Der Pfarrer, der von der Kanzel herunter, in aller Öffentlichkeit, Hildes Zustand bekanntgegeben hatte! Das war doch ihre Privatangelegenheit? Gleichzeitig sollte er doch jeden Sonntag von der Liebe, von der Christusliebe und der Vergebung reden! War das nicht ein einziger Widerspruch? Ich verstand es nicht und würde meinen Vater fragen. Und warum waren es die Frauen und Mädchen, die so hässlich zu Hilde waren? Warum nicht die Männer? Warum das eigene Geschlecht? Auch das verstand ich nicht. Warum wollte sie überhaupt ein Kind, bevor sie verheiratet war, wenn sie dabei doch nichts als Schwierigkeiten erlebte? Die ganze Hilde-Geschichte, wie ich sie nannte, warf eine Menge Fragen auf, die zuweilen nachts das Einschlafen lange verzögerten.

Osterglocken waren Mutters Lieblingsblumen, wahrscheinlich deshalb, weil sie den Frühling brachten, denn den harten Winter in Schnee und Kälte hatte sie nie gemocht. Als Osterüberraschung pflückten wir sie überall dort, wo wir wussten, dass sie blühten. In diesem Jahr gingen wir, mein Bruder und ich, den steilen Fusspfad gegen Sundlauenen hinunter. An einer bestimmten Stelle des stark abfallenden Geländes gab es einen beinahe flachen Vorsprung. Ich erinnerte mich dessen aus früheren Jahren. Auch jetzt war er dicht bedeckt mit blühenden Osterglocken, ein lebendiger Teppich wogenden Goldes. Wir pflückten und pflückten und wurden nicht müde davon, bis unser Korb übervoll war.

Es war ein grauer, unfreundlicher Ostertag. Die Temperatur war gefallen, tiefe Wolken hingen auf Felsenhöhe und im Ofen prasselte wieder das anmutige Feuer. Vater stand am Fenster. „Wenn die Temperatur noch um zwei Grad sinkt, wird's schneien", prophezeite er mit gewohnter Sicherheit. Trotzdem, unsere Osterglocken sorgten für Osterstimmung. Im ganzen Wohnzimmer, an allen unmöglichen Stellen, standen kleine Sträusschen und auf dem Tisch gleich derer drei. Das leuchtete, als wäre die Sonne im Raum.

Auch das Mittagsmahl entsprach der Würde des Tages und wiederholte sich Jahr für Jahr: gebratenes Zicklein, Kartoffelbrei, eingemachter Blumenkohl und goldgelber Endiviensalat mit Mayonnaise. Als Dessert Mokkacrème mit Cognac. Schon Tage zuvor wurde diese Mahlzeit erwähnt, „damit man sich geistig dafür vorbereiten kann", wie mein Vater jeweils sagte. Er musste es ja wissen, denn er war der grösste Feinschmecker des Berner Oberlandes.

Am Dienstag holte er die Kochers von der Seilbahnstation ab. Es war eine recht seltsame Ankunft. Trotzdem ich in der Nähe des Autos stand, sahen die beiden mich nicht einmal an, sondern eilten gleich meiner Mutter zu, die oben auf der Steintreppe wartete. Sie wurde kurz dem Sohn vorgestellt, obschon er sie doch kannte, und dann verschwanden sie in ihre Zimmer. Nicht für lange. Minuten später erschien Frau Kocher wieder und bat um eine sofortige Unterredung mit uns. „Ja, auch Ihr Sohn muss dabei sein, es geht alle etwas an", erklärte sie.

„Als wir im letzten Herbst in Biel ankamen", begann Frau Kocher, „suchten wir zuerst eine Wohnung, denn zwei Wochen später sollte Jean-Paul seine neue Stelle als Lehrer am Gymnasium antreten. Als er an einer Tramhaltestelle ausstieg, wurde er von einem Auto angefahren, zu Boden gerissen und erlitt schwere Kopfverletzungen. Nach etwas mehr als zwei Monaten Spitalaufenthalt wurde festgestellt, dass er einen Teil seines Gedächtnisses verloren hatte. Was früher als vor zwei Jahren geschehen war, daran kann er sich noch erinnern, nur an Personen nicht. Was gestern und vorgestern passierte, da geht es jetzt schon viel besser. Vor einigen Wochen wusste er das auch nicht mehr. Wenn man mit ihm spricht, darf man nie etwas aus der Vergangenheit erwähnen. Er regt sich sehr auf, weil er bereits bemerkt, dass ihm da irgendetwas fehlt. Die Ärzte denken, er wird sein Gedächtnis wiederfinden. Er muss mit einem Erlebnis konfrontiert werden, das auf ihn grossen

Eindruck gemacht hat. Seit Februar reise ich mit ihm hierhin und dorthin ohne jeden Erfolg. Die Ferien hier hat er richtig genossen. Vom Lauenenbach hat er damals oft erzählt. Dorthin will ich auch mit ihm gehen."

Wir hörten aufmerksam zu. Mutter sass aufrecht in ihrem Stuhl; Vater, über den Tisch gebeugt, stützte seine Stirne in der offenen Hand und ich rutschte auf meinem Hintern ungeduldig hin und her, denn ich war ganz aufgeregt. Auf der einen Seite des Rätsels Lösung, soweit es Jean-Pauls Schweigen betraf, auf der anderen Seite die grosse Gefahr, dass er sich nicht mehr an Hilde erinnern konnte. „Da ist noch etwas", fuhr Frau Kocher fort. „Es hatte doch ein nettes, recht hübsches Zimmermädchen auf unserer Etage. Sie können sich sicher an sie erinnern. Hilde hiess sie."

Wir nickten alle drei. „Als wir damals heim fuhren, hat Jean-Paul sie wiederholt erwähnt. Ich glaube, sie haben sich sehr gut verstanden." Wieder nickten wir. „Frau Kocher", ergriff meine Mutter das Wort, „es ist nun an mir, Ihnen eine Geschichte zu erzählen."

In grossen Zügen schilderte sie, was zwischen Jean-Paul und Hilde vorgefallen war, und dass eben diese Hilde Jean-Pauls Kind vor zwei Wochen zur Welt gebracht hatte. Frau Kocher blickte verblüfft von einem zum anderen, fand jedoch keine Worte. Nach einer langen Pause fragte sie meine Mutter: „Und Sie glauben wirklich, dass es Jean-Pauls Kind ist?" „So wie Hilde alles berichtet, ja, ich bin sicher, dass sie die Wahrheit erzählt."

„Wissen Sie, es ist ganz meine Schuld, dass Sie mich nicht benachrichtigen konnten. Nach dem Unfall war Jean-Paul im Spital. Um in seiner Nähe zu sein, lebte ich in einer kleinen Pension gleich daneben. Weil ich keine feste Adresse hatte, verschob ich von Woche zu Woche, den Schulvorstand am Gymnasium zu benachrichtigen, bis ich es zuletzt ganz vergass." Sie verstummte. „Das ist alles so neu und kommt so plötzlich", fuhr sie schließlich fort. „Ich kann's kaum glauben! Und wo ist wohl das Kind?" „In einem Häuschen gleich auf der anderen Seite der Lauenenschlucht", gab meine Mutter Auskunft. Jetzt wurde beraten, wie man am besten vorging. Mit vielen Wendungen und Bedenken kam zuletzt eine kleine Konspiration zustande, die am nächsten Morgen inszeniert werden sollte.

Mein Vater brachte uns mit dem Auto bis zum Haus des Grossniklaus, denn von dort zweigte der kleine Weg nach der Truckhalte ab. Es lag noch überall viel Schnee, den die Ostersonne noch nicht erreicht hatte. Mutter beklagte sich bereits nach den ersten hundert Schritten auf der kaum gegangenen Fährte. „Willst du lieber umkehren? Ich kann zu Hilde gehen und ihr ..." „Das könnte dir gerade passen. Nichts da. Das besorge ich schon selbst!"

Das schwarzgebrannte Häuschen trug die Jahreszahl 1742 unter seinem weitausladenden Giebel. Der Peter Jaggi hatte den Schnee vom Dach geschaufelt, sonst aber gab es weit und breit noch kein schneefreies Plätzchen. Jemand spaltete Holz hinterm Haus. Die Küchentüre stand weit offen. Mutter klopfte. Nichts regte sich. Sie klopfte noch einmal. Endlich löste sich eine Gestalt aus dem dunklen Hintergrund einer über und über verrussten Küche. Das war die Truckhalte-Änni, die sich uns langsam näherte, als wolle sie nicht glauben, dass sie tatsächlich Besuch hatten. Das schlechtgekämmte Haar zeigte erste graue Strähnen über einem Gesicht, das wohl kaum gelächelt hatte, so mürrisch und finster sah es aus. Dabei war die Änni mager wie ein Zündhölzchen. „Ihr seid wohl Frau Jaggi", begann meine Mutter, da Änni uns schweigend musterte. „Ich bin gekommen, die Hilde zu besuchen."

Am oberen Ende einer kurzen Stiege befand sich die Tür ins Dachkämmerchen. Quietschend öffnete sich diese und Hilde rief freudig: „Oh, die Frau Hürner kommt uns besuchen! Ist das eine Freude!" „Tag Hilde, ich möchte mit dir reden und dein Kind möchte ich auch sehen."

Hilde, die die paar Stufen heruntergekommen war, drehte sich schnell um und verschwand in ihrem Zimmerchen. Inzwischen hatte die Änni von irgendwoher noch zwei Stabellen[1] herbeigeschafft. Mit ihrer umgebundenen Schürze rieb sie diese sauber. „So setzt euch jetzt", sagte sie mit merkwürdig hoher Stimme. Da kam Hilde auch schon mit einem Bündel auf dem Arm die Stiege hinunter.

Mutter war ausgebildete Säuglingsschwester gewesen, ehe sie meinen Vater heiratete. Also erhob sie sich, nahm das Kind aus Hildes Arm und brachte es zur Küchentür ans Tageslicht. Eine gründliche Inspektion begann. Fingernägelchen, Füsschen, Öhrchen, da entging kein Zentimeter. „Ein schönes, gesundes Mädchen wird es werden", sagte sie mit fachmännischer Trockenheit und legte den Wurm wieder in Hildes Arm zurück. „Ich muss mit euch reden, mit euch allen", sagte Mutter zur Änni. „Ich denke, er spaltet Holz hinterm Haus. Könnt ihr ihn rufen,

[1] Ein Stuhl, dessen Beine schräg in das Sitzbrett eingesteckt sind, meist in eine eingenutete Gradleiste.

den Vater?“ Hinten im Dunkel der Küche öffnete Änni eine Luke und kreischend tönte es „Jaggi, sollst kommen.“ Wir sassen um den kleinen Tisch herum, als der Peter Jaggi in der Türöffnung erschien. „Ja, wer soll's denn glauben, die Frau Hürner!“ Er hielt auch gleich seine mächtige Hand zum Gruss hin. Ein lieber Mensch war er, dieser Peter Jaggi, alle mochten ihn. Ganz im Gegensatz zu seiner Frau sah er noch jung aus, hatte kurzes, blondes Haar und strotzte geradezu vor Gesundheit. „Ja, ich bin gekommen wegen Hildes Kind.“ „Schande hat sie über uns gebracht, ich darf mich ...“ „Jetzt schweigst auf der Stelle“, fuhr ihr Mann in sehr bestimmtem Ton dazwischen.

Meine Mutter erzählte auch gleich die ganze Geschichte. Als sie beendet war, blickte der Jaggi seine Tochter mit seinen blauen Augen voll verhaltener Liebe an und sagte: „Siehst', jetzt wird vielleicht doch noch alles gut.“

Hilde sah wohl niemanden. Mit verklärtem Gesicht sass sie auf ihrer Stabelle, das Kind auf dem Arm und blickte lächelnd vor sich auf den schwarzen Küchenboden. „Jetzt wird alles gut“, sagte sie. Nun erhob sich meine Mutter. „Wir nehmen dich gleich mit, dich und das Kind“, sagte sie, der Hilde zugewandt. „Zieh dich warm an, wir warten auf dich.“

Eine knappe Stunde später klopfte ich an Jean-Pauls Tür. Er stand am offenen Fenster und blickte in den sonnigen, kalten Tag hinein. „Herr Kocher, ich möchte Ihnen etwas ganz Schönes zeigen. Haben Sie Lust, mit mir zu kommen?“ „Ein Geheimnis?“, fragte er lachend. „Das werden wir bald sehen“, erwiderte ich.

Neben ihm ging ich hinüber zum Hotel National, dessen Eingang eigens für diese Stunde geöffnet war. Auf der Treppe blieb er alle Augenblicke stehen und sah sich um, so als käme ihm die Umgebung bekannt vor. Im zweiten Stockwerk oben sah er sich erneut um. Mein Herz pochte zum Zerspringen, als ich beobachtete, wie er auf jede Zimmernummer blickte.

Endlich kamen wir zu Nummer 34. Er musterte das kleine Blechschild oben am Rahmen sorgfältig, dann fasste er zaghaft nach der Klinke. Mir stockte der Atem. Nein, er liess die Klinke wieder frei und wandte sich zum Weitergehen. Ich war viel zu aufgeregt, um erhaltene Anweisungen zu beachten, konnte mich nicht beherrschen und sagte: „Aber das war doch die richtige Türe.“

Er drehte sich um, sah mich an und jetzt kam es wie ein Erwachen in seine Augen. Zwei, drei Sekunden blickte er mir starr ins Gesicht, drehte sich zur Türe um und öffnete sie. Festen Fusses trat er über die Schwelle. Hilde stand bei der offenen Balkontüre, von Sonnenlicht überflutet. Golden glänzten ihre blonden Wellen, ihr Gesicht war ein einziges Leuchten. Mitten im Zimmer blieb Jean-Paul stehen und murmelte fast wie im Selbstgespräch vor sich hin. „Das ist doch ... das ist doch kein Traum mehr, das ist ...“ „Jean-Paul!“, schrie Hilde und stürzte sich in seine offenen Arme. Sie hielten sich fest, so fest sie konnten, besorgt, der nächste Augenblick könnte sie wieder trennen. Nach einer Weile küssten sie sich. Nicht zügellos und wild, wie ich es im Film gesehen hatte, sondern zart, beinahe scheu und behutsam. Rücksichtsvoll verliess ich das Zimmer. Hätte es wohl längst tun sollen! Im Korridor draussen wartete ich, bis die beiden erschienen, denn Hilde wusste, dass Frau Kocher mit meiner Mutter in einem kleinen Salon wartete, wo die Türe offen stand. Ich konnte nur Fragmente des Gespräches verstehen: „Damals ... Jean-Paul, genau so ... Haare ... Näschen ...“

Geduldig wartete ich, denn ich wollte die Überraschung nicht vorzeitig schmälern. Endlich ging die Türe von Nummer 34 auf. Ich sah nur Hilde, ihre Augen auf ihn gerichtet. Ganz dunkelblau waren sie, viel dunkler als sonst und auf seltsame Weise der Wirklichkeit entrückt.

Als die beiden Arm in Arm im Türrahmen standen, legte Frau Kocher das weisse Bündel Kind einfach meiner Mutter in die Arme, um ihrem Sohn gebührend zu zeigen, wie überglücklich sie über seine Genesung war.

Schliesslich sagte meine Mutter: „Kommt, wir gehen ins Chalet Eiger hinüber. Hier ist es zu kalt.“ Sie ging voran, sorgfältig die vereisten Stellen des Strässchens umgehend. Jean-Paul trug sein Kind und neben ihm ging seine Mutter. Ich folgte und zwei Schritte hinter mir kam Hilde. Plötzlich fassten ihre beiden Hände meinen rechten Arm und rissen mich herum. Mit ihrem Kinn wies sie auf Jean-Paul: „Jetzt schau doch mal, wie er angezogen ist!“

Jean-Paul trug eine dunkelblaue Hose und einen hellblauen, weiten Pullover.

DIE REGINA BRENNT

Es war das trostlose Jahr 1934. Die Krisenzeit lastete schwer auf allen Hotels der vielen schweizerischen Ferienkurorte. Im Deutschland Adolf Hitlers verfügte dessen Finanzminister Dr. Schacht, kein Kapital dürfe das Land mehr verlassen, mit Ausnahme kleinster Beträge, die kaum bis über die Grenze reichten. Damals lebte das Berner Oberland fast nur von Deutschen.

Mitten in der Sommersaison standen die Kurorte halb leer. Die Hotels entliessen alle Angestellten, die nicht verträglich gebunden waren. Am schwersten betroffen davon waren die lokalen Leute.

Was machte das führende Hotel – das Regina Palace? Zunächst reiste das Orchester ab, das zum High Tea vor leeren Tischen gespielt hatte. Danach folgten die Portiers und Küchenleute. Auch unsere Leute mussten gehen, einer nach dem anderen. Mutter ging mit sorgenvollem Gesicht herum und Vater war noch stiller als gewöhnlich. Ende August bereits schlossen die meisten Hotels ihre Eingangshallen. Hinter jedem dieser Gebäude mit den geschlossenen Fensterläden sassen Besitzer an ihren Schreibtischen, blickten auf den Stapel unbezahlter Rechnungen und sorgten sich krank um ihre Existenz. „Was macht die Regina?“, fragten sie sich. An einem warmen, sonnendurchtränkten Augusttag schloss auch sie.

Im Café Fédérale war jeder Tisch besetzt. Kaum einer sprach ein Wort. Endlos drehten die Männer ihr Glas Wein mit beiden Händen und bangten um ihre Zukunft. Sie suchten einander, um mit ihrem Unglück nicht alleine zu sein.

Am Sankt Beatenberg da brannte die Regina

Wie hiess die Parole aus Moskau, die allabendlich in allen Sprachen durch den Äther gesendet wurde? „Wacht auf, Verdammte dieser Erde! Singt mit, Kameraden, wo immer ihr seid. Singt die Worte der kommunistischen Internationale! Singt mit, eins, zwei, drei, jetzt: Wacht auf, Verdammte dieser Erde ...“

Die Männer, die stumm im Café Fédérale sassen, kannten keine Parolen, sie wussten nur, dass sie eine Frau und Kinder hatten, die ernährt sein wollten, sie waren gänzlich auf ihre Stellen in den Hotels angewiesen.

Der junge Fritz Abegglen ging das Strässchen vom Amisbühl herunter. Im Hotel oben half sein Mädchen in der Küche. Glücklich über die Plauderstunde, die er eben mit ihr verbracht hatte, pfiff er ein Liedchen fürchterlich falsch vor sich hin und war mit sich und der Welt zufrieden. Hinter der letzten Kurve, die eng am Waldrand abdreht, lag das lange Gebäude des Regina Palace Hotels, gleich unter ihm am Ende des Hügels. Gleichgültig schweifte sein Blick über die vielen, geschlossenen Fensterläden. Plötzlich verstummte aber sein Pfeifen. Mit einem Ruck blieb er stehen. „Was zum Tonnerwätter ischt denn das derrt?“[1], murmelte er.

Aus einem Fenster des obersten Stockwerkes qualmte schwarzer Rauch, schlich sich langsam unter dem vorstehenden Dach empor. Nur ein paar Sekunden starrte er in den Rauch, dann rannte er in gerader Linie den Berg hinunter, am Hotel vorbei. Auf der Strasse vorne standen drei Männer. „Die Regina brennt! Es brennt, es brennt!“, rief er keuchend vom Rennen und von der Aufregung. „Wo, was brennt?“ Er gab keine Antwort, riss die Türe zu dem Chalet, in dem der Besitzer wohnte, auf und brüllte: „Die Regina brennt, kommt Herr Brunner, Eure Regina brennt!“ „Was willst du denn, was brüllst’ für ein Blödsinn in die Welt hinaus?“ „So kommt doch, es brennt ganz oben auf der Hinterseite!“

Im Café Fédérale drängten ein paar Männer, die gerade drinnen ruhig beim Nachmittagsschoppen gesessen hatten, auf die Terrasse hinaus. „Wer ruft da Feuer? Was gibt’s?“ „Dort hinten, seht doch den Rauch, die Regina brennt!“, rief Fritz verzweifelt.

Langsam drehten sie ihre Köpfe in die Richtung, in die dieser Fritz zeigte. Wahrhaftig, dort stieg braunschwarzer Rauch gen Himmel. Zwei von ihnen rannten davon, um nachzusehen. „So ’nes Gschyys gamma-

---

[1] Was zum Donnerwetter ist denn das dort?

che wägemma chlynne Gartefüürli!"[1], sagte einer, traute aber seinen eigenen Worten kaum und eilte den anderen nach.

Der Rauchball wurde zusehends grösser und endlich kam Leben in die Männer aus der Wirtschaft. Fünfzig Meter weiter unten, eng an der Strasse, die dort gegen die Steinbrücke abfällt, stand der alte Schuppen

[1] So ein Gescheisse wegen einem kleinen Gartenfeuerchen zu machen.

mit den Feuerlöschgeräten. Dorthin rannten sie alle und rissen die Flügeltüren weit auseinander.

Nun waren die ersten beiden hinter dem Gebäude angelangt, sahen hoch und brüllten: „Die Regina brennt, die Regina brennt!“ Einer von ihnen hatte den Muurehämmi gesehen, der oben auf dem Hügel seinen Zaun ausbesserte und ihnen den Rücken zukehrte. „Heh du! Die Regina brennt!“ Muurehämmi drehte sich ruhig um, sah die bereits recht grosse Rauchsäule, warf seinen Schlegel zu Boden und rannte seinem Hause zu. In der Küche hing das Feuerhorn. Er hob es vom Nagel, stolperte wieder hinaus ins Freie und fing zu blasen an.

Im Schuppen unten zogen die Männer den zweirädrigen Feuerlöschwagen mit dem aufgerollten Schlauch zwischen anderen Geräten hervor, zerrten ihn auf die Strasse und alle schoben sie ihn vor sich her, so schnell sie es vermochten. Keuchend erreichten sie nach einer Weile den Hydranten, der sich dort befand, wo das Strässchen zum Hotel National abzweigte. Mit nervösen Fingern wurde der Schlauch angeschraubt. Während einer die Spritze ergriff und einige hintennach mit dem Schlauch davonrannten, brüllte jemand: „Hinein ins Hotel mit der Spritze, nicht aussen herum!“

Jetzt ertönte Muurehämmis Feuerhorn. Tu-tu-tu-tuuuut, tu-tu-tu-tuuuut, dreimal kurz und einmal lang. „Tu-tu-tu-tuuuut – Männer kommt! Hilfe! Tu-tu-tu-tuuuut.“ Mächtig, beklemmend tönte das Horn in die sonnige Mittagsstille hinein, brach sich oben an den Felsen und wellte hinweg über den See. Die Leute in den Feldern richteten sich auf, sahen in die Runde und riefen: „Wo brennt’s denn?“

Tu-tu-tu-tuuuut – in der Waldegg, das ist das Hornzeichen für die Waldegg! Und richtig, über den hohen Wettertannen stieg die schwarze Rauchsäule auf. „Das muss die Regina sein. Die Regina brennt, Leute, die Regina brennt!“ Ein Ton, der Angst, Not, Gefahr und Unglück in sich barg, legte sich einschnürend um die sorgende Brust.

Der Moser Chrischte im Spirrenwald drüben zog die Runkelrüben aus der schwarzen Erde seines Äckerchens, als das Feuerhorn roh in die Stille schnitt. Auch er rannte bergab, riss das Horn von seinem Haken und blies. „Tu-tu-tu-tuuuut – Hilfe kommt, Hilfe ist unterwegs!“

Während dicke Rauchschwaden sich durch die enge Öffnung des Fensters zwängten, rannten überall Männer durch Wiesen, den Hängen entlang und aus dem Wald hinaus zu den Strässchen und Feldwegen, um möglichst rasch an der Brandstelle zu sein. Die Messingkrete[1] auf ihren Helmen leuchteten zuweilen wie Blitzlichter, die Ledergürtel waren eng um den Bauch geschnürt, daran hingen die Äxte in ihren Schlaufen.

Ich selbst war unterwegs nach Hause, als ich den Fritz von Weitem sah, wie er den Weg hinunterlief. Längst schon sass ich oben am Hang, von dem aus er den Beginn des Brandes bemerkt hatte. Woher kamen denn so viele Menschen in so kurzer Zeit? Grosse Gruppen standen in sicherer Entfernung und sahen alle in dieselbe Richtung.

Es geschah alles in einer einzigen Sekunde: Ein Feuerstrahl züngelte durch den Rauch im Fenster und dann war die ganze Welt ein einziges Krachen und Tosen und Donnern. Der hinterste Teil des Daches fiel einfach in sich zusammen und sank in die Rauchwolken wie in ein Riesenloch. Beinahe gleichzeitig stieg eine ungeheure Flammengarbe hoch und höher, leuchtend in allen Farben und Funken nach allen Seiten sprühend. Das Fauchen und Zischen der Flammen war so ungeheuerlich, dass ich angsterfüllt ans Wegrennen dachte. Einmal mehr trieb mich die Hitze weiter zurück. Die Haut meiner Hände brannte geradezu. Anhaltendes Klirren von Fensterscheiben, dann eine Explosion und Millionen von kleinen Glutkörpern schossen weit über die Flammen hinaus in die Höhe, breiteten sich oben aus in einen gewaltigen Blumenstrauss und erstarben. Auf einmal sass ich mitten in einem Regen von Holzkohlestückchen.

Erneut brachen Balken und Stützpfeiler im Inneren des Gebäudes. Es knackte, polterte, platzte und heulend stürzte der mittlere Tracht des Daches ein und zerfiel in Nichts.

Nun erreichte die Spirrenwalder Feuerwehr die Brandstätte. An mir unbekannter Stelle musste ein zweiter Hydrant gewesen sein, denn plötzlich rannte einer mit einer zweiten Spritze ins Hotel hinein. Es sah beinahe lächerlich aus, die kleinen Menschen vorne beim Eingang, schwarz gegen das Licht des Feuers, die mit einer kleinen Wasserspritze versuchen wollten, der unbeschreiblichen Gewalt dieser Naturkräfte Einhalt zu gebieten.

Die Zuschauer standen immer noch in Gruppen beisammen. Kaum einer sah dabei gedankenlos zu. Die einen mochten um ihre Stellung im Hotel trauern, viele dachten an den Verlust eines guten Kunden und

---

[1] Ein Bergkamm oder eine Bergkette wird in der Schweiz manchmal als Krete bezeichnet, also der Kamm oben auf dem Helm.

andere wieder an das Geld, das sie noch zugute hatten. Nur wenige dieser Menschen hatten dabei nichts zu verlieren.

Manchmal blies der Wind Löcher in die Rauchwand. Soweit der Himmel reichte, war er rot, rot über dem See, rot über den Bergen, rot über den Felsen und auch der Wald war rot.

Hatte da nicht jemand meinen Namen gerufen? Kaum, keines Menschen Stimme würde durch dieses Getöse hindurch dringen. Ein mächtiger Rauchballen nach dem anderen rollte in die Höhe. Gebannt starrte ich in die wellende Bewegung, die von den züngelnden Flammen gespenstisch beleuchtet wurde. Konnte es Einbildung sein? Mir war, als sähe ich die höhnisch grinsenden, widerlichen Fratzen von Dämonen. Nur die Aussenwände hielten stand. Von dort oben am Hang sah das Hotel aus wie eine riesengrosse Kiste voller Hölle.

Doch, natürlich wurde mein Name gerufen; in einer Sekunde der Stille hörte ich die Stimme meines Vaters. Ich erhob mich und schritt in grossem Bogen am Rande der Hitze den Hang hinunter. Dort! Seine beiden Hände als Trichter vor den Mund haltend, brüllte Vater: „Haaansiiii!" „Oh, da bist du ja." Es klang, als sei eine Tonne Gewicht von seinem Herzen gerutscht. „Wir suchen dich seit mehr als einer Stunde. Mami ist auf der anderen Seite und ruft." Ich schritt hinter ihm, immer wieder stehen bleibend, ungläubig zurückschauend. Dumpf, unbestimmt, halb unbewusst merkte ich, wie in mir etwas ganz Wesentliches zerbrochen war. Ich wusste nur nicht was.

* * *

Am nächsten Tag musste ich zurück nach Thun in die Schule. Vater brachte mich im Auto zur Seilbahn. Ich wollte nichts sehen und starrte auf meine Fussspitzen, als wir an der Ruine vorbeifuhren. Ich atmete den noch immer beissenden Rauch ein, fühlte die Hitze und musste husten, als wir hinunter zur Steinbrücke fuhren.

In der ganzen Woche nach dem Brand konnte ich an nichts anderes denken. Krampfhaft versuchte ich, mich zu konzentrieren. „Hürner, träumst du wieder?" „Nein."

Als alle anderen ihren Aufsatz auf des Lehrers Pult legten und in die Pause gingen, war meiner kaum zur Hälfte geschrieben. „Hürner, was ist eigentlich mit dir los?" „Nichts." „Wenn diese Rechenaufgaben heute wieder nicht fertig werden, kannst du nachsitzen." Ich sass dann halt nach. „Was hast du eigentlich?" „Nichts."

Die Regina Brennt

In der Geometriestunde zeichnete ich Wolkenballen und zackige Flammen in die Ecke des weissen Blattes. Als der Lehrer es bemerkte, erhielt ich eine Ohrfeige. In der zweiten Woche wurde es schon besser und am dritten Samstag fuhr ich übers Wochenende auf den Berg. Kaum daheim, ging ich hinüber zur Regina.

Die hohen Bogenfenster des Ballsaales waren alle zerschlagen. Die eine Hälfte der Decke hing herunter, beinahe das Parkett berührend, gehalten nur noch von den Kabeln der zersplitterten Kristallleuchter. Das eine Bein des einst auf Hochglanz polierten Konzertflügels war gebrochen, oben auf dem Instrument lag ein mächtiger, verbrannter Balken. Einer der Notenständer stand daneben, so unversehrt, als wüsste er nicht, was geschehen war. In der prunkvollen Eingangshalle lauter verkohlte Sessel und Teppiche. Verkohlte Deckenbalken standen und lehnten in grotesken Stellungen so, als würden sie in der nächsten Sekunde umfallen. Stukko-Deckenverzierungen hingen den Säulen lang herunter und überall lagen zerbrochene Leuchter herum. Die breite Treppe war in einem einzigen Stück heruntergefallen, über dem Geländer im ersten Stock lehnte ein Schrank. Im Speisesaal lagen oder standen überall verkohlte Deckenbalken über verbrannten Tischen und Polsterstühlen.

Schwarz wie ein Kaminfeger kletterte ich über die Zerstörung, einen schweren Stein im Bauch und einen noch schwereren im Herzen. Überall fand ich verkohlte Reste von Gegenständen, die ich gekannt hatte, mit denen ich innig vertraut war. Nun kletterte ich vorsichtig durch ein Bogenfenster des Speisesaales, die gefährlichen Glassplitter vermeidend, die noch im Rahmen steckten. Unter den Lindenbäumen, die alle auf der einen Seite angesengt waren, standen einst all die sauber gedeckten Tischchen, zum High Tea einladend. Vorne, wo das Strässchen zum Hotel National abzweigte, da war immer das hölzerne Podium aufgebaut, auf dem das Orchester spielte. Hinter einer Gruppe von Büschen entdeckte ich einen einzelnen, wenn auch angesengten Stuhl. Im Chaos der verbrannten Gegenstände kam mir dieser wie eine Art Insel vor. Ich eilte darauf zu und setzte mich.

Wie oft hatte ich wohl hier gesessen! Es liefen dann Kellner in weissen Jacketts und mit schwarzen Binden mit Bergen von Patisserien auf Tabletts von Tisch zu Tisch. Uhren hatten wir keine. Wenn die Sonne im richtigen Winkel stand und ich mit Kindern aus dem Regina Palace spielte, dann eilten wir zum High Tea und zum feinen Gebäck. Waren es Kinder aus unserem Hotel, dann brachte ich sie nicht zum High Tea, sondern ganz einfach zur „Teezeit". Die Kuchen waren nach guten, alten Grossmutterrezepten gebacken, wie Mutter uns versicherte. Zuweilen hatten wir Glück und erhielten Kuchen hier wie dort.

Ich sah an der einmal weiss gestrichenen, jetzt grauschwarzen Mauer mit den verbrannten Fensterläden hoch und plötzlich fing es an. Ohne dass ich darüber die geringste Kontrolle hatte, stürzte Bild um Bild vor mein inneres Auge. Die ins Leere gähnenden Fensterrahmen enthielten auf einmal Gesichter, die Gesichter all jener Menschen, die in den entsprechenden Zimmern einst gewohnt hatten, mit deren Kindern ich einstmals gespielt hatte.

Da stand nicht ein einziger Fensterrahmen leer. Vorne, im ersten Stock, da waren die besten Zimmer mit all den Privatsalons. Da hatte vor zwei Sommern die Königin Wilhelmine von Holland gelebt, die Grossmutter der Beatrice, und im Winter davor der Sultan von Marrakesch. Der hatte gleich die halbe Etage für sich, seine acht Frauen und deren Gefolge gemietet. Er war ein leidenschaftlicher Curlingspieler. Oft, wenn einer zum Team fehlte, wurde mein Vater gebeten, damit das Spiel Freude machte. Ich selbst wurde zum Sweeper auserkoren. Mit einem kleinen Besen musste das kleinste Schneestäubchen von der spiegelglatten Bahn entfernt werden, das das Gleiten des Steines hätte beeinträchtigen können. „Sweep, sweep, sweep!", brüllten die gesetzten Herren und tanzten aufgeregt von einem Bein auf's andere und bald darauf „Stop, stop, stop, stop!", wenn die Situation es erforderte. So lernte ich meine ersten englischen Worte.

Und dann natürlich die acht schwarzgekleideten Frauen, von denen man nichts sah als schwarze, lachende Kinderaugen. Was wir auch versuchten, wie sorgfältig wir uns hinter Schneewällen und Bäumen versteckten, wenn wir sie einher kommen sahen – nie, nicht ein einziges Mal, „erwischten" wir ein Gesicht.

Der alte Krupp wohnte jeweils in denselben Appartements im zweiten Stock. Im vorletzten Sommer war seine kleine Nichte dabei. Mensch! Waren das glorreiche Wochen. Diese Elfriede, das war eine Wildkatze, mit der man Pferde stehlen konnte. Nichts gab es, was sie nicht eben so gut mitmachte, kein weisses Kleidchen, das schmutzig genug gemacht werden konnte. Und mit der Anzahl Kuchen, die sie verschlingen konnte, nachdem wir zum Waschen geschickt worden waren, gewann sie jedes Mal.

Im Zimmer daneben wohnte letztes Jahr die Familie des Grafen Bernadotte aus Stockholm. Der kleine Junge gesellte sich schon am Tag nach seiner Ankunft zu uns. Wer unten am Wildbach spielte, über die grossen Felsblöcke kletterte, Wasser zu einem kleinen See anstaute, der konnte beim besten Willen nicht sauber bleiben. Schon am ersten Tag sah der kleine Hasse entsetzt an, was er sich selbst angetan hatte, versuchte es am anderen Tag nochmals, aber blieb dann ganz weg. Da waren der Gebhard, die Anneliese, die Traute, lauter Gesichter, die aus der Erinnerung auftauchten, deren Namen ich längst vergessen oder nie gewusst hatte. Im Appartement über dem ersten Bogenfenster des Speisesaales wohnte vor zwei Jahren die Gräfin Eleonora von Semnitz-Lauterbach, die dann letztes Jahr zu uns kam, weil es ihr im Palace zu laut zuging. Und gleich daneben, das waren doch die Zimmer des japanischen Gesandeten in Bern, dessen kleine Tochter die allererste Freundin meines Lebens war ...

Wir hatten die Regina verloren, unsere Königin, die auf dem Beatenberg Hof hielt, die die Königinnen und Könige dieser Welt empfangen hatte. Dort herrschte Glanz und Stil und Kultur, wie ich sie in meinem Leben nie wieder erleben durfte. Wie eine junge Arbeiterbiene sass ich da vor der Leiche meiner Bienenkönigin, die mir das Ideal meines Lebens bedeutet hatte. So ein Hotel ist nicht nur Lokal und Dienstleistung, sondern es atmet, es fühlt, es tönt und schwingt mit bei allem, was in ihm geschieht, genau wie die Seele eines Menschen. Wie kam mir meine kleine Seele vor im Anbetracht dieser glorreichen, dieser herrlichen Seele! Nur die Bilder im Gedächtnis blieben bestehen und sie drängten unaufhörlich auf meine Seele ein.

Der Wirklichkeit vollkommen entrückt, wäre ich wohl die ganze Nacht dort sitzen geblieben – Bilder der Erinnerung hätte es wohl genug gegeben. „Komm jetzt heim." Es war meine Mutter, die ich nicht hatte kommen hören. Wortlos schritten wir nebeneinander heimwärts.

In den Stunden der Erinnerung hatte ich Abschied genommen von einer Kindheit, die man sich schöner und aufregender kaum denken konnte. In dieser Nacht schlief ich zum ersten Mal wieder ohne die hässlichen Träume, die mich seit dem Brand verfolgt hatten.

* * *

Längst hatte die Weltpresse die Schreckensnachricht in alle Winde verzettelt: „Regina Palace Hotel, St. Beatenberg (Schweiz) vollkommen abgebrannt.“ Berlin, Frankfurt, London, Paris, Nizza, Wien, Madrid, Rom – überall fand die Nachricht Menschen, die das Hotel kannten.[1]

Leo Thiessen sass mit seinem Freund, dem mächtigen Herrn Krupp, im Foyer des Frankfurter Hofes, beide ins Lesen ihrer Zeitungen vertieft. „Da, hör mal zu ...“ Und dann las er die Brandmeldung. „Hast du nicht gesagt, du hättest dort Zimmer für Dezember und Januar bestellt?“ „Dumm, sowas! Wirklich dumm.“ „Wohin denn jetzt? Wo fährst du hin?“ „Ich, ich habe Zimmer im Palace Hotel in St. Moritz“, antwortete Thiessen. „So gross ist die Auswahl nämlich nicht, dazu noch so kurz vor Saisonbeginn!“

Die Fürstin von Lichtenstein, wohlbeleibt und noch eleganter am Ende ihrer zweiten Jugend, sass mit ihrem Ältesten im Dolder Grand Hotel in Zürich. Bei ihnen sass Herr Knechtenhöfer, ein Verwaltungsrat der Schweizerischen Kreditanstalt. Sie sassen an einem Fenstertisch des Speisesaales und assen eine der berühmten Spezialitäten des Hotels: Austern mit einer ganz besonderen Weissweinsauce und gebutterten Melbatoast. Nichts sonst, nur ein Mersault 1908.

Der Page brachte ein Telegramm, das er auf silbernem Tablett der Fürstin entgegenhielt. „Die Austern sind wirklich zu köstlich“, rief sie aus. „Mach du das Telegramm auf“, sagte sie zu ihrem Sohn. Der las: „Durchlaucht, konnte Sie vor einer Stunde telefonisch nicht erreichen. Habe soeben die Nachricht erhalten, dass das Regina Palace in St. Beatenberg vollständig durch Feuer zerstört wurde. Bitte lassen Sie mich wissen, wo ich versuchen soll, entsprechende Appartements zu bekommen.“ „Der Absender ist der Fürstin Privatsekretär“, erklärte der junge Fürst ihrem Gast. „Durchlaucht, bitte sagen Sie mir, wie ich Ihnen behilflich sein kann“, antwortete dieser sehr ergiebig. „Das ist eine Katastrophe für den ganzen Beatenberg“, murmelte der Finanzmann vor sich hin. Zum Wiederaufbau sind die Zeiten zu schlecht und ohne die Regina läuft auf dem Beatenberg nichts mehr.“

Friedrich Grossmann, Abteilungsdirektor bei der Sandoz in Basel, kam eines Abends nach Hause und brachte die Nachricht vom Brand der Regina. „Was, die Regina! Dort wo wir uns immer nach dem Skifahren zum Tee aufhielten?“ Er nickte. „Dumm, nicht? Das war immer so prak-

[1] Martin Hürner erzählt, dass über dem Eingang der Victoria Station in London mehrere Jahre nachdem der Zweite Weltkrieg zu Ende ging, das riesengroße Reklameplakat des Regina Palace Hotels, Beatenberg noch immer hing. Man hatte wegen des Wiederaufbaus der Stadt kein Geld, es zu ersetzen.

tisch und lag am Weg zum Hotel Silberkern." „Wo sollen wir denn jetzt hin?" Er zog hilflos die Achseln hoch. „Da ist sonst nichts mehr, nichts." „Und im National nebenan?" „Auch da nicht. Die haben nicht einmal eine Bar." „Heisst das, wir müssen einen anderen Ferienort suchen?" Er nickte. „Wir wollen doch nicht irgendwo hingehen, wo nicht alles vorhanden ist?" Das sah sie ein. „Ist aber schade, das war doch immer so bezaubernd schön."

Die Erde ist rund

Für alle Dinge, die wir in dieser Welt täglich tun, wird es irgendwann ein letztes Mal geben. So werden wir irgendwann zum letzten Mal das braune Paar Schuhe getragen, die letzte Semmel mit Schabziger gegessen haben, zum letzten Mal mit der Großmutter auf der Bank gesessen sein oder das letzte Mal unser Elternhaus gesehen haben. Wenn wir dann immer gleich wüssten, dass dieses das letzte Mal ist, würde uns Neues locken, würden wir nach Veränderung streben, in diesem unserem Leben? Ich weiß es nicht ... Beinahe täglich verlieren wir so Kostbares, dieses bewusst und jenes unbewusst, doch was wirklich zu uns gehört, schlängelt sich durch Raum und Zeit und findet seinen Weg zu uns zurück.

So ziemlich in der Mitte des langgezogenen Dorfes Beatenberg, im Spirrenwald, lebte damals die Bildhauerin Fräulein Bay. „Was soll ich denn der Annemie zum Geburtstag schenken?“ „Geh doch zu Fräulein Bay, die wird schon etwas haben.“ Also ging's einmal mehr an Mutters Seite hinüber in den Spirrenwald. Von dem niedrigen alten Bauernhaus, das sie bewohnte, sah man von unten nur die obere Spitze des Giebels. Der Garten lag etwas höher als die Dorfstrasse und wurde von einer Steinmauer gehalten. Dort, in einer gepflegten Wildnis blühte einfach alles, was irgendwie blühen konnte, nur von einigen Johannisbeersträuchern unterbrochen. Abschliessend standen, in zwei Reihen nahe dem Haus, riesige Sonnenblumen. Der Durchgang zwischen den Sonnenblumen und dem Haus war mit Steinplatten belegt, daneben eine alte Holzbank, die einmal weiss gestrichen war. Was von der Farbe übrig geblieben, hing in Fetzen überall herunter. Ging man an der Bank vorbei, kam zu aller Überraschung – ein Schaufenster! Ich habe seither nirgends mehr ein Schaufenster gesehen, das so erfolgreich versteckt war.

Öffnete man die Ladentüre, streifte deren Rahmen oben an zwei Glocken vorbei. „Gling-glung“ tönte es und siehe da, hinter einem Vorhang, den sie beiseiteschob, kam Fräulein Bay zum Vorschein. An ihr Gesicht kann ich mich kaum erinnern, nur noch an ihre weissen, sehr kurz geschnittenen Haare. „Ich brauche ein Geburtstagsgeschenk für eine meiner Nichten“, sagte Mutter. „Oh, da gibt's eine ganze Auswahl, Frau Hürner, sehen Sie sich um und sonst hat's noch viele in der Werkstatt!“, rief sie mit lebhafter Stimme.

Ich glaubte, alle Gegenstände zu kennen, die Fräulein Bay schnitzte. Schalen in allen Grössen, Buchstützen, Kerzenhalter und hauptsächlich eine Menge kleiner Tierchen wie Schafe, Kälbchen, Hunde, Katzen und sogar Hennen. Der Stil war jedoch ganz anders als die Brienzer Schnitzerei, die Fräulein Heller im Laden neben der Post verkaufte: Kleine Bären und Teller mit Edelweiss und Enzian. Nein, etwas ganz anderes, ein Stil, der auf geheimnisvolle Weise zum Herzen sprach – sogar zum Herzen eines dummen Bergbuben wie mir.

Ich wusste jetzt schon, dass meine Mutter eines der Tierchen wählen würde und betrachtete, wie schon mehrmals zuvor, das Gewand des Fräulein Bay. Die Farbe war jedes Mal, wenn ich sie sah, eine andere. Der Schnitt jedoch war immer derselbe. Das Kleid sah aus wie ein einfacher Sack; ein Loch oben für den Kopf hing es an den Schultern fest und von dort ging's abwärts, hinab, hinab, bis man fürchten musste, dass die nackten Füsse in den Sandalen keinen Platz mehr hatten. An Stelle von Ärmeln gab es zwei Ausschnitte, die bis zur Hälfte der Länge reichten. Sie liessen genügend Raum für die dicken Arme, denn Fräulein Bay war von stattlichem Umfang. „Mami, warum trägt Fräulein Bay keine Büstenhalter?“, fragte ich einmal auf dem Weg heimwärts. „Das weiss ich doch nicht. Frag' sie doch selbst, wenn du schon so vorwitzig bist.“

Jedes Mal nahm ich mir fest vor, zu fragen – jedes Mal verliess mich leider, im letzten Moment, der Mut dazu.

Unser Fräulein Bay hatte einen Bruder, Paul Bay. Der hatte das sympathisch-markanteste Gesicht, das ich je gesehen habe. Er war Architekt und Bildhauer und einer der namhaften Künstler, die am Bau des alten Goetheanums entscheidend mitgewirkt haben. Der Architekt

Bay[1] hat auch einige der Häuser und Villen in Dornach gebaut. Eines Tages entschloss sich Paul Bay ein kleines Haus für seine zahlreiche Familie zu bauen – wo sonst als auf dem Beatenberg.

Weit vorne, in der Nähe der Seilbahnstation, gab es einen Steilhang, der fiel in solch gefährlichem Winkel gegen den Wald unten ab, dass der Bauer immer hinunterrutschte, wenn er im Sommer dort das Gras mähte.

An dieser Stelle, gleich unterhalb der Dorfstrasse, gab es nichts, das das gewaltige Panorama gen Süden unterbrach. Vom Schreckhorn im Osten, über das Jungfraumassiv bis zum Anfang der Stockhornkette im Westen offenbarte sich ein einziges gewaltiges Bild, wie man es in dieser Höhenlage kaum sieht. Weit unten lag der Thunersee. Wenigstens Stücke davon konnte man sehen, denn die Spitzen der Tannen unterbrachen zuweilen den Blick. Weil diese Stelle so märchenhaft schön war, kaufte Paul Bay ein kleines Stück des Rasens, damit der arme Bauer dort nicht mehr zu mähen hatte. Jetzt hatten die Bauern in der Wirtschaft vom Hotel Edelweiss wieder etwas zu lachen und spotten. Das kam immer häufiger vor, denn diese dummen Städter leisteten sich so allerhand, was die Bergbevölkerung zu spöttischer Heiterkeit veranlasste. Aber das mit dem Steilhang als Bauland, das war schon einer Lachsalve würdig und der schlaue, geizige Schmocker musste eine Runde zahlen, einfach weil er ein Stück seines schlechtesten Bodens für so viel Geld losgeworden war. „Dä mues de sy's Hüüs am Strasseglánder abinde, süscht chaner de, mytüüri, i Wald ahi ga wyterwone."[2] „Hast du nicht gesagt, es sei der Bruder der Schnitzerin im Spirrenwald?" „So hat er gesagt, ja, Paul Bay, das soll sein Name sein." „Paul Bay, sagst du? Dann muss das doch der Sohn des ehemaligen Pfarrers von Merligen sein?", rief ein alter Kauz am Ende des Tisches. Keiner der Bauern wusste dazu Antwort. Der gute Bay sorgte bei ihnen für eine prächtige Unterhaltung, bis ein anderer der dummen Städter sich eine andere Dummheit leistete.

---

1 Paul Johann Bay, geb. 1891 in Oberdiesbach, stammte aus einer Pfarrersfamilie, die auch einmal auf dem Beatenberg tätig war. Er wurde Architekt und Bildhauer. In Dornach hat er u. A. an den Plänen des ersten Goetheanums, den Eurythmiehäuser, den Häusern Haldeck und Friedwart mitgewirkt. Während des Krieges war er Kommandant in einem Schweizer Flüchtlings- und Interniertenlager und danach siedelte er mit seiner Familie nach England um, zuerst in die Nähe des Hawkwood Colleges und danach nach Camphill in Schottland.

2 Der muss sein Haus am Strassengeländer anbinden, ansonsten kann er dann, meiner Treu, im Walde unten weiterwohnen.

Derweil baute Paul Bay das originellste Haus in ganz Beatenberg. Es klebt auf wunderbare Weise noch heute an dem beinahe senkrechten Hang. „Schwalbennest" hat er es getauft und es ist immer noch nicht notwendig, es am Strassengeländer zu befestigen, damit es nicht den Hang hinunterrutscht. In der Edelweisswirtschaft hat der Schmocker noch lange hintennach geflucht: „Dä Schtärnetonners Uhung het mi bschysse. I hannim dz Land vill z'billig verchoouft."[1]

Durch Fräulein Bay haben meine Eltern ihren Bruder kennengelernt. Ich ging schon längst in Thun zur Schule und verbrachte nur meine Ferien zuhause. Ich habe aber noch erlebt, wie mein Vater sich eine Schnitzwerkstatt eingerichtet hatte, wo er von Hand Holzschalen, Bilderrahmen, Buchstützen und andere Gegenstände anfertigte. Paul Bay ist ihm dabei zur Seite gestanden und seine Arbeiten, wenn zwar nicht gerade kopiert, waren dennoch diesen Schnitzereien im Stil recht ähnlich. Er fing auch an, ab und zu einzelne Stücke zu verkaufen. Die Bays waren inzwischen die engsten Freunde meiner Eltern dort oben im Dorf geworden.

* * *

Im Frühling 1936 war meine erste Schulzeit zu Ende. Ein heiss ersehntes Ende, wie das so bei schlechten Schülern eben war und meines Wissens immer noch ist. Ich trat in die kaufmännische Lehre ein, die Vorbedingung zur Aufnahme in die Hotelfachschule war. Alles, was bisher schön und wertvoll gewesen war, rückte in immer weitere Fernen. Das Neue dagegen, das am Horizont der eigenen Wünsche und Träume glänzte und lockte, war allein erstrebenswert. Auch Seifenblasen brauchen jemanden, der sie aufbläst und an sie glaubt.

Genau ein Jahr später verbrachte ich einige Ferientage daheim. Dann, auf dem Rückweg zur Drahtseilbahn, konnte ich natürlich nicht einfach am „Schwalbennest" vorübergehen. Zu kurzem Gruss trat ich ein. Der Paul, mit seiner holländischen Frau Moeke[2] ihrem Sohn Hans van der Stok aus erster Ehe und den acht oder neun Kindern, die Moeke ihm danach noch geboren hatte, sind mir die schönste Erinnerung aus

[1] Dieser Sterendonnershund hat mich betrogen. Ich habe ihm das Land viel zu billig verkauft.

[2] Dieuwke (von der Familie Mucke genannt) Troelstra war die Tochter des berühmten niederländischen Sozialisten Pieter Jelles Troelstra und der eben so bekannten friesischen Kinderbuchautorin Nienke van Hichtum, deren Name eigentlich Sjoukje Bokma de Boer war. 1889 geboren, kam sie mit ihrem Sohn Hans 1914 ans Goetheanum in Dornach, wo ihr Paul Bay begegnet ist.

dieser schweren Zeit. Hätte ich an diesem Tag gewusst, dass ich die meisten der liebgewordenen Gesichter nie wieder sehen sollte, mein Besuch wäre nicht so flüchtig ausgefallen.

Die Familie Bay mit Hans van der Stok und zwei ihrer Töchter

Schon die zwei, drei Jahre vor dem Ausbruch des zweiten Weltkrieges zerstörten viel Wertvolles aus der alten Welt; das Hin- und herpendeln zwischen Angst und Hoffnung, Pläneschmieden und achselzuckender Resignation, bis dann der Krieg ausbrach und traurige Klarheit schaffte. Die turbulenten Vorkriegsjahre hatten uns junge Menschen in ihren teuflischen Wirbel mit hineingezogen. In den Städten sassen die Arbeitslosen auf allen Mauern und Bänken oder standen mit missmutiger Miene an den Hausecken. Viele unter ihnen verbreiteten gedrucktes Propagandamaterial, das direkt aus Moskau kam. Moskau, Sowjet-Russland! Geheimnisvolle, angsteinflössende Strömungen begleiteten die Nachrichtenfetzen, die aus dem Norden kamen. Sibirien, Konzentrationslager, Gewaltverschleppungen und qualvoller Tod in mannigfacher Form für alle, die nicht mit den „Roten" gemeinsame Sache machten. „Hier Radio Moskau! Wir grüssen euch Kameraden auf der ganzen Welt. Zu Beginn unserer heutigen Sendung singen wir die kommunistische Internationale. Alle singen mit, alle ... eins, zwei, drei, jetzt: ‚Wacht auf, Verdammte dieser Erde ...'"

Am Sankt Beatenberg da brannte die Regina

Marx, Engels, Rosa Luxemburg, Lenin, Stalin – Namen, die den Himmel auf Erden versprachen und die Menschen millionenweise ins Verderben stürzten. Und aus Berlin auf hoher Rednertribüne, umringt von den Sturmtruppen der SA und SS, inmitten eines wogenden Farbenmeeres von Hakenkreuzfahnen: „Ich, Adolf Hitler, den die Vorsehung zum Führer des Grossdeutschen Reiches bestimmt hat, um das deutsche Volk im tausendjährigen Reich des Friedens ... Deutschland, Deutschland, über alles. Sieg Heil! Ich verspreche euch ... und ich verspreche euch ... und im Namen der Vorsehung verspreche ich euch ... – Sieg Heil!“

„Friede für unsere Generation!“, frohlockte Premier Chamberlain am Ende des Treffens mit Hitler in München. „Yes, peace in our time.“ Noch ehe er, nach London zurückgekehrt, seinen Regenschirm in den Ständer abstellte, marschierten Hitlers Armeen schon in Polen ein. Die zahllosen Toten des Krieges, von Kugeln durchbohrt, von Bomben zerfetzt, von Seuchen verpestet, vor Hunger entkräftet – wacht auf, Verdammte dieser Erde! Und die Nichtverdammten auch ...

Bei drohender Kriegslage trat ich meinen Militärdienst an, wie alle jungen Schweizer. Eingepackt ins dicke Graugrün der Schweizerarmee hingen die Flügel der Seele schlaff herunter. Welcher Tiefschlag für all jene, die mit hochfliegenden Plänen und Träumen die Sterne vom Himmel herunterholen wollten!

* * *

Zwischen zwei Militärdienstperioden arbeitete ich in Lausanne. Dort besuchte mich Mutter eines Tages. Unten am See im Hotel Beau-Rivage sassen wir bei einem der riesigen Bogenfenster und tranken Tee.

Etwas schwerfällig fing sie an: „Hans, ich komme dir was erzählen, du weisst ja, seit dem Brand der Regina rentieren sich unsere Hotels auf dem Beatenberg nicht mehr. Vielleicht hat Martin dir erzählt, dass wir das National schliessen mussten.“ „Ja, ich habe etwas gehört. Ich dachte, das kommt schon wieder recht“, erwiderte ich beunruhigt. „Nein, leider kommt's nicht mehr recht. Wir sind in den Konkurs eingegangen – und haben alles verloren. Der Verkauf der drei Häuser reichte gerade, unsere Schulden abzuzahlen. Weil wir in der Familie, wie ich es eigentlich wollte, nie eine Eigentumstrennung eingerichtet haben, ist uns auch das Chalet Eiger verloren.“ Lange herrschte ein betroffenes Schweigen. Schliesslich fragte ich: „Du wolltest eine Trennung der Eigentümer? Was ging denn da schief?“ „Das ist eine lange Geschichte“, meinte sie schroff. „Deine Grossmutter wollte davon nichts hören und dein Vater hat sie unterstützt. Ich hatte ja keine Entscheidungsbefugnis."

Arme Mutter! All diese Jahre hatte sie die Hotels geführt, hatte über alles entschieden und nichts hat ihr gehört, sie hatte nicht einmal das Recht, mitzubestimmen. „Und nun?" „Nun wohnen wir bei den Bays. Sie haben uns zwei Zimmer oben im Haus eingerichtet. Vati verhandelt gerade mit der Firma Sproll in Bern und wenn alles gut geht, wird er dort als Schnitzer und Schreiner arbeiten können. Hans, wir müssen vom Beatenberg fort."

Noch konnte und wollte ich es nicht begreifen. Im Chalet Eiger, mit seinem uneingeschränkten Blick über die ganze Kette der Hochalpen, dort war ich geboren. Das gehörte nun jemandem anderem. Meine Heimat, meine Berge, alle Erinnerungen und Jugendträume – was sollte aus ihnen wohl werden? Mit einem Schlag gab es kein Zurück mehr, nur noch den Blick in die Zukunft. Wie ein Schlafwandler muss ich mich von Mami verabschiedet haben. Ich kann mich daran gar nicht mehr erinnern. Die Bilder liessen mich nicht ruhen. Z'Alte Huus, der Eiger, das National und die vielen Menschen, die meine Jugend begleitet haben. Den Amisbühl gab es nicht mehr und über allen thronend, die prächtige Regina mit ihren zelebrierten Gästen, die alles mit sich ins Feuer gerissen zu haben schien. Meine Heimat liess sich noch lokalisieren, doch alles, was sie ausgemacht hatte, war unwiderruflich aus meinem Leben verschwunden.

Ich war nun also auf mich selbst gestellt und die weite Welt bot mir unendliche Möglichkeiten an. Abenteuer, Reichtum und uns Europäern kaum erschlossene Herrlichkeiten ... In der Schweiz war es mir eng geworden. Noch war aber Krieg und ich konnte nirgends hin.

Aber danach...

* * *

Das nächste Mal als ich meine Eltern besuchte, waren sie nicht mehr in Bern, sondern wohnten in Appenzell im Dörfchen Wald. Dort hatte Vati eine Holzwerkstatt eingerichtet und Mutter verkaufte seine Arbeiten an die umliegenden Märkte und Kleinhändler.

Moritz Hürner in Wald, Appenzell

Wie das so geht, wenn man sich lange nicht gesehen hat – an jedem Wort hängt eine kleine Geschichte, die erzählt werden muss. So fragte ich ganz unbedarft: „Und was tun sie oben im Schwalbennest?" Mutter sah mich verständnislos an. „Die Bays? Du weisst doch, dass die nun in England leben?" „Und das Schwalbennest ist verkauft?" Ich konnte es kaum fassen. „Ja."

Nichts hatte ich von allem gewusst. Mir war nochmals, als hätte ich etwas ganz Kostbares verloren. Die Bays, mit ihrem schönen Haus, ihren Schnitzereien und ihrer grossen Kinderschar, nun waren auch sie weg. Vergessen konnte ich sie alle nie.

Alles geht vorüber, auch die Weltkriege. Ich hatte in der Zwischenzeit gelernt, dass die Sterne am Himmel ganz gut aufgehoben waren. Dafür lockte mich Afrika, die sonnendurchtränkten, unendlichen Weiten, wo man nicht nach jedem dritten Schritt an eine geschlossene Grenze stösst.

So wurde Afrika zum Schicksal und Wirkungsfeld meines weiteren Lebens, das unendliche Afrika, das ich in seiner ganzen Länge und Breite durchreisen sollte, von Abidjan nach Aden, von Kairo nach Kapstadt, in dem ich über Jahrzehnte so viel erlebte! Afrika hat mich nicht nur in seine Weiten aufgenommen, sondern hat mich auch durch seine Höhen und Tiefen geführt.

Jahre vergingen und eines schönen Tages traf ich in Johannesburg Hans van der Stok, der dort Leiter der Camphill-Niederlassung „Cresset House“ geworden war. Er wurde der Pate meines ältesten Sohnes. Und wieder einige Jahre später, wer erinnert sich noch an den Knirps im „Schwalbennest“ oben? Ich meine jenen, der es gerade fertiggebracht hatte, seine Nase an die obere Kante des Tischblattes zu pressen? Das war doch der Taco, nicht? Dieser Taco Bay besuchte uns in Johannesburg als Erzoberlenker der Christengemeinschaft und dort sah ich ihn wieder. So rund ist unsere Erde!

DIE STIMME

Der Sturm schüttelte die alte Alphütte, als wollte er sie über alle Berge wehen. Er heulte um die Ecken; die schweren, mit der Axt zugeschnittenen Balken ächzten und krachten. Dumpf klatschten die Schneeflocken gegen die kleinen Scheiben des einzigen Fensterchens, das schon fast zugeschneit war und kaum mehr das schnell verblassende Licht des Nachmittags durchliess. Laut fauchte das Feuer in der grossen, von Steinen umrahmten Feuerstelle. Im Sommer, wenn die Kuhherden auf der Alp weideten, hing an dieser Stelle der grosse Kupferkessel an schwerer Kette. Darin kochte die Milch, die zum würzigen Bergkäse verarbeitet wurde.

Das war im Sommer. Jetzt aber jagte der Sturmwind zuweilen den Rauch zurück in den Raum und die Funken tanzten lustig über die rohen Steinplatten des Bodens. Nur die Petroleumlampe brannte ruhig. Ihr heimeliges, warmes Licht erhellte den Raum jedoch nur spärlich. Gespenstische Schatten drängten sich in die Ecken und verschwanden in der Dunkelheit. Matt glühten die alten Kupferpfannen im bescheidenen Schein des Lichtes. Säuberlich hingen sie an hohen Nägeln über dem schwarzen Kochherd. An der Steinwand, gleich neben der Hüttentüre, lehnten unsere Skis und Stöcke. Tisch und Bank hatten wir in die Nähe des Feuers gerückt. Dort sassen wir, starrten in die lodernden Flammen und horchten auf das Jaulen und Stöhnen des Sturmes, der sich von den Bergkämmen laut und drohend zu Tale wälzte. Ich freute mich über das Unwetter. Es brachte tausend Erinnerungen an meine

Jugendzeit und Bilder traten vor mein inneres Auge, die ich längst vergessen glaubte.

Einem Zufall verdankte ich diesen Aufenthalt in der Alphütte. Es war im Januar 1960. Nach fast vierzehn Jahren Abwesenheit führten Geschäfte mich zurück in meine Vaterstadt und in die nähere Umgebung meiner Jugendzeit. Staunend schritt ich durch die uralten Gässchen, blickte in die kleinen Schaufenster der Läden, die immer noch dieselben Besitzer hatten, wusste, wer in diesem und jenem Erker der kleinen Wohnungen mit den niedrigen Decken wohnte – und, kann's denn wahr sein? – der grosse, granitene Markstein am Eingang zum Marktplatz trug immer noch den Kratzer, den ihm mein Fahrrad einmal zugefügt hatte, als ich dort auf die Nase fiel. Nichts hatte sich verändert. Aber was sind auch schon vierzehn Jährchen in einer Stadt, die vor vielen Jahrhunderten Geburtstag hatte? Gleich neben der langen Steintreppe mit den abgenutzten Stufen, die zur Kirche hinauf führt, blieb ich stehen und betrachtete lächelnd das grosse Fenster mit den zugezogenen Vorhängen und der grün gestrichenen Tür. Hinter der grünen Tür war, was wir Jünglinge einst unser Stammlokal nannten; grossmäulig wie es sich gehörte, weil beinahe täglich ein neues Haar an den Backen den Flaum verdrängte.

Trotz der frühen Stunde trat ich ein, wie konnte ich anders? Das Lokal war um diese Zeit leer. Die Kellnerin sass hinter der Theke und las die Morgenzeitung. Auf dem Chromblech unter dem Bierhahn stand eine große Tasse Kaffee. Genau wie vor vierzehn oder vielleicht vor hundert Jahren? Wie vertraut alles war! Die Biermarke, der Zeitungsständer, die Tische, die in unveränderter Ordnung dastanden, dann die vielen Fotos des Sportvereins und im Glasschrank die zahlreichen grossen und kleinen Silberpokale und Trophäen, die die Sportler sich nah und fern in sonntäglichen Wettbewerben geholt hatten. Vierzehn Jahre unveränderten Lebens, während derer ich ruhelos die Welt durchwanderte, durch Wüsten und Urwälder, durch afrikanische Dörfer und Weltstädte.

Schlecht gelaunt brachte die Kellnerin dem Fremdling sein Bier, als die Eingangstür aufging und zwei Männer in den dämmerigen Raum traten. Ich erkannte meinen einstigen Freund auf der Stelle. Zuerst war er mein Klassenkamerad gewesen, dann Mitglied desselben Alpenklubs. An vielen Bergtouren haben wir gemeinsam teilgenommen.

Die beiden setzten sich an einen Tisch beim Fenster und musterten diskret den fremden Gast. Lächelnd sah ich, wie sich Erkennen im Gesicht meines Freundes abzeichnete. Händeschütteln, fragen, antworten, erzählen, wie viel man sich zu sagen hatte! Schliesslich lud er mich zu ein paar Tagen Skiferien ein. In einem der Täler des Oberlandes besassen Verwandte einen Bauernhof, zu dem auch eine Sennhütte hoch auf der Alp oben gehörte.

Weit weg von den künstlich festgestampften Pisten für Massenabfahrten, fern der Skiliftschlangen und Après-Ski-Bars glitten wir durch die tiefverschneiten Halden und Abhänge, auf denen kein einziges Lebewesen seine Spur hinterlassen hatte. Dann ging es erneut den Berg hinan, Zug um Zug, oft im Zickzack, bis wir den Grat erreichten, der sich in blendendem Weiss vom dunkelblauen Himmel abgehoben hatte, wo sich die Aussicht wie eine Offenbarung auf tausend weitere Grate und Bergspitzen ausbreitete.

Hans, Kartoffelschälend beim Skifahren in den Alpen

An diesem Tag hatte das rasch aufsteigende Unwetter uns vorzeitig vertrieben. Wir erreichten den Schutz unserer Hütte gerade noch, bevor der Sturm mit seiner ganzen Gewalt losbrach. Bewusst des köstlichen Geborgenseins räkelten wir uns wohlig vor dem Feuer und genossen die innere Ruhe, eine Ruhe, deren grosse, vollkommene Stille die Alpenwelt dem rastlosen Menschen ins Herz legt.

Es muss die Wärme der Flammen gewesen sein, die mich schläfrig gemacht hatte, jedenfalls war ich sitzend eingeschlafen. Als ich erwachte, hatte sich der Sturm ausgetobt. Robert stand am Herd und goss gerade kochendes Wasser in den weissen Filteraufsatz der Kaffeekanne. Allerhand stand herum, was vorher nicht dagewesen war und tatsächlich, er war im Begriff, das Abendbrot zuzubereiten. Jetzt meldete sich der Hunger mächtig nach den langen Stunden im hohen Schnee.

Laut knarrte die Tür, als ich sie öffnete. Die Schneewehe davor reichte bis zu meinen Schultern. Ich holte eine Schaufel, den Schnee langsam abtragend, den ich in hohem Bogen zur Seite schleuderte. Es war inzwischen vollends Nacht geworden, Der Atem gefror vor meiner Nase, die Kälte drängte sich durch meine Kleider. Hell umrandete Wolken dort, wo sie den Mond verdeckten, zogen gen Süden. Hier und dort blinkte ein Stern, der gleich wieder verschwand. Kein Lüftchen wehte, kein Hauch – nichts als eine gewaltige, ungeheure Stille. Wer sie nicht selbst erlebt hat, diese wahrhafte Totenstille nach einem Neuschnee im Hochgebirge, der versteht nicht, dass es dafür keine Worte geben kann. Vielleicht ist sie das Tor zum Jenseits.

Ich sah den treibenden Wolken zu, als ich ganz plötzlich vor Kälte zu zittern begann. Durch den bis an die Hüfte reichenden Schnee versuchte ich, der Hütte zuzueilen und kam doch kaum vorwärts. Als ich sie erreichte, tropfte der Schweiss von meiner Stirne. Der Geruch von Bratkartoffeln, Zwiebeln und Würstchen umschmeichelte mich köstlich, als ich die knarrende Tür öffnete. Der Tisch war gedeckt und Robert hatte gerade zwei mächtige Scheiben Brot geschnitten. Wir genossen das einfache Mahl. Die Teller wurden ein zweites Mal nachgefüllt und erst, als wir beim Kaffee angelangt waren, fingen wir wieder zu plaudern an.

Nachdem die Pfannen sauber und das Geschirr abgetrocknet und zur Seite gestellt war, holten wir das, was wir zu lesen mitgebracht hatten. Ich erhob mich noch einmal, streckte meine Glieder und trat in die Eiseskälte der Nacht hinaus. Myriaden von Sternen blinkten im wolkenlosen Himmel – leuchteten hell, wie man es nur in ganz kristallklaren, mondhellen Winternächten, weit entfernt von den Lichtern der Stadt, sieht. Tief im Tal unten gewahrte man das Dorf als ein paar schwache, leuchtende Punkte. Im weiten Umkreis nur Gipfel, Grate, Schründe, ein grandioses Bild von schwarzen Schatten und blauem Licht. Andachtsvoll blickte ich in die Runde, von der Schönheit gebannt. Hier war sie wieder, die Welt meiner Jugendzeit und tief in meinem Innern wurde das Wiedersehen zum feierlich-stillen Gottesdienst.

Die Stimme

Robert sass vor dem Feuer und starrte unverwandt auf die brennenden Scheiter. Hin und wieder pafften Rauchschwaden aus seiner Pfeife. Ich holte das mitgebrachte Buch, setzte mich an den Tisch, zündete eine Zigarette an und begann zu lesen. Nach geraumer Zeit blickte ich zu Robert hinüber. Der starrte immer noch auf dieselbe Stelle. Längst war seine Pfeife ausgegangen, er schien es nicht einmal bemerkt zu haben. „Warum so still", fragte ich, nur um die Stille zu brechen. Antwort gab er keine. Ich las weiter. Als seine Stimme das Schweigen durchbrach, erschrak ich beinahe. „Glaubst du an das Übernatürliche?" Auf die unerwartete Frage fand ich nicht gleich eine Antwort. „Da müssten wir uns zuerst einigen, was mit natürlich und was mit übernatürlich gemeint ist", entgegnete ich schliesslich. „Das Natürliche ist all das, was man sehen kann, was man mit den Sinnen erfasst. Dann aber gibt es Dinge, die man nicht sieht. Sie existieren, sie sind da, sie ..." Er hielt ein. Mit hilfloser Geste hob er Schultern und Arme und liess sie wieder fallen. „Die Wissenschaft unseres ganzen Jahrhunderts ist auf Phänomene aufgebaut, die man nicht sehen kann", lachte ich. „Ja, das schon, es ist aber nicht, was ich meine", entgegnete er. Mit einem Ruck erhob er sich. Sichtlich erregt schritt er zum Herd und wieder zurück. Eine Zeit lang ruhten seine dunklen Augen auf mir, dann fragte er: „Glaubst du an Geister?" Es klang herausfordernd, schroff. „Du meinst den Verkehr mit den Toten durch Medien und schwebende Tische und ..." „Nein, nein, nein, nicht das. Ach, lass gut sein, ich weiss selbst nicht, was ich meine oder was ich denken soll."

Erneut durchmass er den kleinen Raum, hin und her, hin und her. Dann, innehaltend: „Du denkst wohl, ich spinne, was?" „Es gibt unendlich viele Dinge, die der Mensch heute nicht richtig versteht", sagte ich, ihn zu ermuntern, sich besser zu erklären. „Täglich stolpert die Wissenschaft über Erkenntnisse, die sie vor einigen Jahrzehnten als Ammenmärchen verachtet hat. Nein, spinnen tust du sicher nicht, aber mit deinen wenigen Worten verbirgst du eher, was du sagen möchtest." Er lachte gezwungen. „Vielleicht, ja." Beim Herd drehte er sich wieder um. „Wirst du zuhören, wenn ich dir jetzt eine lange Geschichte erzähle?" Er wartete gar nicht erst auf meine Antwort, warf sich in seinen Stuhl und begann:

„Es war im September 1939, unmittelbar nachdem der Krieg ausgebrochen war. Aus der Rekrutenschule kommend, erhielt ich Befehl, meine Militäreinheit aufzusuchen, die sich damals in einem kleinen, alten Städtchen in einem Tal unseres Hochgebirges befand.

Am Sankt Beatenberg da brannte die Regina

Der Morgen nach meiner Ankunft war kalt und sehr unfreundlich. Eisiger Wind wehte von den Pässen ins Tal herunter. Schlotternd vor Kälte standen wir beim Morgenappell auf dem Schulhausplatz. Obwohl es eigentlich erst Ende Sommer war, lagen gelbe und braune Lindenblätter überall herum und die Bäume begannen schon kahl zu werden. Vor der Kompanie stand der Feldwebel und brüllte überraschend meinen Namen. Ich stand stramm und brüllte zurück: ‚Hier!' Eigentlich brauche ich dir das nicht zu erzählen, du kennst das alles ebenso gut wie ich. ‚Vortreten!' Ich rannte nach vorne und stand vor ihm stramm. ‚Als Ordonnanz abkommandiert ins Büro', bellte der Feldwebel.

Wie du weißt, ist der Posten einer Büroordonnanz weder eine besondere Ehrenbezeugung noch ein Sprungbrett für zukünftige Helden. Trotzdem wurde mir ganz warm ums Herz. Es hiess nichts anderes als eine Anzahl kleiner Annehmlichkeiten, vor allem ein Entrinnen aus dieser Hundekälte in einen geheizten und geschützten Raum. Der Krieg sah auf einmal gar nicht mehr so schlimm aus. Ich erfragte meinen Weg dorthin, fand ein kleines Hotel, in dem es auf der ersten Etage ein Versammlungslokal gab, das zum Kompaniebüro umfunktioniert worden war. Nicht nur die wohlige Wärme strömte mir entgegen, sondern auch der Duft von frischem Milchkaffee. Ich brauchte nicht lange, um zu merken, dass sogar das raue Militärleben zwei Seiten hatte. Da im nächsten Krieg auch wieder Büroordonnanzen gebraucht werden, möchte ich hier nichts Weiteres verraten. Nur noch das eine, das für meine Geschichte sehr wichtig ist: Laut Armeebefehl musste das Telefon 24 Stunden täglich bewacht sein. Das hiess, im Büro schlafen und dazu lehnte eine Matratze an der Wand gleich neben dem Apparat. Das Lichterlöschen um 22:30 Uhr galt für Büroleute natürlich nicht. Wir lasen Bücher und Zeitschriften, die man uns von zuhause nachsandte, und vertrödelten mitunter auch viel Zeit mit langen, inhaltlosen Telefongesprächen von Kompaniebüro zu Kompaniebüro. Damals gab es noch keine automatischen Telefonverbindungen und moderne Zentralen, wenigstens in diesem Städtchen nicht. Hörer und Sprechmuschel hingen an einer Gabel auf der linken Seite eines braunen Holzkästchens, das an der Wand befestigt war. Rechts die Kurbel. Diese musste man energisch zwei- oder dreimal drehen, um dann die Stimme der Telefonistin aus der Zentrale zu hören: ‚Nummer bitte.'

Kaum hatte ich mich in die neue Arbeit eingelebt, als ich merkte, wie unsäglich langsam die Zeit verging. Nichts geschah und ein Tag glich genau dem nächsten. Aus Herbst war Winter geworden, eine Reihe monotoner Wochen und Monate. Meterhoch lag der Schnee überall, wo niemand sich einen Durchgang bahnte. Die alten Dächer schienen unter der Last zu brechen und an den Strassenseiten türmten sich hohe Wände von beiseite geschaufeltem Schnee. Zwischen den kahlen Ästen der Platanen hing grauer Nebel und zwang uns, um drei Uhr nachmittags bereits das Licht einzuschalten.

Die einzigen Menschen, die sich über die freudlose Gegenwart freuten, das waren die Wirte. Jeder Soldat, dessen kärglicher Sold noch nicht aufgebraucht war oder der irgendwo noch Geld pumpen konnte, zwängte sich abends in ein Lokal. Das Städtchen verfügte über eine erstaunliche Anzahl an Wirtschaften, alle zum Bersten voll. Wer keinen Stuhl fand, der lehnte sich irgendwo an. Dick war der Rauch, sodass die Lampen nur noch als verschwommene, helle Flecken sichtbar waren. Wein- und Biergeruch, Pfeifen, Stumpenzigarren und Zigaretten. Ein jeder paffte vor sich hin, dazu die Ausdünstung von fünfzig Männern in einem Raum, der vielleicht für dreissig bestimmt war. Wurde die Türe geöffnet, strömte eisige Zugluft in die hinterste Ecke und aus allen Richtungen tönten derbe Flüche: ‚Tür zu!'

Eines Abends kurz nach acht Uhr, verlangte ich die Nummer der dritten Kompanie, mit deren Büroordonnanz ich hin und wieder ein Glas Wein getrunken hatte. Das ‚Nummer bitte' hatte ganz anders getönt. Es war eine Stimme, wie ich sie noch nie gehört hatte. Kaum sprach ich mit meinem Kollegen, als ich auch schon wieder aufhängte, um die Kurbel aufs Neue zu drehen: ‚Nummer bitte', wiederholte sie. ‚Fräulein, sind Sie neu?' ‚Nein, ich habe jetzt Nachtschicht. Nummer bitte.' Als ich nicht gleich antwortete, unterbrach sie die Verbindung. Da ich den Hörer immer noch in der Hand hielt, kam sie wieder: ‚Nummer bitte.'

Es war die melodische Stimme einer Frau, bestimmt, ja abweisend, aber etwas, eine Saite in meinem tiefsten Innern schwang und vibrierte bei ihrem Klang. ‚Nummer bitte.' ‚Bitte geben Sie mir 288, aber wissen Sie ...' Schon war mein Kollege wieder am Apparat. ‚Du, da ist ein neues Mädchen in der Zentrale!' ‚Wirklich?', antwortete er gelangweilt. ‚Das scheint dich ja mächtig aufzuregen. Du weißt doch, dass in diesen katholischen Landen hier unzüchtige Gedanken gebeichtet werden müssen?' ‚Holzklotz!'

Tatsache war, dass wir uns in streng katholischem Gebiet befanden. Die Priester verpassten keine Gelegenheit, die Bevölkerung, und natürlich ganz besonders die jungen Mädchen, vor uns Heiden zu warnen.

Dies mochte mit ein Grund sein, warum die neue Telefonistin mir mit solch schroffer Abneigung begegnete. Schlag acht Uhr abends begann ihr Dienst. Ich wollte der erste sein, der sie willkommen hiess. Mein Anruf war pünktlich. ‚Nummer bitte?' Ich erfand immer neue Dummheiten, um sie eine weitere Sekunde zurückzuhalten, ich bettelte geradezu um ein oder zwei Worte, denn, so merkwürdig es klingt, ich hatte mich in diese Stimme verliebt. Verrückt, nicht? Lange dauerte ihre Abwehr, vielleicht drei Wochen. Entweder war es meine Hartnäckigkeit oder aber der Nachtdienst wurde ihr langweilig, jedenfalls fing es damit an, dass sie mir ebenfalls ‚guten Abend' wünschte und hin und wieder ein verlorenes Wort einfügte. Langsam, ganz langsam kroch die Schnecke aus ihrem Häuschen.

Für mich war die Stimme der Sinn und Inhalt meiner Tage. Bald in samtweicher Tieflage, traurig, dann wieder wie klingende Glocken, lebensfroh, versprechend – sie beherrschte alle Nuancen des Ausdrucks. Je mehr sie sprach, umso mehr liebte ich diese Stimme. Als ich es ihr sagte, hatte sie nur ein unfrohes, ja, spöttisches Lachen übrig. Es war offensichtlich, dass ich nicht der erste war, der ihr dieses Kompliment machte. Sogar mein Kollege, der Holzklotz, bestätigte, dass ihre Stimme tatsächlich betörend schön sei. Schliesslich kam der Abend, an dem ich vorschlug, dass wir uns treffen sollten. Ich erschrak geradezu ob der Bestimmtheit, mit der sie meine Bitte ausschlug."

Robert, der seine Pfeife längst mit neuem Tabak gestopft hatte und diesen während des Erzählens aus allen Winkeln und Richtungen andrückte, schob die Pfeife endlich zwischen die Zähne. Mit der grossen Flamme seines altmodischen Feuerzeuges fing sie zu glühen an und für kurze Sekunden verschwand sein Kopf in dichten Rauchwolken.

„Unsere Gespräche wurden immer länger", fuhr er fort. „Sie erhielten Sinn und Inhalt. Wie eine langsam sich öffnende Knospe, mit einem Wort hier und einem Wort da erriet ich eine scheue, fein besaitete Seele, oft verschlossen, oft traurig, immer völlig einsam. Sie ging den Menschen aus dem Wege, wollte nichts von ihnen wissen und sehnte, ja verzehrte sich, nach dem verstehenden Du. Da war so vieles, das ich nicht verstand. Jedoch zu fragen, wagte ich nicht mehr.

Sie hiess Sela Zumberg, war 20 Jahre alt, hatte keine Geschwister. Ihr Vater war Lehrer in einer kleinen, bettelarmen Berggemeinde hoch über einem abgeschlossenen Tal der Rhone. ‚Sela', sagte ich, ‚den Namen habe ich noch nie gehört.' ‚Das glaube ich. Niemand heisst so, nicht in unserem Dorf und auch sonst nirgends.' Das klang merkwürdig traurig, als ob sie sich für diesen ungewöhnlichen Namen entschuldigen musste.“ Robert, der unverwandt ins Feuer blickte, während er erzählte, wandte sich mir zu. „Du müsstest das doch wissen, du bist ja im Bergdorf aufgewachsen!“ „Nur die ersten zehn Jahre meiner Kindheit habe ich dort zugebracht. Trotzdem, ich weiss gut, wovon du sprichst. Wer anders ist als alle andern, der wird gemieden, man misstraut dem, der seine eigenen Wege geht. Dabei ist man ständig im Gerede.“ „Ja eben, so ist das wohl auch bei Sela gewesen.“ Er schien auf einmal ganz verlegen. Der gedrückte Ton, mit dem er bisher erzählt hatte, war verschwunden. „Magst du überhaupt zuhören?“ „Aber natürlich, fahr nur weiter. Oder warte mal, was sagst du zu einer Tasse schwarzem Kaffee mit einem Schuss Kognak?“ „Ganz ausgezeichnete Idee“, fand er. „Wir erhoben uns gleichzeitig. Ich trat zum Herd, während Robert die knarrende Türe öffnete und ins Freie trat. Nach ein paar Sekunden war er wieder zurück. „Komm mal raus und sieh’ dir das an!“

Die klare Bergnacht im Neuschnee bei Vollmond war von atemberaubender Schönheit. Der Grosse Bär stand im Zenit und der Orion würde wohl bald am östlichen Horizont verschwinden. Die Sterne waren grösser als sonst und zwischen den Fixsternen und Planeten konnte man in dichtgedrängten Massen die schwach leuchtenden Pünktchen, die in die Unendlichkeit verschwanden, deutlich sehen. Die Hände in den Taschen vergraben blickten wir empor, bis uns die Nacken steif wurden. „Ob es wohl Sterne gibt, die bewohnt sind wie unsere Erde?“ „Möglich ist’s sicher. Die Bewohner brauchen ja nicht so auszusehen wie wir“, gab ich zu. „Andere Bedingungen, andere Gestalten.“ „Eben, das meine ich. Wohin gehen die Toten?“ „Irgendwo dorthin, wo wir sie nicht sehen können.“ „In einer Welt, die wir sehen und fühlen können, ist mir viel zu kalt, um unter freiem Himmel zu philosophieren“, lachte er und wir merkten plötzlich, wie vollkommen durchgefroren wir waren. Bald standen wir vor den Flammen des Feuers und rieben uns die Hände eine ganze Weile, bis uns wieder warm wurde. „Weisst du was?“, fragte ich, „ich mache jetzt den Kaffee und du erzählst weiter.“ „Wie du willst, mir soll’s recht sein.“ Dabei holte er seine Pfeife aus der Tasche und setzte sich.

„Wo war ich verblieben? Ach ja, Sela Zumberg war das einzige Kind ihrer Eltern. Der Vater, ein bereits älterer Mann, war stets mürrisch und unzufrieden. Er glaubte, etwas Besonderes zu sein und alle Welt hätte ihn betrogen und hintergangen. Das gelbliche Gesicht hatte eine ungesunde Farbe unter der beinahe vollkommenen Glatze. So beschrieb Sela ihren Vater. Die Mutter? Ein immer zänkisches, ewig kritisierendes Weib, so spindeldürr, dass jedes Kleid formlos an ihr herunterhing. ‚Warum hat Gott mich mit einer solchen Tochter bestraft? Heilige Maria, wo habe ich gesündigt, um dieses Los zu verdienen?‘ Solange sie sich erinnern konnte, musste Sela Holzdielen bohnern im einzigen Schlafgemach, in der Küche und im Schulzimmer nebenan. Abwaschen und kochen, als sie noch so klein war, dass sie kaum über den Rand des einzigen Topfes sehen konnte. Püffe und Ohrfeigen gab es bei jeder Gelegenheit, jedoch selten genug zu essen. Nie spielten die Schulkinder mit ihr, nie hatte sie eine einzige Freundin gehabt. Die Erwachsenen mieden ihre Begegnung, gingen ihr geradezu ängstlich aus dem Weg. Trat sie in des Krämers Haus, verstummten die Gespräche auf der Stelle. Die Anwesenden warteten alle, bis sie wieder draussen war. So war Sela von allen Dorfleuten wie durch einen Fluch verstossen. Der seltsame Name allein konnte nicht der Grund sein. Brennend gerne hätte ich nach dem wahren Grund gefragt, traute mich aber nicht. Auch sie sagte darüber kein Wort. Da war der junge Priester, den die arme Gemeinde zusammen mit ihrem Vater ernähren musste. Leisten konnte sie sich eigentlich keinen von beiden. ‚Strafversetzt‘, munkelten die Leute. Natürlich strafversetzt! Wer sonst sollte freiwillig in dieses weltabgeschiedene Kaff kommen, wo der Aberglaube tiefer sass als die strafversetzte Lehre aus dem fernen Rom. Mit fleckiger Soutane und schwarzen Fingernägeln schritt der Priester zuweilen von der halb zerfallenen Kapelle durch die Straßen der Gemeinde, hielt an, wem er begegnete, und sprach mit salbungsvollen Worten von der Vergebung aller Sünden. ‚Den mochte ich nicht, diesen Priester. Ich weiss nicht warum, aber ich musste an Schmierseife denken, jedes Mal, wenn ich ihn sah‘, erzählte Sela.

Es war nicht leicht, den Zusammenhang von Selas Geschichte zu finden. Sie erzählte eben nicht in zusammenhängenden Sätzen, sondern eher stichwortweise, so als müsste sie sich selbst jedes Wort abringen aus lauter Furcht, ihr Innerstes zu entblössen. Ich vermied jede Frage. Sicher hatte ich ihr Vertrauen nur durch mein geduldiges Zuhören gewonnen.“

Mittlerweile war der Kaffee fertig. Ich hatte ihn besonders stark gemacht, damit er auch eine gute Portion Kognak vertrug. Der wunderbare Duft fand Roberts Nase augenblicklich und hinderte ihn am Weitersprechen. Für eine Weile unterbrach nichts das diskrete Schlürfen des vorzüglichen, gezuckerten Kaffees, dabei ging natürlich die Pfeife aus. Umständlich wurde der Tabak wieder in Brand gesteckt und zufrieden gepafft.

„Ja", fing Robert nach einigen Minuten nochmals an, „dieser Priester, der war ihr zuwider. Im Beichtstuhl wollte er immer von Sünden hören, die sie nicht begangen hatte oder so ähnlich. Ich wurde aus ihren Andeutungen nicht klug. Sela war inzwischen dreizehn oder vierzehn geworden und begann, die Menschen und ihre Umgebung etwas kritischer zu beobachten. Sie sah ihre Mutter, die nichts tat, als in ihrer zänkischen Art die Dorfklatschbase zu sein. Bald merkte sie, dass auch ihre Eltern keine Freunde hatten.

Im Städtchen unten im Tal, wo die Rhone vorbeifloss, lebte damals ein Bruder von Selas Vater, ein gewisser Peter Zumberg. Der keuchte eines Tages den steilen Berg hinan und tauchte ganz unerwartet im Lehrerhäuschen auf. Um irgendeine Erbschaftsangelegenheit muss es sich gehandelt haben, wichtig genug, diesem Peter den mühevollen Weg aufzuzwingen. So wie Sela es erzählte, tat er etwas sehr merkwürdiges, etwas, das sonst noch niemand getan. Er redete mit ihr, stellte ihr Fragen und wollte wissen, was sie arbeitete und lernte. ‚Weisst du was', sagte er, ‚du kannst in der Stadt unten zur Schule gehen, wenn du bereit wärst, daneben meiner Frau beim Haushalt zu helfen. Sie könnte eine Hilfe gut gebrauchen. Dass wir drei Kinder haben, wirst du ja wohl wissen.' Während der Vater tat, als ginge ihn die ganze Geschichte nichts an, widersetzte sich die Mutter in hässlichster Weise. Der wüsten Worte gab es viele, allzu viele. Als der Peter sich zum Rückweg bereitete und sich verabschiedete, sagte er zu Sela gewandt: ‚Überleg es dir, und wenn du willst, kommst du einfach nach.' Einem plötzlichen Einfall gehorchend, begab sie sich zu ihrer Schlafstelle im gemeinsamen Raum, faltete das Wenige, das sie besass, zu einem Bündel und rannte ohne nach links oder rechts zu sehen ihrem Onkel nach.

So begann ein ganz neuer Lebensabschnitt für das Mädchen. Es war eine schwere, arbeitsreiche Zeit und doch war sie nahezu zufrieden. Sie musste die ganze Haushaltung ihres Onkels besorgen. Als Entgelt durfte sie in die Schule gehen. Dort hiess es anfänglich, dass sie mindestens zwei Klassen wiederholen müsse, denn bei ihrem Vater hatte sie sozusagen nichts gelernt. Als der Lehrer sah, wie sehr sie sich anstrengte, das Versäumte nachzuholen, half er ihr und mit viel Geduld brachte er Sela soweit, dass sie nur eine Klasse wiederholen musste.

Freizeit hatte sie keine. Das kümmerte sie wenig. Man liess sie in Ruhe. Die Familie war weder herzlich noch unfreundlich der Verwandten gegenüber. Die Arbeit, die man von ihr verlangte, tat sie gut und gewissenhaft. Da gab es weder Lob noch Tadel.

So vergingen vier Jahre. Eines Abends, als sie gerade die Lokalzeitung wegwerfen wollte, fiel ihre Aufmerksamkeit auf eine Stellenausschreibung. Sie meldete sich zur Ausbildung als Telefonistin in einem anderen Städtchen. Etwa zwei Jahre später verlangte ich zum ersten Mal die Nummer 288." Robert nahm einen tiefen Schluck Kaffee.

„Ich empfand tiefes, anteilnehmendes Mitleid mit dem Mädchen, das aus mir unbekannten Gründen noch keine richtig frohe Stunde in ihrem Leben gehabt hatte. Wahrscheinlich spürte sie mein Mitgefühl, sie erzählte freier, ungezwungener, immer öfter mit Wärme in ihren Worten. Ich war glücklich darüber, wertete es als Erfolg meiner geduldigen Bemühungen. Ich weiss nicht mehr, was mich veranlasste, erneut anzudeuten, dass wir uns doch treffen sollten. ‚Ach nein, du würdest ja doch nur enttäuscht sein. Ich habe dir schon einmal erzählt, dass ich kein schönes Mädchen bin.' ‚Man soll nicht immer aufs Äusserliche schauen', entgegnete ich. ‚Ist das deine wahre Ansicht?', fragte sie mit geradezu auffälligem Zweifel in der schönen Stimme. ‚Ja natürlich', entwischte mir die Antwort. Doch kaum ausgesprochen, wusste ich: Jetzt hast du sie angelogen. Jawohl, angelogen hatte ich sie! Denn was bedeutete uns damals die sogenannte ‚innere Schönheit' wohl? Stolz waren wir, mit einem schönen Mädchen gesehen zu werden!

Sie liess mich gar nicht mehr zu Wort kommen, war auf einmal ganz aufgeregt. ‚Wir kennen uns doch nun schon so lange und ich möchte dich wirklich gerne sehen. Aber siehst du, ich könnte es nicht ertragen, wenn du dich enttäuscht abwenden würdest. Weisst du, es hat mir seither schon oft leid getan, dass ich damals so schroff gewesen bin, das erste Mal, als du mich fragtest, weißt du noch?'

Monatelang war ich in diese Stimme verliebt gewesen, wartete oft ungeduldig, sie zu hören. Und jetzt? Stunden trennten mich, der Besitzerin endlich zu begegnen; die Frau zu sehen, der die schönste aller Stimmen gehörte. Und sie sagte von sich selbst, dass sie nicht schön sei. Meine Gefühle waren in einem chaotischen Durcheinander. Eine Stimme ist doch eine Wirklichkeit, eine Realität! Ich war nicht in etwas Abstraktes verliebt, sondern in eben diese Realität. Jetzt merkte ich, dass die Stimme nur Teil einer Realität war. Auch ein Bein ist eine Realität, gehört jedoch ebenso zum ganzen Menschen. Sie aber plauderte weiter und machte Vorschläge, wo und wann wir uns am nächsten Abend treffen würden. So einfach war das nämlich nicht. Nach wie vor wetterten die Priester gegen uns heidnische Protestanten, die dazu noch verantwortungslose Soldaten waren. Sie taten das laut und vernehmlich und mit, sei's zugegeben, vollem Recht, denn allerhand Schaden war bereits angerichtet worden.

An der Ecke Rohnestrasse-Hauptstrasse war eine Apotheke und davor stand eine grosse, alte Platane. Um halb sieben waren alle Strassen leer. Dann bis auf morgen! Denn dort sollten wir uns treffen. Ich fühlte mich unwohl in meiner Haut, den ganzen Tag über. Anstatt mich zu freuen, die geliebte Stimme gleich ‚an der Quelle' zu hören, schien das einstige Hochgefühl immer blasser zu werden, je näher die entscheidende Stunde heranrückte. Es half kein bisschen, dass ich mir einzureden versuchte, wie unwichtig die äussere Schönheit sei.

Als die Kirchglocke halb sieben schlug, trat ich aus dem engen Staldengässchen auf die Hauptstrasse und da stand auch schon die Platane vor der Apotheke. Eine eiskalte Klammer griff nach meinem Herzen. Im Licht des Schaufensters wartete eine kleine, vornübergebeugte Gestalt, den Kopf tief zwischen den Schulterblättern eingebettet. Der viel zu lange Arm hielt eine Handtasche. Im unschönen Gesicht leuchteten zwei knallrot geschminkte Lippen. Mein Herz klopfte zum Zerspringen, mir hämmerten die Schläfen, als ich, stets vor mich geradeaus starrend, an ihr vorbeiging, um im nahen Hospizweg zu verschwinden. Wie unsäglich habe ich mich geschämt. Ich schämte mich vor ihr und vor mir selbst, schämte mich meiner Feigheit und vor allem meiner Lüge. Nein, das durfte ich nicht auf mir sitzen lassen. Kurz entschlossen kehrte ich um und ging die fünfzig Schritte zurück. Aber Sela war verschwunden, nirgends mehr zu sehen in den menschenleeren Strassen. Ich rannte in die Staldengasse, doch die war leer. Kein Mensch, keine Sela! In der halben Minute meines Vorbeischreitens konnte sie noch nicht weit sein, vielleicht versteckte sie sich in einer der Haustüren? Aber Sela war und blieb verschwunden. Mein klägliches Versagen konnte ich nie wieder gutgemachen. Ich spürte noch ihre starr auf mich gerichteten Augen, als ich an ihr vorbei ging. Natürlich wusste sie, dass ich jener war, auf den sie wartete!

Noch immer fühle ich die heissen, dunklen Augen, die mich durchbohren wollten. Wie sie mich damals verfolgt haben! Schliesslich ging ich durch die einsamen Strässchen ins Kompaniebüro zurück, den kalten Weg mit Selbstvorwürfen pflasternd. ‚So bist du also, so sehen deine Grundsätze aus, nichts als leere Worte und heisse Luft bedeuten sie dir.' Hätte ich gewusst, wo sie wohnte, ich wäre gleich zu ihr gegangen. Am

Telefon verlangte ich die Aufseherin. ‚Können Sie mir sagen, wo die Sela, die Sela Zumberg wohnt?' ‚Nein, diese Information kann ich Ihnen nicht geben. Wenn Sie wollen, kann ich versuchen, sie anzurufen.' ‚Ach ja, bitte, tun Sie das.' Nach einer Weile meldete sie sich wieder. ‚Sie scheint nicht zuhause zu sein.'

Pünktlich am folgenden Abend rief ich an. ‚Nummer bitte!' Es war eine fremde Stimme, die antwortete, eine geradezu hässliche Stimme und nun wurde mir schmerzlich bewusst, dass die süsse Utopie oder wie man es nennen will, für immer verschwunden war. ‚Wo ist Sela?', wollte ich wissen. ‚Keine Ahnung', antwortete die Stimme gleichgültig. ‚Warum haben Sie denn jetzt Nachtdienst?' ‚Ganz einfach, weil man mir heute früh gesagt hat, dass ich auf Nachtschicht bin.'

Am folgenden Morgen sprach ich erneut mit der Aufseherin. ‚Ach ja, ich erinnere mich an ihre Stimme. Ja, Sela kam gestern Morgen zu mir. Sie sah erbärmlich krank aus und wollte Urlaub haben – Krankheitsurlaub, wie sie sagte. Sie tat mir wirklich leid und ich liess sie selbstverständlich gehen.' ‚Hat sie denn eine Wohnung hier?' ‚Oh nein, bei einer Familie hat sie ein Zimmer gemietet.' ‚Kann ich wenigstens ihre Telefonnummer haben?' ‚Nein, die dürfen wir Ihnen auf keinen Fall geben, das würde gegen unser Arbeitsgesetz verstossen. Warten Sie am Apparat, ich werde anfragen, wie es ihr geht.' Es dauerte eine ganze Weile, ehe sie sich wieder meldete. ‚Das ist ja wieder einmal eine Geschichte. Sela ist gestern Vormittag abgereist, hat alles gepackt, die Miete bezahlt und weg! Das ist ja wirklich merkwürdig. Wissen Sie etwas Näheres darüber? Wer sind Sie überhaupt?' ‚Nein, ich weiss nichts', log ich und legte den Hörer auf die Gabel. Dabei ertappte ich mich bei dem widerlichen Gedanken, dass ich eigentlich froh über ihr Verschwinden war.' Robert erhob sich, streckte die steifen Glieder und klopfte seine Pfeife aus.

„Müde?", wollte er wissen. „Überhaupt nicht", antwortete ich ehrlich. „Nur weiter erzählen, solltest du deshalb fragen." Er legte drei grosse Scheiter auf die Glut in der Feuerstelle, dann ging er zum Herd und schöpfte heisses Wasser aus dem Kupferschiff in eine Pfanne. Auch dort legte er Kleinholz bei und kurz danach fauchte das Feuer in die Höhe. Bald goss er kochendes Wasser über das Kaffeepulver im Filter. Die Kognakflasche machte aber einen traurigen Eindruck, denn sie war beinahe leer. Robert hielt sie gegen das Licht, überprüfte den Schaden und begab sich dann zu seinem Rucksack. Mit sicherem Griff umklammerte er etwas, zog es heraus und schon war eine neue Flasche an der

Reihe. „In den nächsten Tagen weilten meine Gedanken oft bei Sela. All die Fragen, die während ihrer Erzählung aufgetaucht waren, wurden durch das Ereignis unserer Begegnung erklärt. Die Grausamkeit ihres Schicksals erschütterte mich. Über meinen Gedanken schwebte die ganze Zeit die einzige Frage: Warum? Wer ist es, der solch einen Berg von Leid und Trauer über einen einzigen, unschuldigen Menschen türmt, während gleich daneben ein anderer sein Leben beinahe sorglos geniesst, wie zum Beispiel ich ...“ Robert legte eine kurze Pause ein. „Damals noch, zumindest“, fügte er voll Kummer hinzu. „In diesen Tagen gab es Momente, da war ich sicher, Sela würde sich das Leben nehmen. Was ich vorher nie getan, kaufte ich die Lokalzeitung und suchte verstohlen die Kolumnen ab, ob vielleicht ihr Name irgendwo auftauchen sollte.“ Er nahm einen Schluck Kaffee.

„Inzwischen war auch in den Hochalpen Frühling. Die Rhone führte Hochwasser. Die braunen, schäumenden Wellen donnerten Tag und Nacht. Die Grenzwächter, die von den Pässen kamen, trugen die ersten Enziane als unerlaubten Schmuck in den Knopflöchern ihrer Uniformen. Da kam ein Armeebefehl, der die Versetzung des Bataillons hinauf zu den Pässen näher an der Grenze verfügte. Während ich noch hie und da mit unguten Gefühlen an Sela gedacht hatte, bedeutete der Umzug hinauf in die Hochalpen den Abschluss dieser Episode für mich. Durch die täglichen, kleinen Ereignisse verblasste die Erinnerung und so kam es, dass ich mich in all den kommenden Jahren nur selten ihrer erinnerte, bis das Bild ganz verschwand.“

Robert schwieg. Ich blickte zu ihm hinüber und erschrak beinahe über den finsteren Gesichtsausdruck, mit dem er in die brennenden Scheiter starrte. Zu fragen wagte ich nicht, er musste seine Gründe haben.

„Vor wenigen Wochen, das heisst am 28. Dezember, feierten wir den Geburtstag meiner Frau. Nach einem festlichen Abendbrot schickten wir die beiden Buben zu Bett und es dauerte nicht lange, bis auch Anita sich mit einem Gutenachtkuss von mir verabschiedete. Ich setzte mich in den Lehnstuhl bei der Stehlampe und öffnete die Zeitung. Da fuhr ich in lähmendem Schrecken zusammen.

Sela war plötzlich da!

Hastig blickte ich in jede Ecke des Raumes. Da war niemand. Trotzdem, Sela war da, gerade hinter dem Sessel, der mir gegenüber stand. Es war nicht, als ob mir ihre Stimme bekannt vorgekommen wäre oder ich mich an sie erinnert hätte, oh nein! Sela war im Zimmer. Das nahm ich ohne jeden Zweifel wahr. Ich hörte die Stimme. Seltsamerweise schien sie keine Worte zu formen. Schweiss brach aus jeder Pore meine Körpers, in wenigen Sekunden war ich durchnässt und zitterte dabei vor Angst. Dann war sie wieder weg. Ich wusste das ganz genau, ich sass wieder allein im Wohnzimmer. Wohl brachte der Gedanke eine gewisse Erleichterung, mir war aber zum Erbrechen schlecht. Kopfschmerzen hämmerten in meiner Stirne, so wie ich sie noch nie zuvor gehabt hatte. Ich fühlte mich schwach und müde, einfach erledigt. Hochatmend lag ich im Sessel und versuchte nachzudenken.

Nein, richtig konnte ich darüber nicht nachdenken. Ordnungslos flitzten Gedanken durch mein Gehirn, Bilder mit Einzelheiten dieser längst vergangenen Tage und immer wieder die dunklen, bohrenden Augen Selas vor der Apotheke, der grellrote Mund und vor allem der grosse Buckel. Unerträglich. War das nun Selas Geist oder Selas Seele, die mich heimsuchte? Wie sagte das damals der Pfarrer im Konfirmandenunterricht? Hätte ich bloss etwas besser aufgepasst! Ich gebe zu, dass ich damals wie ein Hund gehandelt habe, es war der miese Impuls eines Augenblicks. Wäre sie nicht fortgerannt, ich hätte alles wieder gutgemacht. So aber konnte ich es nicht.“ Mit finsterem Gesicht stierte er in die Flammen. „Sei ehrlich und sag mir, was hättest du an meiner Stelle getan? Wärst du zu ihr gegangen oder ebenfalls davongelaufen?“, fragte er mich herausfordernd. „Bevor ich ruhig darüber nachgedacht habe, kann ich dir keine Antwort geben“, wich ich aus. „Aber erzähle ruhig weiter.“ „Nun, auf einmal stand Anita vor mir, mit wirren Haaren und verschlafenem Gesicht. ‚Was ist denn mit dir los, es ist nach drei Uhr.‘ Ich antwortete etwas wie ‚bin eingeschlafen‘ und folgte ihr. Während sie sofort wieder einschlief, wälzte ich mich hin und her mit Gedanken, die sich im Kreise drehten. Todmüde, seelisch und körperlich zerschlagen, ging ich früher ins Büro als sonst. Die Arbeit, das normale Treiben, das mich umgab, beruhigten mich einigermassen. Am Abend, auf dem Heimweg, lächelte ich über mich selbst: ‚Diesen 28. Dezember wirst du in deinem ganzen Leben nie vergessen.‘

Zwei Tage später sass ich im Büro meines Vaters, seine Rückkehr aus einer Sitzung erwartend. Noch hatte ich das furchtbare Erlebnis nicht überwunden, als Sela gleich wieder im Raume war, diesmal auf der rechten Seite seines Sessels. Es war in allen Einzelheiten eine Wiederholung des ersten Auftrittes. In Sekunden war ich schweissgebadet, zitterte am ganzen Körper und hatte hämmernde Kopfschmerzen, die kaum auszuhalten waren. Ihre einst so betörende Stimme bedeutete jetzt körperliche Pein. Ich wollte verstehen, was sie sagte, verstand aber nichts. Wie beim ersten Mal, war sie plötzlich wieder weg. Ich konnte mich kaum aufrecht halten und doch stürzte ich, so schnell ich konnte, die Treppe hinab und hinaus ins Freie. Nur jetzt niemandem begegnen. Seither hat sie mich schon fünfmal mit ihrem Besuch gestraft. Einmal sass ich sogar im Auto, wollte soeben den Parkplatz verlassen, als sie neben mir sass. Es war furchtbar, ihre Nähe, die Stimme! Ich zitterte am ganzen, schweissgebadeten Leibe. Ach ich kann das gar nicht beschreiben, wie es gewesen ist, nicht einmal annähernd. Allen Mut zusammennehmend, stammelte ich, ‚Sela, Sela, ich wollte doch …‘ Sie sprach weiter, ohne mich zu hören, dafür tönten, ja hallten meine Worte, als redete ich in einem mächtigen Gewölbe. Laut tanzte das Echo von unsichtbarer Wand zu unsichtbarer Wand. Dabei sass ich im engen Auto! Es lässt sich einfach nicht fassen …“

Er ergriff die Kognakflasche und goss eine ansehnliche Portion in seine leere Kaffeetasse. „Ich halte das nicht mehr aus! Ich weiss nicht, was ich tun soll. Es ist jedes Mal genau dasselbe. Der lähmende Schrecken, der Schweissausbruch, ihre Augen, die mich durchbohren. Nein, so kann es nicht weitergehen!“ „Und du hast noch nie verstanden, was sie sagt?“ „Nein, nie. Kein einziges Wort. Es tönt, als wäre es eine Sprache, ist aber wohl keine.“ „Das alles ist ja wirklich sehr seltsam. Wann ist sie denn das letzte Mal gekommen?“ Er schoss aus seinem Stuhl empor und eilte zur Tür. „Hier, genau hier hat sie gestanden, gerade als du nach dem Essen ins Freie gingst. Du bist geradewegs durch sie hindurch gegangen.“ Ich musste ihn gross angesehen haben, denn er nickte mir stumm und bestätigend zu. Es lief mir eiskalt den Rücken hinunter. Mit ein paar Schritten war er beim Herd in der Ecke, dann zurück, dann wieder zum Herd, hin und her, erregt, nervös. „Wenn ich nur wüsste, was tun! So kann ich einfach nicht weiterleben!“

Plötzlich blieb er mit gespreizten Beine vor mir stehen, beinahe drohend: „Sag doch mal was, was denkst du darüber?“ „Was ich denke? Je länger du erzählst, umso weniger weiss ich, was ich denken soll. Ich weiss, was du von mir willst. Du willst, dass ich dir sage, dass ich genauso gehandelt hätte wie du damals. Du willst eine Art Absolution von mir.“ „Vielleicht, ja! Was ist damit verkehrt?“ „Natürlich ist es verständlich. Siehst du denn nicht, dass ich nicht in der Lage bin, mir ein Urteil zu bilden, abgesehen davon, dass mir das Urteilen gar nicht zusteht! Schau, Robert, ich fühle, dass deine Geschichte viel, viel tiefer geht, als es den Anschein hat. Es hat keinen Sinn, sie etwas oberflächlich zu deuten, nur um dich zufriedenzustellen. Da muss ich doch zuerst gründlich nachdenken. Das ist alles so geheimnisvoll, dass wahrscheinlich auch das Nachdenken nicht viel hilft. Was dein Verhalten der Sela gegenüber betrifft, so meine ich, dass du damals zu jung, zu eitel und zu eingebildet gewesen bist, um mit diesem Mädchen gesehen zu werden. Dazu braucht es reifere Menschen. Ich weiss das so gut, weil ich damals in jeder Beziehung so gewesen bin. Also wäre ich genauso an ihr vorübergegangen."

„Also doch!", rief er aus, sichtlich erleichtert, „Mensch, hat das viel gebraucht, um dir dieses Geständnis abzuringen", lachte er. „Aber schau doch, mit diesem Eingeständnis haben wir noch nichts erreicht", wandte ich ein. „Das spricht dich doch nicht frei! Du hast wahrscheinlich einen Menschen dicht an den Selbstmord herangebracht. Du hast Sela unsagbares Leid verursacht." „Ja, aber ..." „Lass mich mal reden! Dein Erlebnis beweist uns, dass es eine unsichtbare Welt gibt, also gibt es unsichtbare Gesetze oder Gesetzmässigkeiten. Wir kennen sie nicht. Sela hat dir nur gesagt, dass sie kein schönes Mädchen sei, mehr nicht, ja?" „Ja, das waren ihre Worte." „Dich hat die Geschichte damals wenig berührt, du hast sie bald einmal vollkommen vergessen. Sela jedoch muss furchtbar gelitten haben. Was du nun erlebst, scheint ein Racheakt zu sein. Warum gerade jetzt nach so vielen Jahren, wissen wir nicht. Brutal ausgedrückt warst du ein feiger Scheisskerl. Ebenso brutal gesagt hat sie dich betrogen. Ganz gleichgültig, wie verliebt du in ihre Stimme warst, hättest du um ihr Gebrechen gewusst, du hättest sie nie sehen wollen. Sie hatte bereits schlechte Erfahrungen gemacht, das geht aus deinem ganzen Erzählen deutlich hervor. Sie hat dir absichtlich nicht gesagt, dass sie ein Krüppel ist. Um diese beiden Tatsachen herum baut ihr nun eure Entschuldigungen, die sicher verständlich sind. Das will nicht heissen, dass wir urteilen dürfen, denn wir kennen nur die Gesetze und das Rechtsempfinden unserer Zivilisation. Hier aber handelt es sich um diejenigen einer unsichtbaren, einer geistigen Welt. Und davon haben wir keine Ahnung."

Robert hatte schweigend zugehört. Jetzt erhob er sich, machte ein paar Schritte Richtung Herd, drehte sich um und sagte: „Mit anderen Worten ist sie also mindestens ebenso schuldig wie ich."

„Ich habe nicht von Schuld gesprochen, ganz im Gegenteil, ich habe das Wort absichtlich nicht verwendet. Ich denke, wer Äusserungen oder Handlungen moralischer oder amoralischer Art verstehen will, muss deren Hintergründe kennen. Was ich meine, ist der Unterschied zwischen ihr und dir. Du wurdest als normales Kind in einer bürgerlichen, geordneten Umgebung erzogen im Herzen der westlichen Zivilisation und ihrem Luxus. Und sie? Ein paar baufällige Holzhütten, kaum ein Dörfchen an einsamster Stelle hoch oben im Gebirge. Nichts als das Allernotwendigste zum Überleben im täglichen, harten Kampf mit der Natur und Priester von ‚strafversetzter' Qualität. Das alles ist guter Nährboden für den Aberglauben, der dort oben, wie in allen abgelegenen Dörfern und Hütten der Alpen, nie ganz ausgerottet wurde. In bestimmten französischen Gegenden will der Aberglaube, dass es Glück bringt, den Höcker eines Buckligen zu berühren. Dort leben die Ärmsten vom Geld, das sie dafür erhalten. In unseren Gebirgstälern heisst es, dass der Bucklige einen Teufel mit sich herumträgt, dem man aus dem Wege gehen muss. Das erklärt die ganzen Jugenderlebnisse deiner Sela. Es ist wohl das schwerste Schicksal, das einem Menschen aufgebürdet werden kann, in diesen einsamen Bergdörfern wie ein Aussätziger zu leben. Nun urteile selbst, wer werfe den ersten Stein? Dort oben gibt es weder Spiegel noch Schaufenster, in denen sie sich hätte sehen können. Die kleinen Fensterchen sind stets verschlossen, weil sie keine Scharniere haben. So wusste Sela um ihren Buckel nur vom Gespött der paar Schulkinder. Es muss furchtbar gewesen sein, als sie sich am ersten Schultag in der Stadt im Schaufenster gesehen hat." „Ja, so war es wohl", sagte Robert. „Ich erinnere mich jetzt, dass sie einmal gesagt hat, dass die anderen Kinder nie mit ihr spielen wollten und sie immer zusehen musste." „Wir können uns das Ausmass dieses Leides gar nicht vorstellen. Mit normalem Bewusstsein und gesunden Sinnen von der menschlichen Gesellschaft verstossen zu sein, ist furchtbar", fuhr ich fort, „hauptsächlich in den Kinderjahren, die ja für das ganze Leben entscheidend sind." „Sicher war es so, ich sehe das ein. Trotzdem, diese Erkenntnis hilft mir wenig. Wenn ich bloss wüsste, was ich tun soll. Es gibt doch spiritistische Gesellschaften oder so etwas, nicht wahr?" „Oh ja, derer gibt es zu Genüge", antwortete ich. „Zuerst musst du Mitgliederbeiträge zahlen, dann sagen sie dir alle etwas anderes und vielleicht ist nichts davon richtig. Es ist wie bei den religiösen Sekten. Sie wissen es alle besser und die Wahrheit hat doch noch keiner gefunden. Meiner Ansicht nach gibt es nur eines, und das ist wohl am schwersten: Hilf dir selbst. Zwinge dich, ganz ruhig zu bleiben, auch wenn es dich deine ganze Willenskraft kostet. Versuch es aber dennoch. Vielleicht handelt es sich gar nicht um Rache, sondern sie will dir Gutes tun? Bist du dir da überhaupt sicher? Suche in der Stimme eher die Worte der Liebe.“ Schweigend sahen wir uns an, einige lange Sekunden, dann erhob er sich. Laut quietschte die Türe und wir blickten beide in den grauenden Morgen hinaus.

Drei Tage später sass ich im Flugzeug, das mich über Rom und Nairobi nach Johannesburg zurückbrachte. Der Alltag forderte meine ganze Aufmerksamkeit. Ich reiste damals sehr viel und die einzelnen Reisen verblassten in der Erinnerung. Roberts Geschichte jedoch beschäftigte mich oft in Gedanken, denn sie rührte an das grösste Geheimnis unseres Daseins – die unendliche Frage nach Geburt und Tod.

Mit einem langen Brief hatte ich kurz nach meiner Rückkehr Robert für die schönen Ferien gedankt. Dabei hoffte ich, in seiner Antwort zu erfahren, ob mein damaliger Ratschlag Früchte zeitigte. Fünf Wochen dauerte es, bis ein Antwortbrief kam. Ausführlich beschrieb er, wie er meinen Rat zu befolgen versuchte, wie Selas nächster Besuch ebenso schlimm war wie die früheren, wie beim nächsten Mal jedoch eine merkliche Besserung eintrat; er war beinahe ruhig und vor allem blieben die Kopfschmerzen aus.

Lieber Hans,

hab Dank für Deinen Brief. Es freut mich sehr, dass Dir die Ferien so gut getan haben und Dir wieder die Beziehung zum Vaterland verschaffen konnten. Allerdings muss ich Dir gestehen, dass sie für mich noch viel mehr bedeuteten, denn die Gespräche, die wir über Sela führten, und vor allen Dingen Dein mahnendes Wort, mich durch ihr Erscheinen nicht aus der Ruhe bringen zu lassen, sondern konzentriert und andachtsvoll zuzuhören, haben mir eine schwere Last von den Schultern genommen.

Ich habe versucht, dem Rat zu folgen. Leicht war es nicht; beim nächsten Erscheinen blieb mir wieder der Atem weg. Die Kopfschmerzen blieben jedoch aus, der Schweiss triefte auch nicht mehr so gewaltig. Beim folgenden Mal hatte ich mich schon recht gut unter Kontrolle und versuchte mit aller Kraft, ihr meine Aufmerksamkeit zuzuwenden. Langsam begann ich, sie zu verstehen. Zwölf Mal ist sie über die darauffolgenden Monate „gekommen“. Ich wartete mit der Antwort auf deinen Brief, um sicher zu sein, dass sie mich nicht mehr besucht. Es ist ganz unglaublich, aber beim elften Mal lauschte ich ihrer Stimme mit Interesse, vollkommen ruhig, als wäre ich im Gespräch mit ihr und – glaube es oder nicht – beim zwölften Mal verliebte ich mich in sie wie damals am Telefon. Und kannst du das Tollste glauben? Jetzt fehlt sie mir, diese Stimme, die so schön war, dass ich bis an mein Lebensende mit Sehnsucht an sie denken werde.

Es ist mir auch klar geworden, dass sie sich mir aus Sehnsucht und Wohlwollen zugewandt hat, und nicht aus Rache oder um mir Schrecken einzujagen. Es war mein schlechtes Gewissen, das mich plagte und mich zu dieser Ansicht zwang. Ich war wohl fast der Einzige in ihrem traurigen Leben, der sich nicht von ihr abgewandt, sondern ihr ein gewisses Verständnis und Interesse entgegengebracht hat. Nun kann ich nur warten, wie sich das weiter entwickelt.

Lass doch wieder mal von Dir hören.

Alles Gute Dir,

Dein Robert

Die Wochen und Monate gingen dahin. Es muss Ende August gewesen sein, als ich, von einer Geschäftsreise nach Teheran zurückkommend, einen Brief von Robert auf meinem Schreibtisch vorfand.

Mein lieber Hans,

Ich hoffe sehr, es geht Dir gut nach den ganzen Reisen durch den Nahost. Habe herzlichen Dank für Deine Postkarte aus dem Jemen. Musste zuerst nachschauen, wo das Land überhaupt liegt. Wie Du Dir vorstellen kannst, hat sich hier bei uns nicht viel geändert. Die Jungs werden langsam erwachsen, was mich auch zu dieser recht aussergewöhnlichen Erzählung führte, die ich dir nun ausführlich unterbreiten möchte.

Während der letzten zwei Jahre hatten Freunde uns gedrängt, eine gemeinsame Fusstour zu unternehmen, eine Route noch vollkommen unberührt vom Tourismus. Wir, Anita und ich, wussten nicht einmal, dass es so etwas noch gibt. Ohne Weg und Steg, ohne Herbergen mit guter Unterkunft, wollten wir sie gemeinsam mit ihnen quer über Höhen und Tiefen der Schneegrenze entlang wandern und zuweilen von Bergdorf zu Bergdorf klettern.

Der Plan war bisher am Widerstand meiner beiden Söhne gescheitert, die sich schlichtweg geweigert hatten, solche „Gesundbeter-Touren“, wie sie es nannten, mitzumachen. Älter geworden, waren ihnen die Eltern nicht mehr gut genug, denn sie wollten mit ihren Freunden und Kameraden in eine Ferienkolonie. Das gab uns die Freiheit, die geplante Tour vorzubereiten. Viel war da nicht zu tun, denn wir hatten beschlossen, mit dem Primitivsten vorlieb zu nehmen.

Am Tag, an dem unsere Söhne abreisten, stiegen auch wir in den Schnellzug, danach in die Bergbahn und zuletzt in die Sesselbahn, um möglichst nahe zu unserem Tourbeginn zu kommen.

Wie erwartet, war es unbeschreiblich schön. Deinen nächsten Besuch musst Du unbedingt in den Sommer verlegen, damit wir zusammen noch einmal denselben Weg gehen können. Ich lade Dich dazu recht herzlich ein.

Am Sankt Beatenberg da brannte die Regina

Da oben, wo Eis und Schnee in der Sommerwärme schmelzen, gibt es keine Fusswege, weil dort niemand hingeht. Ein Tropfen Schmelzwasser gesellt sich zum nächsten, zusammen bilden sie ein kleines Rinnsal, das seinen Weg um die Steinchen herum nimmt und weiter unten zum Bächlein wird. Ein normales Wandern gibt es nicht. Bald geht's über den Schnee, dann müssen kleine Sümpfe umgangen werden und wo Lawinen zu viel Geröll mitgeschleppt hatten, muss man über kleine Felsblöcke klettern, was oft zeitraubend ist. Dann wieder müssen Bäche überquert werden und das geht nur, indem man von Stein zu Stein springt. Besonders die Frauen sorgten für Abwechslung, indem sie, ungelenk und der Übung ungewohnt, einen Stein verfehlten und dafür ein Fussbad nahmen oder wie Anita an der richtigen Stelle so schön ausrutschten, dass sie der Länge nach in die schmutzig-braunen, eiskalten Wellen fielen. Solche Unterbrechungen waren immer sehr willkommen, obwohl wir Männer jede Bemerkung bitter bezahlen mussten.

Viel Beschreibung braucht es ja nicht. Du kennst diese Gegend besser als ich. Bereits am frühen Nachmittag begannen wir, Ausschau nach einem geeigneten Nachtquartier zu halten. Das konnte ein Bergdörfchen sein mit einem leeren Ziegenstall, Heuschober oder sogar einem winzigen Wirtshaus mit einem verfügbaren Zimmer. Hundsmüde, aber zutiefst befriedigt, schliefen wir jeweils dort ein, wo sich die erstbeste Gelegenheit bot. Mangels Holz gab es keine romantischen Lagerfeuer. Wurde es Nacht, krochen wir in die Schlafsäcke, dafür frühstückten wir noch vor Sonnenaufgang. Hundertmal am Tag blieben wir stehen, blickten in die Runde, jedes Mal von Neuem beeindruckt durch die Schönheit der Alpenwelt.

Wie du weißt, geben die von der Sonne schwarzgebrannten, auf Schieferplatten aufgebauten Heuschober und Ställe der Landschaft ihre ganz besondere Prägung. Die paar Menschen, die wir kreuzten, erwiderten wohl unseren Gruss, gingen aber ihres Weges. Die stets schwarz gekleideten Frauen, ihre Gesichter unter grossen Kopftüchern halb versteckt, gingen uns sogar aus dem Wege. Hart waren sie, diese Gesichter, sogar die der jungen Mädchen. Warum wohl?

Um die Mittagszeit eines besonders heissen Tages rasteten wir in einem Dörfchen von vielleicht zwanzig Häuschen und einigen mehr im weiteren Umkreis. Die Häuser sahen sich alle gleich, sonnenverbrannt mit schweren Steinen auf den Schindeldächern. Eine Dorfstrasse gab es nicht. Unregelmässige Steinplatten führten von Haus zu Haus. Ungehindert wuchs das Gras überall. Etwas abseits stand eine Kapelle. Hätte das Hüttchen kein Kreuz auf dem Giebel gehabt, wir hätten sie mit einer Ziegenhütte verwechselt oder einem Kuhstall mit Vorbau. Im Schatten dieses kleinen Vorbaus hielten wir willkommene Mittagsrast.

Den winzigen Friedhof bemerkte ich erst nach dem Essen, als ich herumging, während die anderen faul vor sich hin dösten. Er schloss sich unmittelbar an die Kappellenwand an und war von einem Steinmäuerchen umgeben. Unkraut und Flechten wuchsen in den Ritzen der Steine. Alles sah vernachlässigt aus, zeugte von einer ganz kleinen Gemeinde und vom grossen, ewigen Frieden. Die Holzkreuze, sonnenverbrannt auch sie, trugen Namen, die nicht mehr leserlich waren. Dafür standen sie ganz schräg und hier und dort lehnte ein Drahtkranz mit einem Muttergottesbild daran.

Nicht ein einziges Blümchen schmückte diese letzte der Ruhestätten, nichts als mageres Gras und Unkraut. Hinten, ganz nahe der Wand der Kapelle, war ein noch neues Grabkreuz. Kleiner und unscheinbarer, stand es auch nicht so schief wie die übrigen. Es musste neu sein, denn die aufgeworfene Erde hatte noch eine Rundung, Gras und Unkraut wuchsen dort etwas üppiger. Weder aus merklichem Interesse noch aus Neugierde schritt ich langsam, wie gebannt, darauf zu. Mit ungelenker Hand hatte jemand in braunroter Farbe Namen und Datum darauf gemalt. Jetzt blieb ich vor der traurigen Grabstätte stehen. Es lief mit kalt den Rücken runter, ich bekam eine Gänsehaut. Dort, von aller Welt abgeschlossen, stand auf dem zurechtgeschusterten, bescheidensten Kreuz:

Sela Zumberg

16. März 1919 – 28. Dezember 1959

Du kannst Dir wohl vorstellen, wie mir zumute war. Welche unsichtbare Hand hat mich durch diese komplizierte Ereignisfolge todsicher ans Ziel geleitet? Wie eine Marionette fühlte ich mich von unsichtbaren Fäden gelenkt. Es war, wie wenn Sela mich hierhin geführt hatte, um mich auf eine Welt aufmerksam zu machen, der ich vertrauen konnte und in der sie sich nun, unterstützt von meiner Zuneigung und Akzeptanz, gut aufgehoben befand.

Endlich konnte ich über alles mit Anita sprechen. Einen kleinen Grabstein liessen wir anfertigen und kamen vorgestern nochmals hierher, um ihn aufs Grab zu stellen. Dir herzlichen Dank für Dein offenes Ohr, für Deinen guten Rat, und für den Frieden, den er mir gebracht hat.

Sei ganz herzlich umarmt von Deinem Robert

Herbst und Abschied

Wenn immer weniger Frühstückstabletts in die Zimmer getragen wurden, wenn im Speisesaal immer mehr Tische leer standen, das Auto vollgepackt zur Seilbahn fuhr und leer zurückkam, dann war die grosse Ferienzeit des Sommers vorüber.

Der straff gespannte Bogen der täglichen Arbeitsdisziplin wurde umso lockerer, je weniger noch verbleibende Gäste in den Zimmern wohnten. Ein Ferienhotel hat viel mit einem Theater gemeinsam – es gibt eine Welt, die hinter den Kulissen lebt. Auf der Bühne vorne klappt scheinbar alles, ganz gleichgültig, wie viel Aufregung und Ärger ein kleines Vorkommnis verursacht hat. Im Hotel ist es der Gast, der von den Fehlern, Dummheiten und Zwischenfällen nichts ahnen soll, die die sonst gut geölte Maschine ins Stocken bringen.

Wenn der Bäcker frühmorgens eine Strompanne hatte und den Elektriker aus dem Bett holen musste, dann wurden natürlich die Brötchen zu spät geliefert. Im Hotel war dann der Teufel los. Ein Zahnrädchen griff ins andere durch die ganze Organisation hindurch und ein unschuldiges warmes Brötchen konnte zur Tragödie aufgebauscht werden.

Je besser die Angestellten waren, umso unangenehmer waren die Folgen solch kleiner Unglücksfälle. Es entstanden Spannungen und Gereiztheit, böse Worte und schlechte Laune, aber für den Gast, wie für das Publikum im Theater, war nur ein höfliches Lächeln sichtbar. Saisonende bedeutete das grosse Ausatmen, nachdem der Atem sozusagen wochenlang angehalten werden musste. Die Zimmermädchen hatten auf einmal Zeit, sich in den oberen Etagen zu besuchen und über die schlechten Gewohnheiten der verbleibenden Gäste zu tratschen. Im leeren Salon unten schäkerte der Portier mit einer Serviertochter und der Briefträger brachte besorgniserregende Mengen von Lieferantenrechnungen ins Büro.

Kaum war der letzte Gast abgereist, begann eine andere, ebenso fieberhafte Tätigkeit, unbeliebt gewiss, jedoch mit guter Laune ausgeführt: Das Putzen des ganzen Hotels von oben bis unten. Die Zimmermädchen trugen Berge von schmutziger Wäsche, Handtüchern, Badetüchern und Vorhängen in die Waschküche. Alle Fenster standen weit offen, damit Wolldecken, Duvets und Kopfkissen gesonnt werden konnten. Tagelang roch das Gebäude nach Bohnerwachs und Desinfektionsmitteln. Der Portier und seine Gehilfen hatten Teppiche und Bettvorlagen aus sämtlichen Zimmern hinunter auf den Rasen geschleppt und ihr Klopfen und Bürsten war stundenlange Begleitmusik aller Arbeit.

Auch im Speisesaal herrschte Hochbetrieb. Das Hotelsilber war auf den Tischen zum Putzen aufgeschichtet. Die Mädchen sangen bei der Arbeit, zweistimmig tönte es weit und breit durch die offenen Fenster. Einer der Portiergehilfen kam, wurde laut und lachend begrüsst und kniff der Nächststehenden in den Hintern. Dafür erhielt er einen Lappenschlag voll Sigolin um die Ohren. Mit dem Handrücken wischte er sein Gesicht ab, kniff jene, die daneben stand und begab sich rasch in Sicherheit.

Unten in der Küche ging es viel lauter zu. Dort schien jede ihr eigenes Lied zu singen, übertönt von klappernden Kochtöpfen, ein grauenhaftes Durcheinander von Kesselschieben, Gepolter und musikalischen Misstönen.

Aus Tradition begaben sich alle ins Café Fédérale, um gemeinsam die paar letzten Abende zu verbringen. Bei der Gelegenheit wurden alle kleinen Missverständnisse und Feinseligkeiten, die während der arbeitsreichen Wochen entstanden waren, friedlich begossen und damit zu Grabe getragen. Üblicherweise sollte an mindestens einem dieser Abende der Besitzer oder Direktor zusammen mit seinen Angestellten feiern, seine Runde oder vielleicht auch deren zwei bezahlen, als Dank für die geleistete Arbeit. Mein Vater jedoch war nie zu überreden, sich mit seinen Leuten ins Wirtshaus zu setzen. Er bezahlte seine Runde, liess sich aber immer entschuldigen. Das Wirtshaus und alles, was damit zusammenhing, war ihm ein Gräuel.

Diese Zusammenkünfte, die Festabende des fahrenden Volkes, waren eine Zeit für kurzlebige Freundschaften und noch kürzere Liebschaften, ein letztes Zusammensein, ehe sich das unsichtbare Band, das sie als Gruppe am gleichen Arbeitsort zusammengeführt hatte, wieder löste. In drei oder vier Tagen würden sie ins Tal fahren und sich von dort aus in alle Winde verstreuen. „Wohin gehst jetzt, Antoinette?" „Isch reisen San Remo, six Wochen, dann reisen Chamonix. Und du?" „Zwei Wochen Ferien bei meinen Eltern in Heidelberg, dann ins Hotel de France in Cannes." „Und du, Fernando?" „Albergo di Lago in Como, dann Winter in St. Moritz. Mama mia, geben viel Geld dort!"

So lebten diese Leute in steter Bewegung. Ihnen kam die Sesshaftigkeit der übrigen Menschen langweilig vor. Wenn der Sommer irgendwo zu Ende ging, reisten sie südwärts, wo er noch einige Wochen andauerte. Wenn auch dort kalte Winde die Gäste vertrieben, war es an der Zeit, in der Schweiz, in Österreich oder in den Kurorten von Savoyen und den italienischen Alpen ihre Arbeit fortzusetzen. So tänzelten sie alle unbeschwert und ohne grosse Sorgen durch ihre Tage, bis das Schicksal ihnen den Riegel zur weiten Welt vorschob: So konnte die Nacht nach der Abschiedsfeier in Nizza zum Beispiel ein Kind bringen, dem schnellstens ein Vater gefunden werden musste, oder es gelang der älter werdenden Verkäuferin im Andenkenkiosk neben dem Hotel Viktoria in Interlaken zuletzt doch noch, den Portier zu verführen und zu heiraten, knapp eine Woche vor Saisonschluss.

So gingen diese stets höflichen, weltgewandten, selbstsicheren und an keinen strengen moralischen Grundsätzen leidenden Menschen ihrer Bestimmung nach. Heute ist das alles ganz anders. Die Hotels finden ihre geschulten Arbeitskräfte im Dorf und was meine Mutter vor vielen Jahren einst vergeblich versuchte, nämlich lokale Kräfte ins Geschäft einzuführen, hat sich mittlerweile ganz natürlich ergeben.

Beinahe über Nacht wurden die hohen Lärchen an der Nordseite des Hotels goldgelb, zusammen mit den Lindenbäumen. Überall am Rande der Tannenwälder entstanden die roten Flecken der Buchen und unter den alten, knorrigen Ahornbäumen blühten tausend Herbstzeitlosen, so dicht, dass nicht mal ein kleiner Kinderschuh dazwischen passte, ohne einige davon zu erdrücken.

Am Sankt Beatenberg da brannte die Regina

Die einst so belebten Spazierwege durch die Bergwälder und den Halden entlang blieben leer und auf den kleinen Holzbänkchen, die zahlreich an den Wegen standen, lag verwelktes Laub. Ganz selten vielleicht ein weisshaariges Ehepaar, das vornübergebeugt einher trippelte, eine Krankenschwester, die eine blasse alte Dame stützte, ein wohlbeleibter Herr mit schwerem Stock, der alle paar Minuten stehen bleiben musste, um Luft zu schöpfen. Herbst des Menschen und der Zeit.

Der wolkenlose, dunkelblaue Himmel wölbte sich über die kristallklare Luft; die Schneeberge erschienen in greifbarer Nähe und eines kühlen Morgens waren der See und die umliegenden Täler in wattedicken, weissen Nebel gehüllt, der bis zu den untersten Häusern des Dorfes reichte. Darüber strahlte die warme Herbstsonne, die in der lodernden Farbenpracht der grossen Ahornbäume spielte. Viel schöner konnte es auch im Himmel nicht sein.

Wenn kaum mehr Feriengäste zu sehen waren, wenn die Hotels sozusagen ihre „Lebenskraft" verloren hatten, das war die Stunde, in der das Leben des Dorfes neu entstand. Die Bergleute, das waren scheue Menschen, sie gingen den Fremden aus dem Weg, wann immer sie konnten. Zwang sie die Notwendigkeit zum Einkauf, so antworteten sie leise, murmelten den Fremden einen Gruss, den Blick auf ihre Schuhspitzen gerichtet.

Sogar aus dem Café Fédérale fühlten sie sich verdrängt. Da kam so ein alteingesessenes Baslerbeppi leutselig an den Tisch des Bergbauern, weil man doch den Leuten zeigen will, dass man die Überheblichkeit des Städters auch mal zurückschrauben kann. Wie aber, um des Himmels Willen, soll der Waldhubel Chrischte verstehen, was der andere will, wenn der nicht einmal richtig sprechen kann? Oder gar der Monsieur Duvanel aus Vevey mit seinen paar Brocken Bärndütsch?[1] Nein, das geht nicht, da bleibt man lieber daheim. Und überhaupt, wie soll einem wohl sein unter all den unbekannten Gesichtern? Sie bestellen Wein in ganzen Flaschen, die aus Frankreich bestellt werden, und etliche unter ihnen trinken so ein hellgelbes Gift, dem sagen sie „Wiski". Das sind teure Gesöffe und das Dümmste daran ist, dass sie die Trudi, die Kellnerin, verderben mit ihren hohen Trinkgeldern. „Da kann unser einer lange warten, bis diese Trudi endlich den Härdöpfeler[2] bringt."

---

[1] Berndeutsch – Dialekt des Kanton Berns.
[2] Kartoffelschnaps

Ähnlich ist's in der Kirche. Wer vom entfernten Heimetli ins Dorf geht, der muss gutes Schuhwerk tragen. Hohe Schnürschuhe müssen es sein, um über Fels, Matsch und Wiese ins Dorf zu wandern. Die machen ganz schön Krach auf dem alten Holzboden der Kirche. Wenn nun diese fremden Frauen mit dem bisschen, das sie da an den Füssen tragen, geräuschlos zu ihrem Platz schweben, „da muss ich mich jedes Mal schämen, derart durch das Kirchlein zu poltern", klagte die Marie, des Schürboden Gottliebs Frau.

„Wahr ist's", stimmte die Schwester ihr zu, die Schwanden Else, „Wahr ist's und der Pfarrer, der ist auch anders, wenn Fremde dabei sind. Der braucht dann immer so neumodische Worte, die keiner versteht." „Das ischt numme-nen Uusred. Du verscheescht sowieso nüüd"[1], spottete laut ihr Mann, der mit einer Gruppe seiner Kumpel gleich daneben gestanden hatte. Alles lachte gemütlich, nur die Else nicht. „Aber du verschteesches eppa, wet im Wirtshuus hockischt u suufscht, du Sufhung du."[2]

Traf man sich auf dem Strässchen, blieb man wieder stehen, um ein paar Worte zu wechseln, ehe man seines Weges ging und als die Grete die Stalltüre öffnete, schrie die Nachbarin, die unten durchging: „Hescht gueti Chabischöpf hüür!"[3]

So fand das Dorf langsam zu sich selbst zurück. Jeder hatte seine eigene Art, über die unerwünschten Fremden zu fluchen und je lauter einer aufbegehrte, desto aufmerksamer hörten die anderen ihm zu. So verheimlichten sie ihre wahren Gedanken voreinander, denn keiner unter ihnen wollte zugeben, wie willkommen das Geld war, das durch die Feriengäste in ihre Taschen floss. Im Laden vom Sonderegger, da blieben die Frauen wieder endlos hängen, ganz gleichgültig wie lange die Männer auf ihr Mittagessen warten mussten. „Willst du vom besseren Kaffee oder vom gewöhnlichen?"

Aufgebaut und zur Pyramide geformt stand jetzt Toilettenseife in prächtiger Verpackung auf dem Ladentisch. Das roch nach Rosen und Veilchen und nach Flieder, man wollte gar nicht mehr hinaus und nach Hause. Und seht einmal hier, ganze Rollen weiches Toilettenpapier! Jetzt brauchte man nicht mehr mühsam das Oberländer Tagesblatt aufzuschneiden. Einfach einen Nagel in die Wand geschlagen, dann konnte

---

1 Das ist nur eine Ausrede. Du verstehst sowieso nichts.

2 Aber du verstehst es etwa, wenn du im Wirtshaus hockst und säufst, du Saufhund du.

3 Hast du gute Kohlköpfe heute?

man es an einem Draht in gut erreichbarer Nähe aufhängen. Und Streichkäse gab es auch – kleine Portionen in Silberpapier verpackt, mit schönem Bild darauf. Der war teuer, viel teurer als der eigene Bergkäse, aber man hatte ja einige Fränkli in der Tasche und beim Sonderegger war die alte Rechnung auch schon bezahlt. So kam Schritt für Schritt eine neue Zeit vom Tal herauf. „Nein Lisi, diese Schuhe flicke ich dir jetzt nicht mehr. Schau wie billig diese neuen hier sind! Da würde ja die Reparatur deiner alten fast mehr kosten." So kam Lisi zu einem neuen Paar Schuhe, die sie von dem Geld bezahlte, das sie vom Hotel für ihre Eier den Sommer durch erhalten hatte.

Und ihre Tochter, die Frieda! Mit der Grossniklaus Hanni arbeitete sie den Sommer über als Büglerin im Hotel. Vorgestern gingen die beiden hinunter nach Interlaken, ins „Stettli" und kamen mit neuen Kleidern zurück. Heller Stoff mit Blümchen, so kurz, dass man fast die Knie sah und darunter ein Bein in hauchdünnen Strümpfen. Schämen musste man sich, ja schämen. „So gehst mir am Sonntag nicht zur Predigt!" Ein Trost war es, dass die Grossniklaus Hanni noch viel ausverschämter war. Ihr neues Kleid hatte einen Halsausschnitt bis fast hinunter wo die Pobacken begannen. Der alte Grossniklaus war fuchsteufelswild. „Früäjer hees eppa no eppis gwärchet dheemma, jetz hockes dr ganz Tag vorm Glas u gugge sech aa u looufe derna fiddlemblutt im Herbscht umhi."[1]

Ob die Bauern es nun wollten oder nicht, auch im Wirtshaus, im Café Fédérale, wehte ein neuer Wind. „Trudi, es Zweierli wyssé!"[2] „Willst jetzt den aus dem Wallis, den Fendant oder den Dezaley vom Genfersee?" Missbilligend schüttelte der Pächter seinen Kopf. „Bis zum nächsten Jahr wollen die auch noch Jahrgänge wissen. Nichts mehr ist denen gut genug!"

Doch die Katastrophe begann erst. Der Walz, der Alte vom Skischuppen der Regina, der hin und wieder von einem der Gäste zu einem Schoppen eingeladen wurde, der bestellte eines Abends bei der Trudi einen Kognak. „Was suufscht jetz fürnes Windelwasser?", fragte ihn einer. „Trudi, bring no-nes Glesli fürä Schwande Fritz." Der roch am

---

[1] Früher haben sie vielleicht noch etwas gearbeitet zuhause, jetzt sitzen sie den ganzen Tag vor dem Glas und schauen sich an und laufen dazu noch splitternackt im Herbst herum.

[2] 2-Deziliter-Krüglein Weisswein.

Gläschen, nahm einen kleinen Schluck, hielt es gegen das Licht, nahm noch einen. „Duu Walter, das ischt mitüüri es rächt guets Gsüff."[1]

Das war an einem Samstagabend um neun Uhr und die ganze Wirtschaft war voller Bauern. Alle hatten die kleine Szene beobachtet und nun kam es von allen Seiten: „Trudi, ä Goniagg!"

Seit Menschen denken können, tranken die Bauern ihren Härdöpfeler, weil der so sehr im Halse kratzte, dass sie noch eine Zeit lang nachher wussten, wofür sie ihr gutes Geld ausgegeben hatten. Nun aber hatte der arme Pächter noch Dutzende und Dutzende vom alten, guten, schön kratzendem Härdöpfeler im Keller liegen, den kein Mensch mehr trinken wollte.

Nicht alles war gut, was die neue Zeit brachte. Folgsam rasierten sich die Bauern nach dem Hirten am Sonntagmorgen, steckten sich in ihr bestes Gewand und zottelten neben ihren Frauen her zur fernen Kirche. Das Café Fédérale war das letzte Haus der Waldegg, danach ging die Strasse hinunter zur Steinbrücke und hinüber in den Spirrenwald. Dieses letzte Haus wurde immer mehr zum grossen Hindernis, an dem die Männer nicht mehr vorbeikamen. Es musste an der neuen Zeit liegen, denn früher war das kein Problem. „Trudi, bring miär äs Zwöierli Fendant bis z'Froouelli zrugg chunnt."[2]

So kam es, dass das Café Fédérale um diese Zeit immer voller und voller wurde und die Kirche immer leerer und leerer. Der gestrenge Pfarrherr sandte seine Strafpredigten von der Kanzel: Die Röcke waren ihm zu kurz, die Halsausschnitte zu lang, die Strümpfe zu dünn und die neuen Büstenhalter zu ... nun ja, zu was? Derweil sass die Jugend auf der Mauer neben der Post. Die Mädchen zeigten stolz ihre neuen Halbschuhe, die sie gegen die Schnürstiefel eingetauscht hatten. Die hellen Kleider muteten gar städtisch an und die Jungen hatten die Haare voller Pomade. Wer hatte da noch Lust, zur Kirche zu gehen? Das Kirchlein? Das ist kaum mehr als ein Andenken an eine vergangene Zeit. Nicht das ist wichtig, was gute oder schlechte Pfarrherren in tausenden von nutz- und meist inhaltlosen Predigten gesagt haben. Für das einfache, weltabgeschiedene Bergvolk war das kleine Bauwerk Symbol für den Ursprung aller Dinge. Kernphysik, Raumschifffahrt und Satelliten haben mit diesen altmodischen Altweibergeschichten längst aufgeräumt. Die

---

1 Du Walter, das ist, meiner Treu, ein recht gutes Getränk.

2 Trudi, bring mir zwei Deziliter Fendant bis meine Frau zurück kommt.

Gottheiten unserer Zeit kann ein jeder sehen und berühren und vor allen Dingen, man kann sie kaufen.

Da drängt sich nun eine kleine Szene aus meinen Jugendtagen ins Bewusstsein: Der Schwanden Christian, der Taglöhner, lebte mit seiner recht zahlreichen Familie ein Stückweit unten an der Interlakenerstrasse. Kurz vor dem Einnachten wurde ich von meiner Mutter hingeschickt, ihn für den kommenden Tag zu bestellen. Die Küchentüre stand weit offen. Ein polterndes Stühle- und Bänkerücken übertönte mein Klopfen. Ich wurde ungewollt Zeuge, wie die ganze Familie niederkniete, Hände gefaltet, Ellbogen auf Stuhl oder Sitzbank gestützt.

Jetzt ertönte des Christians Stimme laut durch die Abendstille: „Oh Herrgott, mach üüsi Miuuchchue, üüsi Emma, widder gsund, suscht himmer ke Miuuch meh!“[1]

So nah haben Mensch und Tier mit ihrem Gott zusammengelebt. Während unserer langen Reise zu den Sternen haben wir das Wissen um unseren Ursprung vergessen, so arm, so bettelarm sind wir geworden. Dagegen – welche Menschenwürde, welch unbewusster innerer Reichtum im Bergbauer, der kniend im Kreise seiner Familie um das Gesunden seiner einzigen Milchkuh beten kann.

[1] Oh Herrgott, mache unsere Milchkuh, unsere Emma, wieder gesund, sonst haben wir keine Milch mehr.

ANHANG

Eine kurze Erläuterung zur Sprache

Hans Hürner sprach was er als "z'alte Bährndütsch" (Das alte Berndeutsch) bezeichnete. (Als ich damals 1981 aus Europa nach Südafrika zurückkehrte, war er über mein annäherndes Baseldeutsch entsetzt; man darf wohl sagen, persönlich beleidigt.) So kommt auch in den folgenden Geschichten gelegentlich ein Satz in dieser Mundart vor. Die Sprache weicht nicht nur stark vom Hochdeutschen sondern auch von anderen Dialekten der Schweiz ab. Da wird der Artikel "das" nicht als 's verkürzt, sondern als 'z. Für den Dialekt bezeichnend ist auch die Aussprache des "ei". Man schreibt auf Hochdeutsch und in anderen Teilen der Schweiz "Heidi", spricht es jedoch als Haidi aus. Auf Berndeutsch wird das "ei" wirklich als "eei" ausgesprochen. Dazu kommt, dass weibliche Personen oft nicht mit dem Artikel "die", also "die Heidi", sondern als "das Heidi" ausgezeichnet werden. Folglich wird über Heidi als "z'Heeidi" gesprochen.

Ein einfacher Satz wie: "Wir waren gestern in Bern" erfährt eine ganze Reihe von Metamorphosen. Allgemein gibt es im Schweizerdeutsch kein Präteritum oder Imperfekt, das Pronomen "wir" wird im süddeutschen Dialekt wohl generell zu "mir" oder einfach "mr" und somit lautet der obige Satz: "Mr si gescht z'Bährn gsih" (Wir sind gestern zu Bern gewesen), weil in diesem Falle das Z als Abkürzung für "zu" und nicht "das" gilt.

Wo Umlaute stehen, werden sie als Umlaute ausgesprochen, so "unser Vater" als "üse Vatter" (auch manche gedehnte Vokale werden kurz gesprochen). Wo ein E einem Vokal oder Umlaut folgt, wird das E ausgesprochen, also "die grüne Wiese" wird " d'grüüeni Wise", in dem auch das I der Wiese kurz gefasst wird.

Nach einem Vokal wird im Berndeutsch oft das L mit U ersetzt und so wird der Molch zum Mouuch und die Milch zur Miuuch. Weil man AU als OU ausspricht, wird vom schönen Schloss Schadau in Thun als d'Schaddou gesprochen. Und das sonst unauffällige Bergdorf Habkern bei Interlaken bekommt das harte ch zugeschrieben und wird dadurch zu Habkchere.

Dies mal als Andeutung. In den Anmerkungen werden die Texte der Mundart durchgehend auf Hochdeutsch übersetzt.

Die drei folgenden kleinen Sprüche sind aus einem Heft, das Hulda Hürner als Tagebuch über ihren Erstgeborenen verwendete. Sie hat das Büchlein an meine Mutter, Janine, gegeben, bevor sie starb, unter deren Sachen ich es gefunden habe. Der Versuch, den Inhalt zu übersetzen ist von mir. Danach noch ein schöner Text von Hulda Hürner, diesmal auf Hochdeutsch.

Hör zu Hansli, komm mal zu mir
Und sag, was denkst du so,
Hättest du nicht gern über kurz oder lang
Ein Schwesterlein bekommen?
„Ach nein, was denkst schon, Mami
Wenn die Eier schon so teuer
Was wollt' denn erst noch kosten
Ein kleines Schwesterlein heut!“

Die Kleinen spielen Mütterchen,
Es ist ihnen ernst dabei,
Eines die Mutter, eins der Vater,
Und Köchin ist der Kleinste.
Sie nehmen das Grüssen wichtig
Und sind ganz bei der Sache,
Sie schaffen, kochen, berichten
Und manchmal haben sie Krach.
„Und jetzt wäre es Abend

Anhang

Und alle gehen ins Bett,
Der Vater schläft bei der Mutter,
So ist es Brauch und nett.“
Doch sagt er in aller Trockenheit:
„Heut schläft er bei der Köchin.“

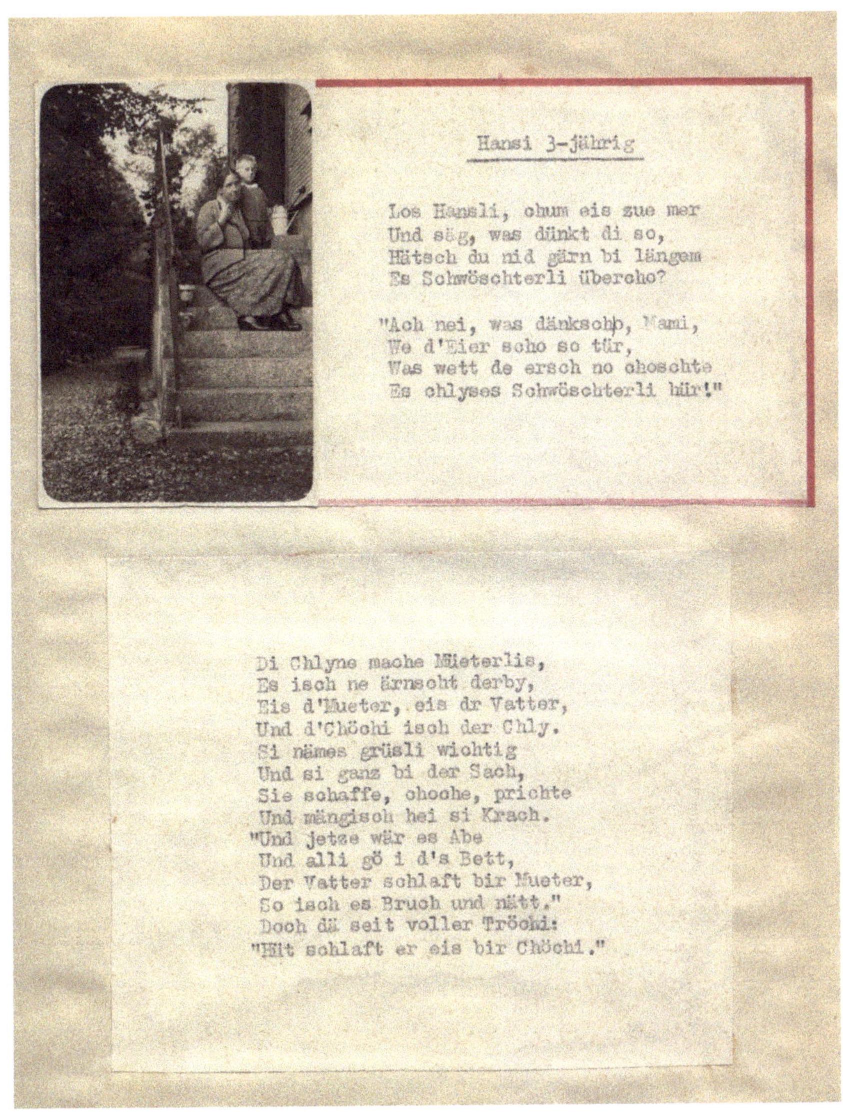

Hansi 3-jährig

Los Hansli, chum eis zue mer
Und säg, was dünkt di so,
Hätsch du nid gärn bi längem
Es Schwöschterli übercho?

"Ach nei, was dänkscho, Mami,
We d'Eier scho so tür,
Was wett de ersch no choschte
Es chlyses Schwöschterli hür!"

Di Chlyne mache Müeterlis,
Es isch ne ärnscht derby,
Eis d'Mueter, eis dr Vatter,
Und d'Chöchi isch der Chly.
Si nämes grüsli wichtig
Und si ganz bi der Sach,
Sie schaffe, choche, prichte
Und mängisch hei si Krach.
"Und jetze wär es Abe
Und alli gö i d's Bett,
Der Vatter schlaft bir Mueter,
So isch es Bruch und nätt."
Doch dä seit voller Tröchi:
"Hüt schlaft er eis bir Chöchi."

Am Sankt Beatenberg da brannte die Regina

Die Schreibstunde in der ersten Klasse
Macht nicht allen Freud und Spass,
Die Lehrerin hat grosse Müh,
Weil einige ganz besonders ungeschickt tun.
Beim Hansli wird sie fast gar höhnisch,
„Hör' zu, Junge, du schreibst gar nicht schön,
Schau da, die Striche fallen um,
Und die da sind auch wüst und krumm."
Der Hansli staunt ob dem Bericht,
Er schaut der Lehrerin lieb ins Gesicht,
Umarmt sie, tätschelt sie ein wenig:
„Ach, das wird gewiss nicht so schlimm sein!"

E Schrybstund i der erschte Klass
Macht nid allne Freud u Gschpass,
D'Lehrere het grossi Müeh
Wil teil ganz bsunders ungschickt tüe.
Bim Hansli wird si fasch gar höhn.
"Los Bueb, du schribisch gar nid schön,
Lue da, die Striche falle-n-um,
Und die da si o wüescht und chrumm."
Der Hansli stuunet ob däm B'richt,
Er luegt der Lehrere lieb i d's Gsicht,
Umarmt se, tätschlet se-n-echly:
"E das wird gwüss nid so schlimm sy!"

Am Sankt Beatenberg da brannte die Regina

Du wandtest Blatt um Blatt; und leise
kam es und nahm dich bei der Hand,
und führt in sinnig-zarter Weise
zurück dich in Dein Kinderland.

Nun steht es da, von Licht umstrahlet
und lächelt auf euch Kinder nieder …
Sieh, wie die Sonne zitternd malet
ein Strahlenkleid um seine Glieder …

Bis dahin füllte es die Seiten,
nun reich ich still Dir meine Hände,
da leis die seinen Dir entgleiten –
und führe Dich noch bis ans Ende.

Und hat auch Wehmut Dich umwoben,
in zitternd Sehnen Dich umfächelt … –
Es zieht Dich so ja sanft nach oben,
wo es im Strahlenkleide auf Dich niederlächelt .

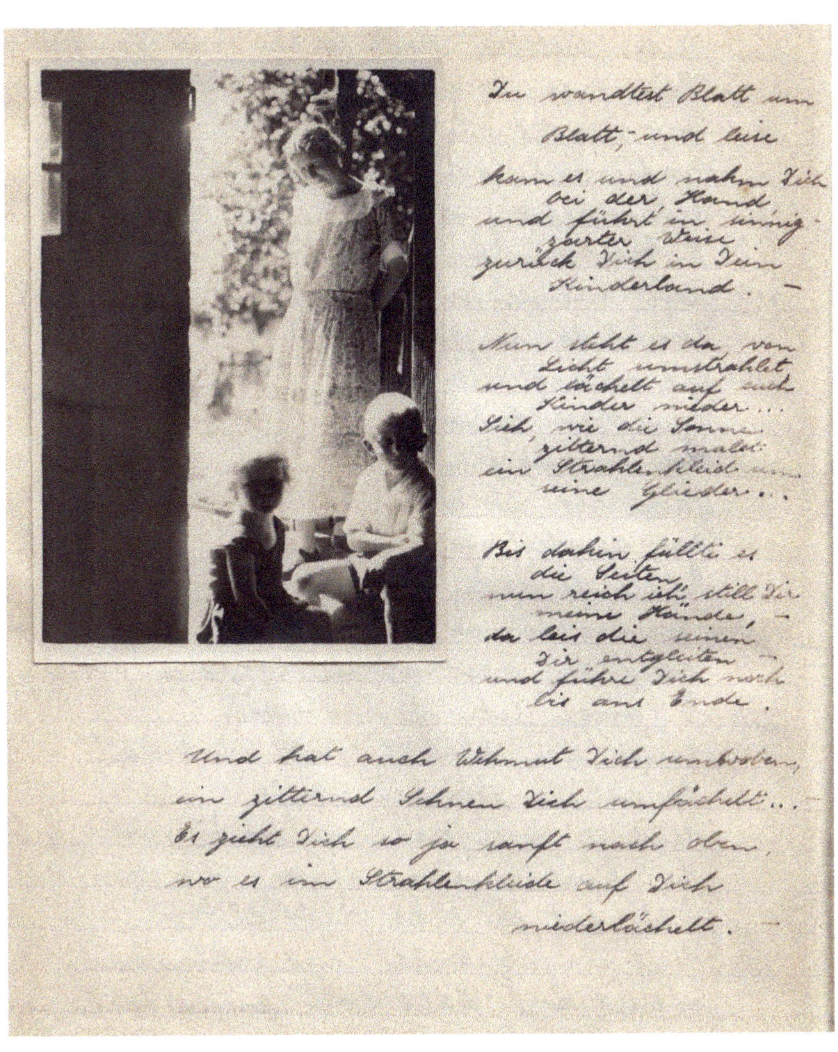

Du wandtest Blatt um Blatt, – und leise
kam es und nahm Dich bei der Hand
und führt in innig-zarter Weise
zurück Dich in Dein Kinderland. –

Nun steht es da von Licht umstrahlet
und lächelt auf euch Kinder nieder…
Sieh, wie die Sonne zitternd malet
ein Strahlenkleid um seine Glieder…

Bis dahin füllte es die Seiten,
nun reich ich still Dir meine Hände, –
da leis die seinen Dir entgleiten –
und führe Dich noch bis ans Ende.

Und hat auch Wehmut Dich umwoben,
ein zitternd Sehnen Dich umfächelt…
Es zieht Dich so ja sanft nach oben,
wo es im Strahlenkleide auf Dich
niederlächelt. –

Am Sankt Beatenberg da brannte die Regina

VORWORT.

Wenn ich an meinen Vater zurückdenke, wird mir immer warm um's Herz. Er war ein Denker und auf seine eigene Art ein weiser Mann. Seine treffenden Zitate eigenen Ursprunges, begleiteten mich durch die Jahrzehnte.

"Und was wirst denn du deinen Sohnen hinterlassen?" Die Antwort auf meine eigene Frage traf mich hart: " Nichts." Nichts, von bleibendem Wert.

Was dem Leben meiner beiden Sohne Inhalt und Ziel gibt , haben sie weitgehend ihrer Mutter zu verdanken. Frau Johanna Maria Hürner starb am 7. August 1994. Gelebte Anthroposophie war die kraftvolle Ausstrahlung ihres ganzen Wesens, angespornt auch durch ihre personliche Bekanntschaft mit Dr. Wil;lem Zeylmans van Emichoven. Wahrend etlichen Jahren war sie Generalsekretärin der Anthroposophischen Gesellschaft Südafrikas, Klassenleserin und anderes mehr.

Anfang des Manuskripts, so wie es Hans Hürner geschrieben hat, auf dünnem alten Schreibmaschinenpapier.

Anhang

Meinen Buben war es vergönnt, im Schatten dieser allesgebenden Persönlichkeit aufzuwachsen. Vor dem Lehrerseminar in Witgen hat Eric etliche Jahre neben Walter Roggenkamp an den Bühnenbildern für die Mysteriendramen am Goetheanum mitgearbeitet, während Bernard in Wien Musik studierte. Seit vielen Jahren sind sie Waldorflehrer. Jetzt ist Eric in Soweto und Bernard hat seiner Mutter Platz eingenommen an der von ihr gegründeten Waldorfschule in Durban.

Ich selbst wurde am Rande von der Strömung mitgenommen, dort, wo man empfängt, nicht gibt. Muss ich nun mit ganz leeren Händen der Schwelle meiner Erdenzeit entgegengehen?

Vielleicht nicht ganz. Den grössten Teil dieses Jahrhunderts habe ich miterlebt. Besonders der Zweite Weltkrieg hat viele geistige Werte unwiederbringlich zerstört. Eine sich veramerikanisierende Menschheit wollte Computers und Ferien auf dem Mond. Was in den Städten unmerklich der Vergessenheit anheimfiel, das lebte noch als Tradition, als subtiles Fühlen im einfachen Leben der Bevölkerung unserer Bergdörfer.

Aus Erinnerungen haben sich die Geschichten langsam geformt. Das Leben von Menschen mit Menschen fernab dem zerstörenden Einfluss der Städte hat geistige Werte in sich getragen. Sie wiederzufinden und mit dem Gedankengut des modernen Menschen zu vereinen ist mein bescheidener Versuch etwas zurückzulassen, wenn meine Stunde schlägt. H.H.

JOHANNESBURG, MAI 1995

Der Herausgeber

Eric Hurner ist 1952 in Elisabethville (heute Lubumbashi) im damaligen Belgischen Kongo als Sohn von Janine und Hans Hürner geboren und in Südafrika aufgewachsen. Studium in Südafrika und Deutschland. Tätigkeit an der Michael Mount Waldorf School in Johannesburg, dem Baobab Community College in Alexandra Township und dem Jugendnetzwerk Idem – Identity through Initiative.

Gegenwärtig in der Schweiz wohnhaft.

www.erichurner.org

Die Lektorin

Stephanie Manz ist freie Redakteurin/Lektorin, Übersetzerin und Texterin in Berlin. Sie übersetzt aus dem Englischen und Schwedischen ins Deutsche.

Homepage: www.tetextei.com

E-Mail: stephanie.manz@tetextei.de

www.ingramcontent.com/pod-product-compliance
Lightning Source LLC
Chambersburg PA
CBHW040803150426
42811CB00082B/2389/J

* 9 7 8 0 9 9 3 3 1 6 9 5 1 *